李杰 著

洞见

合同审查及运用的真相

法律出版社 | LAW PRESS · CHINA

目 录

引　言

我们生活在一个变动不居、幻化不定的世界。我们总是习惯于依据昨天的经验在今天对明天作出规划。然而，关于明天，我们确有所知，但也仅此而已。合同是当事人之间的交易，交易总在一个时点上发生。但是在一段时间内，交易从一个时点向另一个时点流动，这种流动是一种过程①。合同规划的这个流动过程，无疑是面向未来的②。除去即时结清的交易之外，合同的权利、义务体系在交易达成的一瞬间就已被合同文本固定。既然合同是面向未来的规划，那么在特定时间点上所签署的文本中所固定的权利当属规划的权利，或称为假定的、理想的、期待的权利；随着时间推进，在合同文本中那些被事先规划好的行为，逐步被当事人实际实施的行为覆盖。自然地，行为引发的结果也会逐步展现，这意味着

---

① ［美］约翰·R. 康芒斯：《资本主义的法律基础》，寿勉成译，商务印书馆 2003 年版，第 11 页。

② ［美］Ian R. 麦克尼尔认为：契约不过是有关规划将来交换的过程的当事人之间的各种关系。《新社会契约论》，雷喜宁、潘勤译，中国政法大学出版社 2004 年版，第 4 页。

当事人会取得阶段性权利。如当事人实际实施的行为与合同中规划相一致，且未出现影响合同结果的质的其他变化（如不可抗力），他们实现的终极性权利与合同中规划的权利不会出现实质性的差别；但是，如果当事人实施的实际行为背离了规划的行为，或出现当事人意料之外的变化而影响到合同履行，终极性权利无疑会异于规划的权利，甚至，最终结果会与当事人的初衷南辕北辙。

毋庸置疑，当事人将自身拟实现的目的寓于合同，按图索骥地实施规划的行为，并以此来实现合同目的是当事人签约的原始驱动力。因此，能否按部就班地实施“规划的行为”决定了当事人的合同目的能否实现，而这其中关键的因素之一，就是对合同行为的规划是否科学、妥当。规划实质与预测的含义无异。其包含两方面内容：一是，对自己和相对方行为的预测。合同作为合作博弈，一方策略的成功需建立在对方策略成功的基础之上。唯双方都能享受实际利益的安排，才经得起时间的检验，也才可能是社会运作的常规①。因此，只有在各方当事人都认为自己能够获利的前提下才会签订合同；当然也只有在利益的驱动下，合同履行才能达到高效状态。故而，在作出预测时，不但要顾及自己是否能够按照合同约定履行合同义务，也要虑及合同对相对方的约束是否合理、是否可行。否则，在履约过程中，消极履行、怠于履行，甚至争议的出现都在所难免。二是，对变化和应对策略

① 熊秉元：《优雅的理性》，东方出版社2014年版，第141页。

的预测。人们只有事先做好遇到“老虎”的思想和行动准备，才能怀有“不入虎穴焉得虎子”的豪气。否则，以身犯险的做法只能归为愚蠢。同理，对合同的预测，也应假定在遇到突发情况时，当事人需采取何种行动策略予以应对。突发情况既包括因当事人主客观原因，造成其实施的实际行为偏离合同约定轨道；也包括因合同之外的第三方的行为，以及环境变化、不可抗力事件出现、情势变更等对合同履行的影响。

其实，律师预测的难点并不仅仅包括对当事人心态、行为和突发变化的预测，它还包括了对既定规则走向的预测。一般而言，受过系统法学教育的律师习惯于以规则，尤其喜欢以法律规定作为思考的参考坐标。每当面对委托事项时，他们会直觉想到法律的规定，这本身无可指责。因这种反应不但符合律师的自我认识，也契合社会对律师职业所形成的共识，但这种定式思维恰恰是增加律师预测难度的根本所在。法律固有的滞后性，意味着它不能涵盖全部的社会生活，尤其是对于一些新生事物，法律通常没有规定。更根本的问题是，法条本身已经是某种“结果”，反映了当时社会的价值判断。也就是说，法条本身已经是一个演化过程的终点①。按照事物的发展规律观察，每当时空发生改变，所谓的“终点”又会演绎成为新的“起点”。演化中的法条到达下一个终点前，即当规则正处于从一个时间点向另一个时间点演

① 熊秉元:《正义的成本——当法律遇上经济学》，东方出版社2014年版，第25页。

化的过程状态时，一个没有规则的真空地带无疑会呈现出来。致命的是，当事人不会等待规则演绎到终点才会实施作为经济行为的合同行为。这样，以法条作为参考坐标的律师就无法找到早已习惯依持的基点，思考上似乎就茫然不知所从。因此，律师在实务中不得不预测规则或既定规则适用的大致走向并匹配相应的因应策略。这对律师提出了更高的要求，因为对规则及规则适用走向的预测不单纯是仅具备严谨的法律思维就能解决的问题，而严谨的法律思维恰恰又是许多律师经过长期训练且引以为傲的资本。

预测的重要性和内容已清晰，显然，律师①应做好预测工作②，但尔爱其羊，就能求羊得羊？问题的关键是，我们能否预测？如何做到科学、妥当地预测？事实上，大多数变化所表现出来的规律性，确已达到足以预测的程度，从具体合同实践的层面观察，许多优秀的案例体现了律师一叶知秋的预知能力。既然预测是可能的，那我们又是基于什么预测？合同规划的是未来，“未来的状况”只能通过现状加以推断，而用于推断未来状况的行为一般都是通过精心设计的有意识的行为。有意识的行为包括

① 本书所称的律师是指代一个具有法律专业技能，从事合同制定、审查、管理，且以此为职业的群体。

② 该处之预测工作是指动态性预测。合同只有在各方当事人达成一致意见后方能签署，因此，一方基于自己的利益考虑所提出的诉求，如相对方不同意，则无法写入合同。从此意义上讲，签署完美的合同纯属臆想。再者，除即时结清的外，合同都是一个动态的过程。其贯穿了过去、现在与未来，而未来是变化的，且具有未知性，合同文本中载明的预测体系不一定能适应相应的变化。因此，在履约管理过程中，预测、调整也是必需的。

感知和双重的推断。[①] 严格地讲，感知和推理之间并没有严格的分界，其都以记忆的知识为基础。通过正确的知识，我将知道：倘若我不采取行动，会发生什么；倘若我采取设定手段行动，将为事件带来什么变化。即使我无法改变事件的自然进程，或至少无法带来想要的变化时，我也必须预见未来情况，为的是明智地适应未来所要发生的情况。[②]

然而，受过系统的法学教育、具备法律知识的人，是否就掌握了足以预测合同行为的知识了呢？从可观察到的真相看，答案是否定的。从知识的新旧程度和记忆是否牢固的规律看，刚从法学院走出来的毕业生所掌握的知识相对新，记忆也相对牢固，但他们在制作和审查一份真实的合同时，却往往有力拙之感。国内如此，国外也如此。阿尔弗雷德·里德在其20世纪早期的著述中指出："律师界的共识是，即使研修完全套法学院的课程，也不一定能满足当律师的条件，另外还需要一些必不可少的实务工作经验。"[③] 事实上，刚从法学院走出来的毕业生在实践中表现出来的这种"低能力"被社会广泛诟病。各种反思从未停止，多数人认为这应归咎于法学教育现状，认为当前的法学教育造成了法

① [美] 弗兰克·奈特：《风险、不确定性与利润》，郭武军、刘亮译，华夏出版社2011年版，第115页。

② [美] 弗兰克·奈特：《经济学的真理》，王去非、王文玉译，浙江大学出版社2016年版，第5页。

③ [美] 布赖恩·Z. 塔玛纳哈：《走下神坛：美国法学院现状调查》，秦洁译，法律出版社2017年版，第64页。

学教育与法律实务多少存在脱节，使学生丧失了反省法律制度的能力。[①] 但事实果真如此吗？如脱节真的是问题的症结，那么，通过增加实习的时间，或开设类似模拟法庭、法律诊所等方式是否可以做到刃迎缕解呢？如依然不能，那么症结又到底在哪儿呢？

不言自明，法学教育和法律实务确实存在脱节。在法学教育中，法学院将合同的制作与审查置于合同法学科之下，甚至有些法学院对合同实务毫不涉及，而这恰恰是大多数法科学生毕业后最需要的知识。但遗憾的是，即使增加毕业生接触实务的机会，脱节问题依然无法解决。因在实务中，年轻的法律人，只能在执业过程中自觉自悟、自生自灭；或师从成功的前辈研习各具特色、但难成体系的经验之作。每年有大量的法学毕业生满怀豪情地迈进律师行业，但每年也有相当数量的人因绝望而离去。有些即使勉强留下来，也只能苦苦支撑。

尤根·埃利希在论述欧陆实用法学时指出：尽管法律文件起草者或者律师的执业难度大、重要，并且涉及重大职责，但他们也不太可能找到一本可以学习如何执业的书籍。法律文件的起草者或者律师必须在实践中以一种纯粹工匠式的方式获得他们所需要的知识，他通过执业经历所获得的最有价值的知识也随着他的

① 李杰、李宗胜：《合同审查的思维与方法：风险控制与动态监管解决之道》，法律出版社2016年版，第2页。

逝世而消失①。埃利希的这段话完全适用于今天中国的法学教育和法律实务。在学界，鲜有学者专门从理论的高度就合同实务撰写论述，因能被冠以学术标签的往往是那些具有所谓创新性、突破性、指导性的纯理论研究。虽有些法科学生进入法学院的目的是学习如何成为一名律师，但法学院的教授却有可能是不屑实务研究的学者；实务界，虽然有关合同实务的书籍汗牛充栋，但却因未区分合同法学理论研究与合同实务研究的差异，致使未能构建出独立的合同实务理论体系，充其量也只停留在从技术角度去构建理想中的“完美合同”。

悲观地看，选取与合同法理论研究相类似的视角和方法来研究合同实务注定不会有任何建树。开始，他们总希望通过归纳打造出一根摩西敲打岩石的手杖，且这根手杖可以跨越时空、不受任何独特的文化束缚、没有意识形态的羁绊，以期在遇到具体案例时，只要将案例的事实套用自己总结出来的原则和方法，就能让活水自然而然地流出来。然而，最终的结果是，因真实世界中千奇百怪的交易又被他们再一次置于“真空之中”予以考量，致使归纳出的那些抽象的通识性原则和方法也只有在不受干扰时才能适用。不可否认，归纳是一种省力的方法，如没有这种有效的抽象分析，亚当·斯密也不会将原来风马牛不相及的烙饼师和屠

① ［奥］尤根·埃利希：《法律社会学基本原理》，叶明怡、袁震译，中国社会科学出版社2009年版，第5页。

夫放到一起比较,① 揭示了“自发的秩序”这一被称为18世纪最聪明的发现。但归纳只能建立在假设的基础之上。事实上，也只有根据假设，我们才能睿智地研究事实，也才会有收获。②

然而，归纳出的结论是否有意义，取决于研究视角是否与研究领域相匹配；取决于假设的前提是否符合选定的研究视角；取决于既定的假设是否已无再做深入分析的必要和价值。合同法理论研究和合同实务研究所选取的视角应有根本性的差异。许多法学理论研究假定的那些作为既定的、不再需要分析的因素，也许正是合同实务试图予以解答的最基本的问题。例如，合同法学理论中的平等原则。平等在哲学意义上是个人主义的首要价值。平等原则作为“价值理念型基本原则”之一，构成我国民法内在体系的一部分。③ 但是，在合同法理论体系及立法体系中的平等是假定的平等。至于实际生活中的诸多因素是否影响到了实际缔约过程，则并没有纳入考虑的范围④。但即使如此，它也是法学理论中无须再进一步分析的既定原则。而在合同实务中，天然存在

① 亚当·斯密指出：我们所需的食物不是出自宰业者、酿酒业者、面包业者的恩惠，而仅仅是出自他们自己的利益的顾虑，我们不要求助于他们的爱心，只要求助于他们的自爱心。参见亚当·斯密：《国富论》，郭大力、王亚南译，上海三联书店2009年版，第11页。

② ［美］弗兰克·奈特：《风险、不确定性与利润》，郭武军、刘亮译，华夏出版社2011年版，第7页。

③ 陈甦、谢鸿飞、朱广新等编著：《民法总则评注》，法律出版社2017年版，第29页。

④ 韩世远：《合同法总论》，法律出版社2011年版，第36页。

与平等观念相冲突的等级秩序，且等级秩序在与平等观念的冲突中，等级秩序总是占据上风。① 如果合同实务研究对实践中存在的不平等现象视而不见，而想当然地使用了这一既定原则，那么实务的研究就会毫无意义。因此，在研究合同实务时，不能因合同法学理论假定了平等，就不假思索地假定平等；不能因合同法学理论未对平等原则作进一步分析，就想当然地忽视，或泛泛而谈不平等现象对合同的影响。实质上，合同法学理论假定的、未作分析的既定"平等"，正是合同实务需要具体解答的基本问题之一。引申之，合同法强调的诚信、自由等原则，同样是假定且必须假定的既定原则②。在实务中，我们应该尝试换一种思维去思考这些合同法的基本原则，即将倡导性理念结合具体合同作反方向分析，而后依据这些基本原则的内涵和反方向的分析来指导

① 李杰、李宗胜：《合同审查的思维与方法：风险控制与动态监管解决之道》，法律出版社2016年版，第125页。

② 自由、平等、诚信原则是合同法的基本原则，这些原则都是拟制的、假定的原则。合同法学想成为一门独立的科学，必须有自己的理论基础和原则，这些原则就是合同法学理论及立法体系构建的参考坐标。就如"自发的秩序"的发现使经济学成为一门科学。自由、平等、诚信等基本原则即是合同法理论体系构建的参考坐标。参考坐标的选定，即能够成为合同法基本原则的，至少应具备以下功能：一是，能够反映人类追求的价值理念；二是，与其他学科相比，参考坐标可使民法学（合同法学一般被视为民法编的一个构成部分）具有可识别性和可分辨性；三是，抽象出来的原则应能统领全篇，对合同体系具有普遍适用性；四是，具备确定游戏规则的功能，增加合同体系的免疫力。如平等原则，可以在法律解释中发挥作用，如德国法学家拉伦茨在《法学方法论》中讲到，"同种的事物（或具有相同意义的事物）应予相同处理的原则"；虽然，自由、平等、诚信原则中固有的内涵与现实生活存有差距，但我们却无法找出其他具备上述功能的原则替代它们。因此，民法学确定这些假定的原则是必需的，也是科学合理的。

合同的制作与审查。也许，一正一反的结合可能会让我们得出务实的评估结论。而这，恰恰是法学理论研究和实务研究在对待既定原则上本应有的差异。

当然，无论是合同实务研究，还是预测合同内容，都离不开合同的定义。合同到底是什么？不同的群体，基于不同的视角会给合同以不同的定义。从法律视角看，《合同法》第 2 条第 1 款规定，合同是指作为平等主体的自然人、法人、其他组织之间设立、变更、终止民事权利义务关系的协议；麦克尼尔从关系契约论的视角认为：所谓契约，不过是有关规划将来交换的过程的当事人之间的各种关系①；有些经济学者则认为，契约是导致一种期望和信任关系的承诺，是消除两个不同意见或者说使得提供和接受之间达成一致的需求②；而某些普通老百姓则认为：合同是约束君子，却不能约束小人的一张纸。其实，由于交易的多样性③和不一致性，无论是谁，企图用抽象的术语去精确地定义合同的概念都是徒劳的。但需引起注意的是，不同的定义所反映的并非仅是认识角度的差异。从更深层次看，定义是指以各种事实

① ［美］Ian R. 麦克尼尔：《新社会契约论》，雷喜宁、潘勤译，中国政法大学出版社 2004 年版，第 4 页。

② ［法］埃里克·布鲁索、让·米歇尔·格拉尚编：《契约经济学：理论和应用》，王秋石、李国民、李胜兰等译校，中国人民大学出版社 2011 年版，第 78 页。

③ 多样性并非仅指交易形式、内容的多样性，还包括了交易主体心态、合同目的的多样性，以及因客观环境变化而导致交易主体心态、目的和认识变化的多样性。

为基础的分类，因此定义也就是评价①。不同主体对合同的不同定义，实质上会折射出他们签订、履行合同的态度，以及他们对合同拘束力的认识。因当事人的主观范畴的评价能无形地影响他们对所签合同内容的认识，支配他们后续的行为。

按法学理论，交易达成是当事人意思一致的结果，但真实情况往往并非如此。真实的情况是，经过讨价还价和妥协退让而签订的合同，并不一定能真实地反映当事人的意图。先天的缺陷无疑会带到履约阶段，在履约过程中，当事人会用已呈现的既定事实与合同目的进行对比，而对比的目的并非是单纯地印证自己当初所持之合同目的是否正确，同时还含有检验既定事实是否已有偏离合同目的的意图。此时，当事人对合同拘束力的认识，无疑会决定他们下一步的走向，尤其在既定事实偏离合同目的时，他们对合同拘束力所持的态度更能影响交易的下一步走向。

一般而言，重信用的人，不但自己会恪守诚信，也会有意或无意地假定相对方会恪守诚信。然而，那些将合同作为一张"能约束君子而不能约束小人"的人，他们侧重的是对利益的算计和对合同拘束力的轻视。同理，在内心中，他们会认定别人和自己不会有什么不同。试想，如果一个恪守合同严守原则的人和一个视合同为仅约束君子的对手交易，恪守诚信的一方反而可能更容

① ［美］约翰·R. 康芒斯：《资本主义的法律基础》，寿勉成译，商务印书馆2003年版，第436页。

易遭受损失。这样，人性会被撕裂，因诚实守信不但不会得到鼓励，反而会受到“惩罚”。致命的是，在交易中，我们根本无法从表面上辨别交易对手的内心状态。唯可行的是不拘泥于合同定义以及蕴藏其后的评价，而是对交易的各方都一视同仁地采用“坏人视角”来审视他们的目的和拟实施的行为。① 这样的视角差异足以诠释合同法学理论研究与实务研究之间应有的不同之处。

定义合同的概念是容易的，因每个人都可以站在自己的立场，总结出合同的定义；同时，定义合同的概念又是困难的，因每个人给出的定义都难以完全反映合同的精髓和实质。之所以如此，盖因合同完全是社会的创造物，同时也是构成社会的单元。社会是由无数水滴汇成的一个整体，合同仅是其中之一。如果我们试图将合同从社会中分离出来，并再将其当作一滴不染一尘的、单独的水来考量时，则很难谈得上明智。然而，那些言必谈德国、法国、日本、美国合同制度，并一味倡导拿来主义的，不但不明智，甚至可以称得上是愚蠢了。

在现实生活中，存在多种多样的合同，每一类、每一个合同

① 小奥利弗·温德尔·霍姆斯于1897年1月8日在波士顿大学法学院新大楼落成典礼上献词《法律的道路》。文中指出：“倘若你们想了解法律，而不是别的什么，你们得以一个坏人的眼光看待它，坏人仅仅关心根据这一法律知识能作出预计的具体后果，这不像一个好人在迷迷糊糊的良心约束之下，要为他的行为寻求根据，无论这些根据在法律之内还是之外。”后来，法学学者对于小霍姆斯的“坏人”理论作出了各种解释，褒贬不一。本书采用的“坏人视角”只是借用在字面上理解的“坏人”的意思，其内涵是：推定合同各方并非像他们自己宣扬的一样的诚信。在利益的诱惑下，他们可能会因精于算计而丧失合作精神，故而对他们的信任是有条件的、有限的信任。

不仅受到文化与独特社会关系的影响，更是由文化与独特的社会关系构造的，典型的如合同与人情的关系。我们处在一个以社会关系为取向的社会之中，做事时难以避开人情，合同亦不例外。人情关系以及产生的影响虽非为我们所独有，但对我们的影响却更加明显。这就是我们与其他国度的不同之处。理论上看，合同行为与人情关系应是相互独立、相互排斥的。法律、法规以及党纪政纪都有防止人情渗入合同交易的规定。但界限可以划定，而作为社会传统构成因素、隐藏于交易背后的人情关系对合同的影响却难以清除。实践中，我们会发现合同行为与人情关系之间存在很多令人吃惊的矛盾和困境，在上述情境中，两者相互对抗、相互渗透、相互作用、相互维持。犹如一架天平，“亲密程度”是天平中动态的支点，天平的两端分别是公正和人情。控制天平的人会根据关系的亲疏远近移动支点，越亲密，支点越靠近公平，人情的权重越大，最终得到的结果就越偏重人情而远离公平。显然，“人情关系”也是汇集成社会的一滴水，在合同领域，它与合同融合，实质性地影响合同的签订与履行。不过，遗憾的是，法律的视角却假装对此视而不见。由此，法律被强行地搁置在真空之中，“两耳不闻窗外事”和倡导拿来主义的人们也有了心安理得的理由；亦由此，“黑板法学”充斥着法学院的课堂①，

① “黑板法学”是借用了“黑板经济学”的寓意。“黑板经济学”是指新古典（微观）经济学理论成立的前提条件过于抽象，不能解决实际经济问题。罗纳德·H. 科斯曾把西方20世纪初形成的主流经济学称为“黑板经济学”。在《企业、市场与法律》中，

而那些受过所谓系统培训的人也在用掌握的半边合同真相就仗剑江湖。殊不知，把合同与特定的社会割裂开来，就无法真正地理解它。要正确理解合同，就不能忽略我们特有的社会构造，不能脱离我们独有的文化传统。

显而易见，本书的目的是想让合同实务从那些被强加的智识隔离状态中摆脱出来，把合同实务之中的交易主体互动置于社会的空间予以考量。但这同样会陷入困境。为了能使讨论得以开展，不得不去人为地界定一个特定的社会空间，然后在该特定空间中分析当事人的动机和追求；讨论当事人遵守与违反法律规则的实质；讨论人情、权力等对合同签订及履行的影响；讨论在经济交易下隐藏的社会交易，以及显性博弈主体与隐性博弈主体的关系。然而，笔者又不得不面对一个难题，即当把合同置于特定空间讨论时，应该凭什么标准来界定特定的社会空间？又应该以什么标准来评估上述的界定是否准确？遗憾的是，因笔者能力所限，无法给出令人信服的答案。

但这不会成为阻碍探索的障碍，因为笔者的期待，仅仅是想向池塘中投放一些鱼苗。当然，探索合同在实务中的真相还是要

他谈道：我相信，这是经济学家使用我所称谓“黑板经济学”的方法的结果。我们所考虑的政策是在“黑板”上贯彻实施的政策。所有需要的信息都被假设可以得到，教师扮演了所有的角色。但在真实的经济体系中，根本没有和教师相似的实体，没有被委托执行“黑板”上的任务。目前在法学教育中，存在与上述情况类似的现象。老师给出的案例分析，都有完备的条件，且学生多是从纠纷解决的角度给出标准答案。因此，在课堂上，他们的讨论晓畅通达、妙辩无碍。然而，不幸的是，轮到他们学以致用时，却难以找到与之前学习过的相类似的案例，结果自然就会相差甚远。

先从实务的重要参与者，即从当事人和律师入手，揭示他们是如何看待合同、规则风险以及如何正确定位自己、如何看待对方、处境如何等。

第一章

律师与当事人审视合同视野差异

第一节　律师与当事人对合同与规则的认知差异

一、律师的两难及破解起点

（一）律师的两难困境

社会是各种利益冲突的平台。合同作为当事人有目的的行为，利益是其始点和终点。在合同关系中，当事人之间既有共同的利益，也有利益的冲突，且利益的一致性和冲突性贯穿整个合同过程。在上述过程中，每个当事人都会受到经济与人格利益的强力驱动。当期待的利益与法律、惯例和合同的约定相冲突时，规则就成了制约他们实现期待利益的外在约束。[①] 由于对规则尤

---

① 合同由一些受约束的关系构成。合同约定、法律规定、道德规范、习惯、商业惯例、人情因素都会对当事人的行为构成约束。其中包括强制性约束和非强制性约束，他们的区别在于来源和调整及保障的方式不同。前者如法律规定，后者如人情关系。法律由国家制定，国家权力是其执行的保障；人情关系来源复杂，在一定意义上，它是历史的积淀。社会结构、文化因素、传统、习惯等对其形成都会产生影响。人情关系以“报”的规范或“潜规则”予以调整。无疑，无论是强制性规范，还是非强制性规范，都对合同关系构成约束，都会影响当事人签订和履行合同的行为。当然，对强制性和非强制性约束的区分是相对的。比如，我们将人情关系归类到非强制性约束，但在实务中，人情关系对行为人心理上的强制强度有时并不比法律规定的强度弱，甚至会高于法律规定的强度。

其是对法律规则的无知和对风险的极端厌恶，当事人内心无疑会产生恐惧。为消除或消减外在的约束和内心的恐惧，当事人聘请具备专业法律技能的律师为自己提供帮助。于是，律师受托参与到了当事人之间的博弈之中。律师一进入交易过程就会面临两难境地：作为受过系统法学训练的专业人士，他们的难题并不在于辨别当事人合同行为的合法与违法，因游走于诸多存有利益冲突的主体之间①，有时不得不跨越法律规定的层面，调和利益主体之间的冲突，试图让参与者们达成妥协，实现合同目的。然而，调和与妥协最终又必须要回归到诸如法律、制度甚至道德规则的框架之内。就算经调和与妥协的合同行为已实质性地违反了规则，当事人也期望律师能自圆其说，以使他们的行为在形式上符合规则的评价。否则，律师的职业定位和专业能力就会遭受质疑。

显然，这会将律师置于两头受气的“风箱”之中。律师具备专业的法律技能，他们给出的建议理应符合规则，这是社会对律师职业的期待，是当事人委托律师的根本动因；但在具体过程中，律师常因形势所迫，不得不对刚性的规则作适当的变通。然而，行为的变通与结果的验证之间存在时间差，且事物往往有一

① 表面上看，合同是甲方与乙方的利益博弈，但实质上，当事人、经营层、律师在交易中都有自己的利益诉求，且他们的利益并非总是一致。因此，看起来有统一立场的委托方、委托方经营层、律师之间因利益冲突既存在合作又存在对抗关系，因此，在交易过程中，利益主体是多元的。

果多因的特性，故而，变通行为并不总能取得期待的结果。

致命的是，结果是当事人评价律师水平高低的最主要的标准。一旦结果不如意，他们往往会像得了健忘症一样忽略事物的发展过程和自己在特定时期的诉求，而毫不犹豫地将律师视为对规则负责的唯一主体。这常让律师与当事人发生误解，且在误解产生后，律师总是处于被动状态，即律师在受托开展工作时，完全按法律规定出具意见会招致当事人的质疑，而任何偏离法律规定的变通，同样会让自己面临当事人给予否定性评价的风险。当事人会认为，律师严格按法律规定行事，是一种僵化、不懂市场、不懂人情、只会挑毛病而不能解决问题的工作方式；但律师如寻求变通与妥协，当事人无论因何故承担了不利结果，律师往往又成了最合适的“背锅侠”，当事人可轻而易举地给出律师不称职的否定性评价。

律师两难的境地开启了恶性循环和互伤模式，结果是，许多当事人会否定律师的价值，或认为委托律师的性价比低，故而得出律师无用的结论，在合同制定与审查中，他们根本就不愿意委托律师参与；而律师，仅是基于营销的策略考虑，不愿意拒绝当事人提出的协助其制定、审查合同的请求，但在内心之中，他们往往将合同制作与审查业务归类为“鸡肋型”业务。在具体处理时，要么就事论事，敷衍塞责；要么无底线迎合当事人的要求，将合同的顺利履行寄托于漏船载酒的运气；要么就按部就班地根据法律规定，假装交易在真空中进行，提出不具备可操作性的法律意见，煞有其事地交给当事人一个“死海的苹果”①。

（二）律师两难困境的根源

表面上看，律师两难境地的形成是源于当事人和律师因观察合同行为的视角不同而造成定位的偏差所致；而实质上，思维逻辑的不同才是造成上述局面的根本原因。人们的思维逻辑往往决定观察问题的视角，进而决定其行为模式；而人们的观察视角和行为方式，又会反过来不断强化人们的思维逻辑。视角是看问题的角度，视角不同，得出的结论自然会有所差异。比如，对有些人来说，世界上只有好人与坏人之分，而对于另一些人来说，世界上只有男人和女人的区别。通常情况下，律师习惯于将视角聚焦于事物的法律效果，而法律效果更倾向于区分行为人所实施行为的是非对错，分辨行为人之间的黑白曲直。投射到合同领域，律师会更多地关注合同行为是否违法、合同条款是否有效；争议发生时，他们讨论更多的是应不应该的问题，目的也是分辨出是非曲直。正是由于律师认为自己所关注的重点涉及事物的对错，这常让他们对自己的定位出现偏差，让他们莫名地衍生一种可能连他们自己都未意识到的“规则理应高高在上”的幻觉。反映到

① “死海的苹果”，这是在古代流传于南欧洲的一个传说：在死海的附近长有一种非常美丽、鲜艳、香甜、诱人的水果，但是当人们将它摘下来的时候，它就即刻在人的手中化为灰烬，不能吃，也不能看。后世的人就以此种苹果来说明一些表面上看起来美丽漂亮，却无实际用途也无真正价值的事物。

行为模式，他们总有意无意地借法律的名义，向人展示出一股舍我其谁的豪气；而对自己提交给当事人的结论，他们往往自认为这一定是一种暮鼓晨钟式的建言；他们期待着，当事人理应对自己挽狂澜于不倒的慧见感激涕零、欣然接受。然而，这真的仅是一种幻觉。只不过，律师会在这种幻觉中体会到自我陶醉式的满足。当然，这种自我陶醉仅适用于他们自说自话的情景之中。每当当事人以不置可否的冷漠让幻觉破灭时，资本与绞刑架的格言往往成为他们自我慰藉的最佳理由①。然而，只要未探究清楚当事人之所以轻视法律意见的根源，无论是充满愤懑的抱怨，还是自我解嘲式的安慰，都无法改变业已形成的冷色幽默，即当事人一边在高喊重视法律，一边却在将律师边缘化。

盲人摸象式的幻觉源于对合同行为性质界定的偏差，进而使观察的视野受到限制。合同行为是法律行为，同时也是经济行为。对合同行为性质的这种定位并非仅是为了作概念性的区分，更根本的原因在于，不同的定位反映了不同的思维逻辑。从法律行为的角度观察，法律作为一种游戏规则，隐含着判定游戏双方胜负的功能。在面对双方一对一利益冲突的合同行为时，必须区分出是非对错，然后才能以此决定给予奖励还是惩罚。也唯有如

① 邓宁在《工联和罢工》中曾形象地描述：有百分之十的利润，资本就蠢蠢欲动了；有百分之百的利润，资本就忘乎所以了；而有百分之三百的利润，那么上绞刑架的事都干得出来。

此，规则才会因具有惩罚和阻遏的功能①，而真正地起到指引和示范的作用。

不可否认，判断事物的是非对错是一种非此即彼的逻辑。是与非、黑与白、合法与非法、有效和无效、违约和守约，如此等等，都可归为一种非此即彼的判断。然而，从经济行为的角度观察，当事人之所以签约、履约的终极目的是互蒙其利，而非为争论是非曲直。市场经济建立在协商妥协以谋取共同利益的基础上②，求实精神③在合同行为中不可或缺④。更确切地讲，尊重别人的是非标准，从而有了协商⑤的精神准备。不过，需要注意的是，虽然当事人将是非之争放在次要地位，但这并不意味着他们不重视是非之争，相反，他们有时会非常重视。否则，就没有了聘请那些谙熟规则的律师来助阵的必要。只是，与实现合同利益这一终极目的相比，是非之争在当事人眼中仅仅是次级目标；或者说，是非之争仅是他们用于实现合同目的诸多手段中的一种，

---

① 惩罚针对的是已违反规则的主体；阻遏针对的是那些还未违反规则的主体。惩罚与阻遏是两种价值，它们的轻重，以及对两者的取舍，不同的人，在不同阶段，有各自的侧重。从规则制定者角度看，惩罚仅是手段，而阻遏才是目的。

② 茅于轼：《生活中的经济学》，暨南大学出版社 2007 年版，第 308 页。

③ 求实精神的特点是双方寻求可以接受的妥协办法，而将是非之争放到次要地位。

④ 李杰、李宗胜：《合同审查的思维与方法：风险控制与动态监管解决之道》，法律出版社 2016 年版，第 30 页。

⑤ 协商是一个商品经济社会所需的态度，与它相反的是从坚持自己的原则发展到教训别人，结果往往干出损人不利己的事。参见茅于轼：《生活中的经济学》，暨南大学出版社 2007 年版，第 23 页。

是一种本着通过斗争来寻求团结的手段，即在谈判过程中，他们都试图将是非之争和依此描述的后果作为筹码，以迫使相对方作出有利于己的妥协。

由此观之，存有不同行为目的的律师和当事人，虽面对的是同一个合同行为，但由于一个是习惯于用非此即彼的逻辑考量合同行为，一个却是以能否获得期待利益的逻辑来思考问题，故而，就算他们对同一行为得出不同的结论也应不足为奇。这就犹如，律师和当事人虽然同台演奏，但由于他们本就各执一把号，如缺失了步调一致的协调和指挥，自然是各吹各调。

（三）律师破解两难困境的起点

1. 当事人无破解两难困境的能力

问题已提出，症结已找到，危害也已清晰。接下来要解决的就是找到破解律师两难困境的起点方法。严格地讲，从律师与当事人之间形成的委托关系看，当事人处于命令的地位，他们理应承担统一指挥的责任。但遗憾的是，当事人在客观上却不具备这样的能力。对他们而言，风险、合同、律师的作用都是抽象的。他们有聘请律师为自己提供法律服务的需要，但对于律师应如何提供服务、提供什么样的服务却仅仅停留在他们的感觉之中。实务中，许多单位在聘请法律顾问时通常采用招投标或比选的方式，这看似公平的方式在一定意义上诠释了当事人跟着感觉走的现状。在五花八门的招标或比选文件中，当事人大多将侧重点放在了律所规模、办公条件、以往业绩、成立时间、资质等方面。鲜有当事人要求律师需根据自己的现状，来描述自己应有的需求和拟提供的相适应的服务方案，并对之匹配以较高的评价分值。这样的导向，被流于形式的不仅是竞争，律师的作用以及当事人对律师的期待同样被流于形式。

竞聘法律顾问过程中之所以乱象丛生，根源在于很多当事人根本不知道自己的法律需求；或者说，他们中的很多人根本不知道自己为什么要聘请律师，即使聘了也不知道该如何使用。既然处于指挥地位的当事人没有能力指挥，是不是就应由律师主导？答案也是否定的。

第一，许多当事人不具备指挥能力仅是一种对客观状况的描述，在主观认识上，当事人并不觉得自己欠缺这种能力。虽无能力，但因不自知而衍生出的莫名骄傲使他们不愿意让律师处于主导地位。对有些当事人而言，他们对律师作用的认识还仅仅停留在代理诉讼或仲裁案件的层面。这些当事人之所以聘请律师要么是基于制度要求；要么是迫于人情压力；要么是本着一种“人有我有”的心态。

第二，律师在客观上也无法担负起指挥重任。合同仅是当事人将自己的资源转化成期待利益的媒介。只是在转化过程中，当事人在理论上需遵从规则，但事实上，当事人需要遵守的规则并非仅限于法律规则；在利益的诱惑下，他们也并非总会选择遵从法律规则。

第三，在委托代理结构中，律师仅是代理人，他们没有“越俎代庖”的足够动力。

走了一圈，讨论好像又回到了原点。问题是，在当事人与律师的结构中，到底该由谁来主导解决统一协调和指挥的问题呢？不言而喻，主导者肯定应是当事人，但破解当事人在客观上无能力主导这一症结的责任却在律师。

2. 律师两难困境的破解之道

准确地讲，律师破解两难的方法在于合理引导，让当事人在律师的引导下知晓自己应有何种需求，然后他们将经自己消化后的需求再告诉律师，并要求律师提出方案以满足自己的需求。这并非天方夜谭，也不荒诞。这就犹如一个人到医院体检①，正确的姿势应该是，医院把了解体检者具体情况的过程当成是引导他

① 体检者的总体目标是相对清晰的，即他们想通过检查了解自己是否已患有疾病；或是通过检查，想在医生那里得到自己应注意的事项以避免患病；或是因生活或工作环境将发生变化，希望通过检查，论证自己是否会适应未来的变化。众所周知，医院里用于检查的设备林林总总，即使一个有做全面体检念头的人，也觉得没必要将医院的设备都尝试一遍。有些医院为方便体检者，设计了很多体检菜单以供体检者自行选择。体检菜单看似降低了体检者抉择的难度，但实质上它并未从根本上解决体检者面临的选择难题。因对体检者而言，由于缺乏医疗知识，他们没有能力辨别自己该需要哪种菜单，最后即使作出选择，也往往不知所以然。如此看来，作为手段使用的检查，从一开始就没有准确的目标。这让体检者的需求被满足充满了偶然性，体检的价值也大打折扣。从医院与体检者的关系看，体检者因付费应处于主导地位，但客观上看，他们却缺乏主导的能力；而医院，在不了解患者的情况下，他们也无法主导，为避免不必要的麻烦和误会，他们宁愿按体检者的指令行事也不愿主导。显而易见，结局很可能是体检医院的能力遭受质疑；而体检者，不但支付了金钱和时间成本，甚至会付出健康的成本。想要避免出现两败俱伤局面的最佳选择是理顺体检者和医院的关系。

们形成需求的过程，且通过引导，能让他们发现自己到底需求什么。然后，体检者将需求告诉医生，医生再匹配以相应的检查项目来满足他们的要求。只有这样，体检者作出的选择才有的放矢，体检的结论才有意义，体检的价值才能被充分体现。

显然，律师引导，且让当事人知道自己应有什么需求无疑会增加律师执业的难度。因只有律师自己先分辨出当事人的需求，才谈得上将信息传递给当事人。经济生活中，当事人的需求千差万别，且总处于动态变化之中，这是合同谜团的魅力所在，也是律师难以准确把握当事人需求的症结所在。实务中，有些律师为简化处理，使用了以不变应万变的策略，即机械地①以规则，尤其是以法律规定作为制定、审查合同的绝对中心，并以此作为开展审定合同的起点，这和体检医院制定的体检菜单没有质的区别。如此一来，连接当事人和律师的真正纽带，即当事人的需求因被双方忽视，而构建出一种类似于“瞎猫”和“死耗子”的关系。

批评以规则作为审定合同的中心和起点的观点也许会受到质疑，质疑者可能会疑惑，当事人聘请律师的根本驱动力源于律师拥有法律的专业技能，既然如此，律师如不以规则为中心和起

① 机械性的表现是，律师在审定合同时不顾及当事人的性质差异、客观环境的变化、合同地位的强弱态势、交易的紧迫程度、交易所处阶段等具体情况，不关注交易是否能够达成，对交易达成与否给当事人带来的结果不进行对比，对当事人遵守或违反规则不作利弊分析。他们出具意见和策略的基点恒定、千篇一律，且一视同仁。

点，那么又该以什么为中心和起点？其实，针对上述质疑，完全可用另外一个问题，以及基于一个可观察的真相所带来的疑问予以回复。提出的问题是：当事人为什么要聘请律师？可观察的真相及疑问是：在谈判和诉讼阶段，当事人非常重视律师，然而，在至关重要的履约阶段，律师为什么又常常被排斥在外？显而易见，当事人之所以签约，目的是获取期待利益。谈判阶段，他们委托律师是为了上述目的；履约阶段，他们往往不再委托律师参与，还是为了上述目的。

当事人的决策过程是一个权衡利弊的过程，其中最重要的因素之一是他们对成本及收益的衡量。不言而喻，当事人委托律师无疑会增加交易费用，因此，他们在权衡是否委托律师时，自然会考量委托和不委托律师哪个性价比更高[①]，然后才作出决定。故而，我们不难得出以下结论：当事人支付费用委托律师虽在表面上增加了直接的交易费用，但对市场经营主体而言，其最终目的还是为降低成本。律师、律师技能、规则，仅是他们在决策时用于评估成本和收益的工具。当事人之所以选择达成或拒绝交易、守约或违约、遵守或违反规则，无一不隐含着对成本和收益

① 谈判阶段，当事人因对法律的无知，经平衡得失，会主观认定聘请律师参与应是值得的；履约阶段，当事人之所以不再愿意委托律师全程参与，同样是基于成本考虑。因为有些当事人的观念是根深蒂固的，他们认为交易达成后就已万事大吉，剩下的仅是按部就班地履行合同，故而委托律师参与履约控制是高成本、低价值的。这的确在法律服务市场形成一个奇怪的现象，即本应是高价值的履约控制，在当事人眼中却成为可有可无的低价值产品。

的衡量。这是人的自利本性使然，且一以贯之地左右人们拟实施的行为。[①] 既然当事人分析问题的一贯基准点是利益，那么，他们对律师工作成果的期待自然会隐藏其中；也可以讲，律师只有从合同行为的成本与收益的角度考量，以当事人的利益作为工作的起点，才有可能真正捕捉到当事人的需求。这个起点至关重要，它不仅与合同的起点相契合；同时，这个起点也让律师工作与当事人需求相匹配成为可能。故而，将当事人的合同利益作为工作的基准点是破解律师两难困境的起点。而以合同利益作为基准点，就需要从广泛、全面、整体的角度来考量合同的内涵、合同的角色、交换的本质、规则的地位和律师的定位等。

二、合同地位的认知视野

（一）当事人视野

合同不但是各当事人之间利益交换的媒介，也是每一个当事

---

① 比如，在日常生活中，交通规则规定红灯停、绿灯行。如人们开车闯红灯，会被罚款、扣分。一般而言，考虑到闯红灯的成本较高，人们愿意遵守交通规则，因这时等待的收益较高。但假设某人开车送一位危重病人去医院抢救，由于人命关天，罚款、扣分与等待的成本相比，完全可忽略不计。这时，人们往往会选择无视规则，一闯而过。进一步假设，如交通规则规定了红灯停、绿灯行，但未规定违反规则的处罚措施，即人们虽违反规则，却不会付出罚款、扣分的成本时，又会出现什么样的情形呢？不言而喻，这时由于权衡成本的砝码发生了改变，不同的人会因评估成本的标准不同而选择不同的行为方式，但这种有差异的选择仅会存在于一个较短的时间段内，如长此以往，无论是公德心重的人，还是时间观念强的人，最终都会选择适用类似于丛林规则的规则来代替交通规则，之所以会出现这样的结果在于人追求成本与效益，他们对成本与收益的评估标准会随时空的改变而发生变化。

人将自己的资源转化为期待利益的媒介，同时，合同也是连接律师和当事人的纽带。在交易中，当事人和律师因对合同的重要性，即赋予合同中的利益的认识方式不同，故而会对合同地位的认识产生落差。当事人对合同重要性和地位的判断源于将合同与其他因素进行的分析和比照。在对自我状况的分析和对比中，当事人常会从内外两个层次进行。

一是，将自己经济链条上的此合同与彼合同进行对比。比如，施工单位为履行与项目业主签订的《建设工程施工合同》，分别与其他当事人签订《钢材买卖合同》《劳务分包合同》《建渣清理合同》。这样，施工单位就以赚取施工利润为中心形成了一个完整的链条。无疑，《建设工程施工合同》是链条的中心环节，《钢材买卖合同》《劳务分包合同》《建渣清理合同》分别是链条中既相互关联又相对独立的环节。虽上述合同中的每一个合同能否得以顺利履行都会对施工单位取得期待利益形成冲击，但毫无疑问的是，上述合同在链条中的重要性和地位存有差异。当事人之所以将此合同与链条中的彼合同对比，目的是准确评估这一合同对整个经济链条的影响力，并匹配相应的重视程度以及拿捏履约控制的分寸。通常情况下，合同在整个经济链条中地位越重要，地位越高，当事人的重视程度就越高，履约控制的手段也越谨慎，反之则相反。

二是，将合同与其他要素进行内部对比。即在合同诞生过程中，将合同与资金、人脉、技术等基础性交易因素[1]予以比较。与资金、人脉、技术等因素相比的目的是辨别签约与履约的形式意义与实质意义。如签约、履约仅是一个形式，或合同仅是一个摆设，那么，它的重要性和地位就大打折扣；如合同仅是当事人进行非法利益输送的工具，在不足为外人道的心态支配下，他们可能会重视合同，也可能会对之嗤之以鼻，但需注意的是，即使当事人重视，此重视也非彼重视，因他们此时重视的目的是关注合同这一形式究竟能否起到掩人耳目的作用。

无对手不合同，当事人如不是别无选择，那么，他们在判断合同重要性时无疑会将对手的状况作为权衡轻重的因素之一[2]。但经济生活中，合同主体千差万别。不同的性质、不同的心态、

---

① 基础性交易因素是指经营主体欲进入竞争市场应具备的基本条件。一般而言，进入竞争市场的玩家至少有三种资本：第一，金融资本，包括现金、银行存款、投资回报、信贷渠道；第二，人力资本，即你本身的素质——魅力、健康、智力和相貌——结合你通过正式教育和工作经历获得的技术，使得你有能力在某些工作上胜过他人；第三，社会资本，即与玩家的关系。你有朋友、同事以及更多的一般关系人，通过他们你可以获得运用金融资本和人力资本的机会。参见［美］罗纳德·S. 伯特：《结构洞：竞争的社会结构》，任敏、李璐、林虹译，上海人民出版社 2017 年版，第 9 页。

② 实务中，当事人在签署某些合同时并没有选择权。此时，合同的双方当事人都不关注对方。比如，供电合同。一般而言，一个固定的区域只有一家供电企业。理论上，当事人有选择用或不用电的权利，但实质上，他们没有选择的权利。因此，在签订供电合同时，供电方不关注客户，客户也无须关注供电方。实务中，还有一类合同，一方当事人不关注对方，而另一方则会关注自己的相对方。比如，普通的手机用户，他们往往会根据自己的需求选择运营商。所以，他们会关注合同的相对方提供的服务内容、质量和资费等；但对运营商而言，他们除例行公事地验证相关手续外，就不会再对合同相对方予以更多关注。

不同的发展阶段、看问题的不同角度、对事物的不同感受，决定了当事人在权衡轻重时会选择不同的参照物。

某大型央企采购一批竞争性产品。对采购方而言，由于选择余地大，市场供应充足，正常情况下他们能采购到相对物美价廉的产品。相对而言，这类合同在他们的经济链条中往往不会占据非常重要的地位。而对供方来说，不同的供方类型对合同的重要性有着不同的理解。如供方的主要业务依托于采购单位，能否签约直接决定了供方的生死存亡，那么，这一合同对他们的重要性是不言而喻的；如供方是为拓展市场、增加知名度，那么，达成交易即可实现上述目的，但如未能签约，短时间内也不会对企业的生存构成致命影响。对此类合同，他们依然会重视，但在程度上较第一种要轻。此时，供方评估成本与收益后，如觉得妥协太多得不偿失，他们就会抱着佛系心态参与，此时，这类合同对他们的重要性就大大降低。

（二）律师视野

1. 律师对基础交易因素的视野

组装汽车时，摆正发动机与其他系统的关系固然十分重要，但能否将发动机本身的组装做到丝丝入扣也非常关键。如将合同与经济链条上其他环节的关系比喻成发动机与诸如刹车等系统的关系，那么，资金、人脉、机会等基础性交易因素就是组装发动机的基本元素。实务中，律师在审定合同时往往不太注重将基础性交易因素进行比照。实质上，没有从天而降的合同，无论是谈判的开启，还是合同的签订，皆因当事人各方所具备的基础性要件。在分工与合作的背景下，经济活动的常态是相互之间取长补短。通常，有合作意图的一方总是想方设法地突出自己之所“长”，因他们试图通过自我价值的宣告凸显自己的吸引力，从而提升对方合作的兴趣。当事人相互之间“揭人之短，扬己之长”的醉翁之意，在乎的是合同的主导权和合同地位的强弱态势。

从一个侧面讲，合同反映的即是当事人之间相互吸引、相互取舍的一个载体。社会生活中，那些被奉为处世圭臬的名言警句，诸如审时度势、轻重缓急、主要矛盾与次要矛盾、顾全大局、卧薪尝胆、置之死地、君子报仇等，教导人们的无一不是取舍之道。而到底是取还是舍，取决于当局者的判断。判断是不同元素间权衡交融，依据特定的公认标准去形成决策结果。在合同领域，当事人先对自己和对方的合同要素分别赋予不同的权重，然后经综合评估，得出结论。但由于当事人自身价值观念和偏好不同，哪怕对相同的合同要素，也往往因被他们赋予不同的权重，而得出不同的结论。然而，“判断”这个人类心智活动的特点就是预设了没有绝对必然的结果①。类似于此一时彼一时、时过境迁、当局者迷或不再迷等即是对上述观点最真实、最合理的诠释。时空的变化，随时会让判断者重新评估构成要素的权重。

---

① ［南非］奥比·萨克斯：《断臂上的花朵：人生与法律的奇幻炼金术》，陈毓奇、陈礼工译，广西师范大学出版社2014年版，第129页。

也许，今天一些非常重要的事，到了明天就已无足轻重。

在合同领域，能激起相对方签约欲望的因素往往是一方所依持的因素。一方的欲望越高，对方的吸引力就越大，自己的地位就越弱势。弱势方为达成交易，就需付出更大的成本；一方的吸引力持续的时间越久，强势地位维持的时间就越长；反之相反。因此，律师在审定合同时，不应忽略委托人和相对方各自依持的基础性交易因素，尤其不能忽视主导性因素，以及在履约中，主导性因素可能发生的变化。其实，对稍微有一定执业经验的律师来说，真正的难点并不在于区分当事人合同地位的强弱态势。毕竟，观察店大还是客大并不需要耗费太多精力。然而，“店大欺客、客大欺店”描述的仅仅是合作之初的客观状态。履约中，随客观情况变化以及当事人心态的变化，合同地位的强弱态势不会一成不变，甚至会完全颠倒[①]。故而，律师真正的难点在于，在代表强势方时，如何将不平等进行到底；代表弱势方时，如何让奴隶完成向将军的转变，而这种变换往往取决于交易各方对基础性交易因素重要性的判断。

2. 律师对当事人经济行为中其他环节的观察视野

律师对合同重要性和地位的认识与当事人有显著不同，他们不像当事人那样，总是有意或无意地将此合同与自己的经济链条中的彼合同相比，以判断这一具体合同的重要性。他们习惯于以

---

① 李杰、李宗胜：《合同审查的思维与方法：风险控制与动态监管解决之道》，法律出版社 2016 年版，第 189 页。

规避客户和自己的风险为出发点，一视同仁地审定客户交办的合同，审定后会小心翼翼地拿出法律意见。形象地看，如合同在整体经济链条中是令箭，当事人可能会将其当作令箭；如是鸡毛，他们自然视之为鸡毛。但对律师而言，他们会将令箭当令箭，有时也会把鸡毛当成令箭。比如，当事人将《建设工程施工合同》《钢材买卖合同》《建渣清理合同》都交由律师审查，律师往往不关注每个不同类型的合同在经济链条中的重要程度，而是会严格按照法律的规定出具相对刚性且略显僵化、呆板的意见。表面上看，律师的处理方式无可厚非，但实质上，未对合同在经济链条上的重要性予以充分关注，就难以真正做到扬长避短①，尤其在履

① 合同的相对性决定了合同所天然具有的封闭性，即合同“相对性”的效力状态决定了合同的相对封闭性的存在状态。在相对封闭的合同关系中，经济利益的总量相对固定，一方的利益增加往往意味另外一方利益的减少，这就像一个人吃了一份食物，其他人就无法吃到它。故而，当事人之间的经济利益总是处于此消彼长的状态。当事人在自利的观念指引下，都力图使自己的利益最大化。但利益最大化有两个前提：一是，当事人有让对手妥协的筹码，因交易主体天然的自利本性，让许多人锻造出了不见棺材不落泪的定力。实践中，每个人定力的大小确有区别，但实践中，很难发现有具备反人类本性品质的当事人。二是，不能让交易破裂。毕竟在交易中，一方策略成功的基础是另外一方的策略也取得成功，一拍两散往往带来两败俱伤的结局。在合同领域，只有利益才能让每个都从不轻言妥协的当事人就范，能对合同利益构成影响的因素包括：交易主体的性质、交易机会、交易前景、宏观及微观环境、交易的紧迫度、人际关系等。这意味着，每个交易都极具个案性。加之当事人对利益的关注焦点不同，如有的更关注短期利益，而有的更钟情于长期利益；有的看重经济利益，而有的更在乎人际关系。以上的差异，加剧了每笔交易的不同。如我们机械地以不变应万变的策略来因应具体的合同，可预见的结果是，既不能充分地扬自己所长，力争让对手尽量多地妥协；也不能充分地避自己所短，试图让自己的委托人尽量少地妥协，此时，对利益最大化的追求只能沦为纸上谈兵。

约控制阶段，相对的刚性与僵化的意见有时会成为顺利履约的障碍。甚至，有些情形下，刚性、僵化几乎是自断后路的代名词①。

因此，律师审定合同时如不顾及合同与经济链条中其他环节的关系，将意味着他们难以高效地完成合同的“组装”。合同的功能在于，律师应结合当事人的合同目的及心态，在规则界定的框架之内，或虽超越规则，但在风险可控、能控的范围之内，将资金、人脉等基础性交易因素进行合理地整合、组装，且组装不仅需要把每一个零件都弄正确，而且要把每一个零件和其余零件的关系摆正确。就如同我们前面讲过的组装汽车，如仅将发动机

① 未关注经济链条上的其他环节而基于僵化、呆板、刚性的法律意见签署的合同条款，有时不但不能取得律师或当事人期待的效果，恰恰相反，还有可能取得适得其反的作用，真正让当事人体会到“搬起石头砸自己脚”的感觉。比如，项目业主甲将一关注度高的民生项目发包给乙，在《建设工程施工合同》中约定工程价款为包干价，在确定的范围之内，乙不得以任何理由请求甲调增工程价款。在履约中，人工和原材料发生涨价，乙向甲提出增加合同价款的要求。如甲同意乙的要求，有利之处是：乙的履约积极性提高，工程得以顺利实施，甲及甲的经营层即使得不到上级领导的肯定，但也不会受到批评。弊端是：无论采用什么手段，如变相提高了合同结算价款，意味着合同的约定被突破，这就为以后的审计监督埋下隐患。如甲按照合同约定拒绝乙增加施工价款的要求，有利之处是：甲严格信守了合同，无论是事中审计，还是事后审计，他们都能应对自如，但这样做同样存有弊端：在人工材料都大幅涨价的时候，如甲不能满足乙的要求，这本身就可能有悖公平。同时，由于乙期待的收益缩水，甚至会出现亏损，这无疑会挫伤乙的履约积极性。如因乙履约不积极，导致工期延误，备受关注的民生项目不能如期交付，无疑会影响甲的上级领导对甲的经营层的评价，如上级领导一旦对他得出“能力不足”的评价，经营层升迁调动的希望可能将成为水中之月。这对国企领导来讲是不能承受之重。由此可见，类似的约定在履约中会给业主及业主的经营层带来两难选择，尤其业主是国有性质的主体时，矛盾会更加突出，而这一切的始作俑者，显然是那些高举“以当事人利益为重”的旗帜，试图以严谨来展示专业，但却不懂顾此失彼这一道理的群体。

的零件组装正确，而不顾及它们是否与刹车等系统相匹配，汽车便无法上路；即使勉强上路，也难保行车安全。这个道理同样适用于律师组装合同的工作，因合同往往是镶嵌在当事人经济链条中的一个环节，与其他环节的关系，类似于汽车某一系统与其他系统的关系。

合同并非是孤立的存在，它既有来龙，也常有去脉；与其他环节对比，它有时是“皮”，即合同存在的价值在于它是其他环节存在的前提；而有时，合同又是“毛”，即其他环节是合同得以衍生、存在的前提。之所以将合同的重要性与其他环节进行对比，目的绝非仅是单纯地识别合同在经济链条中的重要性，更关键的是明晰各环节之间的制约关系，以便在履约控制阶段，根据当事人不同阶段的需求和痛点，从容地区分出事务的轻重缓急①，并以此确定合同中每项权利的实现原则。这就要求律师在审定合同时，应跳开具体合同，将视野扩展到当事人的整个经济链条。具体方法是结合当事人的目的，梳理上下游的关系，尤其要厘清

① 合同权利的实现往往并非一蹴而就，律师审定合同时，应紧紧围绕核心权利的实现来区分事务的轻重缓急。所谓轻，是指不会对核心权利的实现形成制约的其他权利；所谓重，是指实现核心权利，消除制约核心权利实现的因素；所谓缓，是指可放缓实现非制约性的权利，即按照合同约定应实现的权利，因相对人原因不能及时实现，如该权利未及时实现并不会制约核心权利实现，则可不用立即启动救济程序；所谓急，是指消除制约因素，确保核心权利按规划时间实现。消除可以是主动消除相对方制造的障碍，也可以是通过主动妥协来消除影响核心权利实现的障碍。参见李杰、李宗胜：《合同审查的思维与方法：风险控制与动态监管解决之道》，法律出版社 2016 年版，第 341、349 页。

合同与其他环节之间的因果关系；评估风险时，既要顾及其他环节如出现问题是否会给合同带来连锁反应，也要评估可能遭受障碍的合同会不会成为第一张倒下去的多米诺骨牌。梳理之后，予以简单但适当的对比，确定自己拟组装的合同的重要性。在诞生合同过程中，在关注合同的过去、现在，以及对未来进行规划时，适时抓住合同与其他环节相互补位、相互协防的机会，力争在合同约定中弥补过去留有的缺陷，加固对未来风险的防守。

（三）律师与当事人对合同地位的认知差异

毋庸置疑，在合同领域，谁都不会否认当事人处于统筹地位，因他们需要安排资金、调配人力资源、审视可依托社会关系、把握有利的交易时机、识别交易紧迫程度及重要性、选择可靠的交易对手、思考如何平衡利益、自己或委托律师审定合同。在当事人眼中，合同往往仅是一个与资金、人脉等基础性交易因素相并列的因素。就重要性而言，他们并不认为合同比资金等其他因素重要。但对律师来说，资金等基础性因素与合同的关系，就犹如一堆建材与用这堆建材修建出来的大楼之间的关系，当各式各样散落的建材被修建成高楼大厦时，大楼与建材之间便有了本质的区别。律师承担的即是将那些基础因素整合到符合规则要求框架之内而形成合同的重任。当事人的交易能否成功，取决于交易模式和拟实施行为的可操作性，而可操作性，虽非完全，但在一定程度上依赖于它们是否与规则的规定相一致。

在以规则为标准的比照中，规则就像一个过滤管道，前端是资金等基础性交易因素，后端是利益。交易模式和拟实施的行为经规则过滤时，合法的被放行，非法的往往被过滤掉。在一定意义上，合同文本是将当事人的交易模式和拟实施行为与规则进行比照的产物。律师因具备法律专业技能，当仁不让地司职过滤工作。这无疑会让律师产生一种感觉，即与资金、人脉等因素相比，合同应处于统筹地位，律师也应处于统筹地位。然而，遗憾的是，这却是律师的“错觉”。说是律师的“错觉”并非是指律师对合同应有的地位和律师作用的认识本身出现错误，而是他们对当事人形成了误判。也就是说，律师认为，与资金、人脉等因素相比，合同以及负责合同组装工作的律师确实应处于统筹地位本身是正确的，但他们认为当事人也会这样认识却往往是错误的。其实，当事人和律师对合同地位和律师作用的认识确实不同，但却难说谁对谁错。究其根本，这源于当事人和律师不同的观察视野和方法。

从因果关系推论，合同确实不一定比资金、人力资源等因素重要。如没有资金、人力资源等，就不可能会发生交易，当然就不会有合同。这种观察视角对当事人来说是自然而然、无可非议的，这也正是当事人常常不能摆正合同地位的根源。然而，当事人的审视视角虽无可非议，但也存有局限。如前所述，当事人只有具备了某一项或几项主导性因素才会去寻找交易对手、启动合同谈判，获利之旅的序幕由此拉开。故而，当事人审视合同行为的起点始于他们评估自己是否有必要启动合同之时。因从必要性和成本角度考虑，只有当他们具备了相应的资金、人力和社会资源的储备才会谈及合同，至于在哪个时间段委托律师，取决于当事人的风险意识。实践中，鲜有当事人在不具备相应的基础条件的前提下，愿意支付成本让律师协助自己搭建一个“空中楼阁”。

但对于律师而言，他们介入的起点是从当事人委托之日开始，这个介入点往往就是他们观察当事人合同行为的起点[①]。显然，律师的观察起点晚于当事人的起点。如果，以交易成功或失败为终点，能直观地发现当事人观察的时间段比律师长。这恰恰是造成当事人和律师认知错觉的症结所在。因考量的时间段不同，进入观察视野的因素，尤其是观察的重点因素会有所差异。既然双方观察的重点不同，那么得出的结论自然不同。在当事人眼中，没有资金、人脉等因素肯定没有交易，且这些因素，尤其是主导性因素会贯穿合同的整个过程。所以，他们会自然而然地将这些因素纳入进来，并有意或无意地进行对比，以评判它们的重要程度。然而，作为律师，资金、人脉等因素早在自己介入前

---

① 律师只有受托才能介入，受托介入的时间点因当事人的意识不同而存在差异。毫无疑问，律师为厘清基础事实，需要回过头去评估当事人所具备的基础性交易因素和已经实施的行为。同样毋庸置疑的是，律师无论在哪个阶段介入，他们回头看的目的都不是将合同与那些基础性交易因素作重要性方面的对比。在谈判开启阶段，他们关注这些要素的目的是合理“组装”合同；如在履约阶段介入，律师回头看的目的是研判当事人和相对方已实施的行为与合同的约定是否存在差异，是否有违约，或潜在违约的风险，并匹配以相应的防范措施。

就已存在，他们介入时虽必须关注这些因素，但他们关注的重点仅仅在于如何将这些因素予以相对合理的匹配。对他们而言，合同与这些因素是未处在同一个频道的两回事，它们之间并没有可比性。

固然，当事人具备一项或几项主导性因素是获利的前提，而田忌赛马的寓言警示我们，即使当事人具备了优势因素，也不代表他们一定能取得期待的利益。这就犹如，打牌的人即使拿到一手好牌，也不一定能获胜。在游戏中，好牌仅仅意味着游戏者有了相对较高的获胜概率，但如出牌顺序出现问题，结局依然是失败。在合同领域，如将一个或几个主导性因素看成是当事人手中握有的牌，那么，合同文本解决的是应然层面的出牌顺序，而合同履行反映的则是实然层面的出牌顺序。不可否认，谁都知道出牌顺序重要，但当游戏者取得好的结果时，他们却往往会忽视出牌顺序的作用，而毅然地认定牌的好坏才是获胜的关键。但是，当好牌因顺序错误而致失败时，责任却统统归于出牌顺序。这与有些当事人对待合同相类似，在获得期待利益后，他们往往会将主要功劳归于机会、资金、人脉等主导性因素；而合同，虽非可有可无，但却常被看成是形式层面的存在。如此，律师的作用自然就被流于形式。然而，在当事人因签约或履约失误而未获得理想的利益时，合同便会成为实质的罪魁祸首，太公口中的“不爱人者，及其胥余”，也许就是以替罪羊面目出现的律师的真实写照。

其实，无论当事人是否重视合同，合同的重要性就摆在那里，就像无论游戏者是否重视出牌顺序，它的重要性就摆在那里一样。在当事人获取利益的诸多环节中，无论什么因素占据主导①，都需要用合同固定下来。在一定意义上，合同是毕其功于一役的表现形式；律师兼具了“统筹”与“具体化”的功能。但需要注意的是，当事人和律师虽表面上看起来都处于统筹地位，但是，此统筹非彼统筹。当事人的统筹是基于欲获取利益，将诸如资金、技术、人脉等资源，包括律师的专业技能予以聚拢、整合；成败的关键是，作为获利前提的资源能否从无到有、能否从不可控到可自行支配；而律师的统筹功能要解决的问题是，将当事人已有的，或可支配的资源予以合理搭配、组装，协助当事人实现期待利益。

三、合同属性的认知视野

（一）当事人视野

从属性上看，合同是在规则的框架内确定当事人之间的行为规则，目的是避免口说无凭，以确保交易的安全。安全本身是由

---

① 经济实践中，交易的形式复杂多变，且交易极少是依据一个维度开展的。一般而言，完成一项交易需多种条件，但不同的交易，主导因素并不相同。资金密集型的项目，起主导作用的是资金和融资能力；技术开发类合同，人力资源和核心技术显得至关重要；而依托人脉资源获取收益的合同，社会关系就变得举足轻重。资金、人才、人脉、技术、合同等因素在每次交易中所占权重各不相同，但无论是它们哪一个占据主导或绝对主导地位，最后都会以合同的形式反映出来。

恐惧所激发的一种消极目的。[①] 当事人在积极追求利益时因惧怕、厌恶遭受损失而陷入“偷鸡不成”的境地[②]，故而没有不看重合同的理由。但需要注意的是，合同虽担负着将当事人的基础性交易因素转化为利益的重任，但合同在他们眼中却是“抽象”的。抽象性源于当事人需求的抽象性、流动性。抽象性表现在：当事人在一开始并不知道自己应拥有一份具有何种内涵的合同；事前，他们习惯以自己的需求得以满足的“效果”为导向，提出自己的合同目标；事中，他们常凭“感觉”履约，不会刻意分辨合同的运行是否正确、妥当；事后，他们又仅仅以可观察到的“结果”为评价标准，以成败来评判合同的好坏。也许，有人会提出质疑，认为当事人交给律师的明明是一个或一系列关于交易的具体合同，甚至有时他们还会对合同的具体条款提出要求，那又凭什么说当事人眼中的合同是抽象的呢？

其实，换一个角度思考可能更好理解。不言自明，当事人之所以委托律师，是因为他们作为一个行动者期望实现某一目标，但由于自己缺乏必要的技术和能力，故而需要尽力寻找具有相当技术与能力的其他行动者，以期利用他们为自己服务，并以支付报酬作为交换手段。这类社会交易十分重要，因为它提供了一种

① ［英］伯特兰·罗素：《权威与个人》，储智勇译，商务印书馆 2012 年版，第 73 页。

② 此处的利益损失包括积极的利益损失和消极的利益损失。前者是指应得而未得到的利益；后者是指不应减损却减损的利益。

手段，使行动者可以追求仅仅依靠自身能力无法实现的目标①。也就是说，律师是当事人以支付报酬为代价而临时获得的一种自己不具备，但又是追求利益时所必需的手段和工具。试想，如当事人自己熟练地掌握了法律专业技能，自认为能自行制作出科学、妥当的合同，从成本与利益角度考量，他们还有以增加交易费用来换取律师专业技能的必要吗？

也许，我们试图以一个提问去回复质疑者的疑问，并不能打消他们的疑虑。因当事人“需求的抽象性”同样会遭受质疑。质疑者会认为，当事人启动合同谈判时，获利的需求明明已十分明确，怎么又说当事人的需求是抽象的呢？其实，当事人经济行为中关于“收益”的概念相对模糊，即使签订合同时当事人会预估自己的收益，但预估本身就意味着“不准确”和“模糊”②，当事人需求的抽象性会反映到他们给律师提出的效果性要求中。

律师在审定合同时，当事人会依据自己的目标给律师提出要求，但此时的要求往往是总体性的、纲领性的、模糊的，且是动态可变的。在履约过程中当事人时常会提出新的，且他们认为是理所当然的需求；或在这个过程中变更早先提出的需求；或会逐步具体化自己先前提出的模糊的需求。上述变化发生的一般情形

---

① ［美］詹姆斯·S. 科尔曼：《社会理论的基础》，邓方译，社会科学文献出版社 2008 年版，第 146 页。

② 李杰、李宗胜：《合同审查的思维与方法：风险控制与动态监管解决之道》，法律出版社 2016 年版，第 29 页。

是，随主客观环境改变，当事人在自认为的机会来临时，可能会很快遗忘掉所谓的契约精神而产生新的需求，且不管该新的需求是否与之前提出的需求相冲突；或者，当他们在开始提出的“寸”的需求满足有望，或已被满足时，他们会振振有词地将“寸”的需求演化成对“尺”的需求。① 在合同领域，当事人的获利需求也是被逐步具体化的，且在具体化的过程中，当事人的需求是可变的。这是一个严峻的考验，因当事人会随着需求的具体化，以及需求的变化再反过来与合同条款进行比照以寻求支撑，且他们会理所当然地认为，既然自己付了成本，聘请了专业律师，那么，经律师审定的合同自然就应该能够满足自己的需求，甚至应能为自己的“为所欲为”提供技术支撑。

由于当事人眼中的合同是抽象的，故而，当律师将审定的合同提交给他们时，他们实质上无法分辨合同的约定是否科学、妥当，自然就无法辨别律师能力的高低。但这并不等于说当事人没有自己的评价方法和标准。合同的起点和终点是利益，能否获取期待的利益即是当事人评价合同质量好坏和律师能力高低的标

① 这就像一个饥肠辘辘的人，他开始急切的、总体的需求是“食物”，但此时的“食物”是抽象的，当他遇到可充饥的草根时，草根就是被具体化的食物；当遇到树皮，树皮就是被具体化的食物……以此类推，那些能被饥饿者具体化的“食物”取决于他们有机会获得的东西。然而，当他在吃草根或树皮充饥时，突然发现有机会吃美味珍馐，多半的情形是放弃草根树皮，转而对唾手可得的美味大快朵颐一番。由此观之，人饥饿时的需求是抽象的食物，伴随着机会的出现，抽象的食物被具体化，而被具体化的食物反过来又会让饥饿者的需求发生变化，就如已用草根充过饥的人，他们暂时不再需要草根，但当他看到海鲜，可能又会产生尝试海鲜的需求。

准。总体而言，你用什么衡量，你就重视什么；反之亦然[①]。当事人因重视结果，自然就会以结果来衡量律师水平的高低。这种以结果为导向的评价标准实质上是“猫抓老鼠”的标准。这对律师提出了挑战，因当事人对合同和律师的期待是：合同既要合法有效，能真实体现交易过程，又要与当事人整体链条中的其他环节无缝契合；最重要的是，合同必须有以不变应万变的功能，在履约中无论发生任何变化，在合同约定的条款中都应该能找到适当，且利于当事人的因应策略。

更为致命的是，当履约出现障碍或发生纠纷时，当事人当时达成交易的情景模式可能早已物是人非，但这丝毫不影响他们将自己的希冀导入早已固定的合同条款之中以寻求合同的支持。这虽是典型的“刻舟求剑”式的行为模式，但在当事人看来却是天经地义的，这亦是律师“蒙冤”的根源之一。实务中，当事人一旦承担了不利后果，他们会毫不犹豫、一股脑地将责任推到律师身上。他们往往理直气壮地认为是因律师水平低才会让合同条款出现遗漏；认为律师的经验差，才会让相对方有机可乘；认为律师没有尽责，才会使合同的条款、合同的语言出现不利于自己的解释……此时的律师，无疑会被别人描述为失败者。律师出局后，无疑就丧失了争辩的机会而只能任由他人评述自己水平如何低劣。然而，以这种评价体系所得的结论也许并不客观，因以

① ［美］约瑟夫·E. 斯蒂格利茨：《自由市场的堕落》，李俊青、杨玲玲等译，机械工业出版社 2017 年版，第 281 页。

"猫捉老鼠"来衡量律师水平高低的标准本身就不科学。但遗憾的是，当事人在没有更好的体系对律师予以评价时，他们的选择只能是这个标准。

（二）律师视野

厘清当事人眼中的合同的属性对律师理顺自己与当事人的关系至关重要。律师自知自己不是万能的"灵丹妙药"，但当事人遇到障碍时却常把律师当成万能的"灵丹妙药"来用；律师审定的合同不可能涵盖未来的一切变化，但当事人遇到障碍时却期待经律师之手的合同能涵盖一切，且期待合同之中必须有有利于自己的约定来应对这些变化。如是旁观者，人们会很容易地意识到当事人的期待不切实际，但理论上最有资格评价律师的当事人却非旁观者。无疑，这让律师"蒙冤"的概率大增，但律师们也非束手无策。既然"误判"无可避免，唯一可行的办法就是力争让当事人减少误判。实务中，我们可尝试从三个方面进行。

首先，转变合同理论中的基本观念。合同是由两个或两个以上意思表示相一致而达成的协议①，但意思表示相一致仅是被合同文本固定下来的表象，这其中充斥着谎言②。然而，即使是谎

① 谭启平、王洪、孙鹏等：《中国民法学》，法律出版社2018年版，第421页。

② 我们之所以说合同中充斥着谎言，盖因当事人为求得各取所需的平衡，即为达成交易，不得不有所取舍，而"取"可能是真心想取，但"舍"却并非总是真心想舍；再者，抉择刹那的"舍"，并不意味着永远的舍。

言也不能总被揭穿，在合同领域，谎言得以维系的根源在于当事人有时不得不接受自己所创立的约定和国家强制力的束缚和奴役。认识到合同存在的先天缺陷①十分重要，因为这决定了当事人和律师对风险防范的态度。一般而言，当事人在为达成交易开香槟庆祝时，把酒言欢的场景有时仅是表象。签约后，有的人会淡忘自己或相对方在谈判中因妥协所放弃的利益，从而抱守契约应严守的观念而丧失了防人之心；而有的人则对自己曾经的妥协念念不忘，在履约阶段，他们往往会旧念重生，“合理”地运用相互制约的权利义务关系，寻求或创造能改变既定利益格局的机会，试图拿回那些他们认为在合同中不应放弃但已“被迫”承诺放弃的利益。凡事预则立，不重视合同的先天缺陷，不时刻准备对手的反扑而迷信合同严守则意味着无从预，不预则意味着慢慢解开了约束他人的缰绳，规则的拘束力也因此逐步减轻，而当处心积虑之人抓住时机与毫无防范者相搏时，高下自然立判。

其次，正确看待合同履行原则，处理好宁缺毋滥和宁次勿缺的关系。合同签订后应如何履行合同，法律设立了一些规范和准则，除却民法上的一些基本原则外，学界总结了合同的履行原则。王利明先生认为，合同履行的原则包括：全面履行原则、适

① 合同的先天缺陷，是指合同文本中所反映的并非都是当事人的真实意思。其中包括当事人提出的要求被对方拒绝；或者，一方当事人为达成交易而妥协，勉强接受了对方的要求；或者是当事人一方基于达成交易的策略考虑，在谈判期间未提出有些要求。交易达成后，当事人在利益的驱动下，会伺机在履约阶段提出与合同文本约定不同的要求。

当履行原则、依据诚实信用履行的原则[1]。崔建远先生认为，合同履行的原则包括：适当履行原则（又称正确履行或全面履行原则）、协作履行原则、经济合理原则、情势变更原则[2]。在实务界，合同履行的原则往往被漠视，原因是法学理论和立法体系所倡导的体系化的原则在面对真实交易时却时常境窘而让人感觉无所适从。不过，这不值得我们大惊小怪。合同权利的实现并非一蹴而就，当事人往往也不总是按部就班地依据合同约定来实施合同行为。然而，在经过精心安排与深思熟虑的合同体系中，各方当事人的行为与结果、权利与义务常是一种一一对应、环环相扣的关系，任何一方的行为偏离合同约定的轨道，都会打破这种平衡，合同文本中规划的权利与义务结构会因失衡而紊乱，进而引起权利的转化[3]。理论上讲，合同中都设有诸如违约责任等矫正机制，当事人如未按合同约定履约应承担违约责任。但如一方当事人未按约定履行自己的义务，不会或暂时不会对相对方的核心权利造成质的影响，而一旦立马实施诸如追究违约责任等矫正措

① 王利明：《合同法研究》（第2卷），中国人民大学出版社2015年版，第12页。

② 崔建远：《合同法总论》（中卷），中国人民大学出版社2012年版，第3~8页。

③ 合同权利具有可转化性，可转化性是指当事人在设定合同模式，安排权利义务关系时，隐藏的含义是“我要获取何种权利”“相对方应如何做才能满足自己获取期待权利”“我应该做什么、怎样做”的规划。但未来总与过去不同的事实决定了规划的交易关系在履约阶段会发生变化，若相对方未按规划履行义务，则意味着当事人无法实现期待的权利。相对方的违约行为虽使期待的权利无法实现，但会转换成另外一种权利，如请求违约赔偿的权利。参见李杰、李宗胜：《合同审查的思维与方法：风险控制与动态监管解决之道》，法律出版社2016年版，第324~325页。

施，可能导致交易失败，或造成不良的连锁反应时，矫正措施的实施是不是意味着让当事人有机会品尝因小失大、得不偿失的苦果呢？显然，这非当事人所愿。因此，立足于当事人的合同目的和他们的核心权利，合同的履行原则并无定式。一般而言，当事人依约获得的权利应完全符合约定，不应存有瑕疵，但当暂时接受一项有瑕疵权利比拒绝接受更符合当事人的合同目的时，它的最佳选择是暂时接受宁次[①]勿缺的结果，而不是拘泥于所谓的“全面”“适当”的履行原则；但当履行的结果偏离合同约定，且已对当事人的合同目的，或核心权利形成质的影响时，留给他们的选择只能是宁缺毋滥。

最后，做好过程控制。合同规划的是未来的交易关系，未来的未知性，决定了合同会新生后天缺陷[②]。后天缺陷无法避免，因合同的约定即使再全面也无法涵盖未来可能发生变化的全部。故而，应对后天缺陷的唯一途径是加强履约控制[③]。

---

① 此处的“次”并非是专指次品、质量低下，而是指权利人实现的权利虽不完全符合合同的约定，但如不接受致使交易破裂会对当事人合同目的和核心权利的实现产生质的影响，或会引发严重的不良连锁反应时，当事人经权衡全局与局部的轻重后予以暂时接受的有瑕疵的权利。

② 后天缺陷，是指在履约阶段因出现主观或客观变化影响到合同履行，且合同条款中，没有关于如何应对这种变化的约定。

③ 签订的合同只有通过履行才有实现当事人合同目的的可能。故而，加强履约控制至关重要。但不幸的是，律师往往被当事人排除在合同履行之外。对为什么会形成这样的僵局，以及如何破局，可参见李杰、李宗胜：《合同审查的思维与方法：风险控制与动态监管解决之道》，法律出版社2016年版，第42～45页。

第二节 当事人对风险与规则的认知

一、当事人的认知视野

风险来源于现实和规则的冲突，对风险的处置不当，会让当事人承担不利的后果。不利后果既包括承担民事责任，也包括承担行政责任，甚至是刑事责任。当事人之所以委托律师审定合同，一个主要的目的就是为自己排除潜在的风险。目标虽明确，但当事人在真正体会到“风险”所带来的切肤之痛前，他们对风险的认识往往停留在抽象的层面。律师意识到当事人对于风险属性的认识是非常关键的。因当事人委托律师的根本动因虽是让其协助自己排除交易中的风险，但由于当事人眼中的风险是抽象的，故而，期待他们正确认识律师的作用是非常困难的。意识到此点，有利于律师摆正自己与当事人之间的关系①，利于他们找

① 在代理关系结构中，律师将控制行动的部分权利转让给当事人，当事人支付报酬。理论上，律师与当事人是平等主体之间的合作，但毫无争议的是，当事人在合作中具有相对的控制权，处于支配者的地位，律师需按照当事人的指示行事，处于被支配者的地位。律师与当事人建立的关系不同于一次性的商品交换，在时间上需持续一段时间。故而这种支配与被支配的关系会因此持续。在持续的过程中，行动的结果不仅依赖支配者的指令，而且取决于被支配者如何履行指令。参见［美］詹姆斯·S. 科尔曼：《社会理论的基础》，邓方译，社会科学文献出版社 2008 年版，第 76 页。

到自己处于尴尬地位的根源，从而予以有针对性的调整。

在合同的制作与审查中，律师所有的努力是为了不发生纠纷，不让潜在的风险演变为现实的风险。然而，当事人关注的重点不是律师努力的过程，而是结果。不幸的是，即使交易取得了良好的结果，当事人也会因对风险属性的认识，而难以给律师工作一个准确的评价。在现实生活中，行为和结果并非是一一对应关系，任何一种结果都是多种因素所致，代理人的行为只是其中的一个因素，除了这个主观的因素之外，还有很多外部的不受代理人控制的客观因素在起作用①。

实质上，律师作用被忽略还有更深层次的因素，主要是来源于三个方面：第一，律师设计的合同条款虽是有形的，但有些在履约过程中所起到的作用往往是无形的，如违约责任条款，它形成的震慑力因无形而让人无法判断它是否真的形成了震慑；即使形成了震慑，程度如何、效果如何也难以判断。毕竟，对于未发生的事情难以进行合理的评估。第二，交易的成功会或多或少地带给参与者以荣誉和成就感。人的本性中都有趋利避害的本能，贬低别人的作用无疑暗含夸大自己功绩的效用，这就给了那些拥有话语权的参与者掠夺无话语权者功绩的机会。有时，享受更多荣誉的人不是因为他们付出了多少劳动，而是因为他们拥有话语权。第三，贬低律师作用，意味着降低律师的身价，对当事人而言，这是他们

① 张维迎：《博弈与社会》，北京大学出版社 2013 年版，第 274 页。

试图降低律师费用的惯用策略。

因此，在实务中，律师和当事人对律师所起作用的感知有时会发生严重错位。律师感觉自己为交易的成功付出了巨大努力，却得不到当事人的认可，甚至，有些当事人为降低成本而故意为之，这让律师感觉失衡，故而他们时常会将当事人的这些行为视为忘恩负义的行为。心里不平衡归不平衡，但对律师而言，制定与审查合同是一项不能试错的非诉业务，他们不敢明目张胆地实施自我否定的行为，不敢也不能主动地通过精心的设计把自己的委托人置于风险之中。除去职业道德和职业风险的考量，还因为当事人虽对成功的结果没有准确的度量标准，但对于坏的结果却有着相对精确的评价标准。不要说律师在执业中存有失误，即使律师没有失误，当事人都可能将不符合预期的结果归咎为律师的责任，这无疑会对律师的执业声誉造成负面影响。显然，这是视名誉为生命的律师群体所不能承受之重。

二、企业家的特质及对律师的期待

（一）企业家的特质

现实生活中，很多人，尤其是具有一定成功经验的人容易陷入自传式回应的陷阱，律师与当事人也不能例外。自传式回应是指相互在听对方讲话，或观察对方行动时，总是会联系到自己的经历和想法，因此会自以为是地作出回应。陷入自传式回应而不自知者往往过分注重自我的感受；因自信自我正确而不愿意轻易放弃自己的观点，且在他们认为本应接受自己观点的人提出质疑，或表示出不同意见时，他们往往会非常恼怒。自传式的回应方式让当事人和律师之间有了不该有的错误假定和不切实际的期待，而这恰恰为他们埋下了发生争议的种子。

实务中，律师对当事人的期待是，他们应尊重律师的意见，因律师自认自己是依据规则提出的意见。规则的实施，尤其是法律的实施由国家强制力作为保障，违反了规则肯定会承担不利的法律后果，所以当事人应尊重法律，故而应尊重律师的意见。当事人对律师的期待是，律师是训练有素的，有成功处理实务的经验。他们对自己可能遇到的问题，应能顺理成章地提出变通的意见，保障自己的行为既能达到预期目的，又要合乎规则。实际上，容易陷入自传式回应的人缺乏的是换位思考的能力和知己知彼的智慧。

那么，应如何改变这种状况？答案是应了解对方，而后让对方了解自己，包括让对方知道“你是如何理解对方的”。站在律师立场，首先应对企业家的整体特质形成正确的认识，而后结合背景资料来具体了解自己的当事人。只有如此，律师才能洞悉他们委托律师的真正目的。

成功的企业家天生有着创新的冲动，从另外一个侧面讲，创新与叛逆的内涵无异。没有叛逆，人类就会停滞不前。挪威人类学家弗瑞德里克·巴思强调：打破先前彼此分离的交换层面的能力是经济成功的一个关键因素。熊彼特把企业家的特质界定为，为了一个新的经济目标而把以前未连接的资源结合在一起的能力。熊彼特定义下的企业家是用创新来打破现有的均衡，打破并重组经济图景，从而开拓出新的机会的人[①]。严格地讲，我们并无必要通过罗列这些理论大家对企业家的描述来验证他们具有创新特质的正确性，因企业家创新特质已然是不言自明的事实。只要我们稍加注意，就会发现身边充斥着很多在创新路上的人，他们有时像赌徒一样千方百计地想把自己的优势转化成一种新的、独有的行为模式，并美其名曰“独特的盈利模式”。在这种情况下，创新模式并不取决于是否合法，而是取决于韦伯所说的一种令人讨厌的“利益集团”的种种资源流动[②]。贸易发达的地方，欺诈必会产生[③]。创新，必定会挑战到现有规则的底线。比如近几年，成功的P2P企业在一定意义上是踏着同行的鲜血，汲取了他们的失败教训，探寻到了规则的底线而让自己进退有据，获得成功。新的模式充分反映了活跃的经济活动、多变的经营形式与先天滞后的法律之间存在一个类似真空的地带，这个地带的一边是天堂，一边是地狱。这是甄别律师水准的“试金石”，也是律师价值的真正所在。

---

① ［美］莫洛·F. 纪廉、南德尔·科林斯、保拉·英格兰、马歇尔·迈耶编：《新经济社会学：一门新兴学科的发展》，姚伟译，社会科学文献出版社2006年版，第61~62页。

② ［美］莫洛·F. 纪廉、南德尔·科林斯、保拉·英格兰、马歇尔·迈耶编：《新经济社会学：一门新兴学科的发展》，姚伟译，社会科学文献出版社2006年版，第63页。

③ ［荷兰］伯纳德·曼德维尔：《蜜蜂的寓言》，肖聿译，中国社会科学出版社2002年版，第142页。

由此，从企业家的特质可以看出，当事人委托律师的目的一目了然。他们对律师的期待并非像他们自己和有些律师理解的那样，仅仅是审视自己是不是照章办事，这其中还包括了让律师来评估规则能在多大程度上容忍这种创新。也就是说，当事人需要律师衡量他们的行为是否会超越规则的底线，如何才能防范毁灭的风险。这非常重要，律师如不能认识到当事人应有的这种需求，他们的工作无疑会脱节。最终的结果是，他们会记得每条规则要义，但"削足适履"式的工作方式导致他们对当事人的需求爱莫能助。因这种死抠条款，不肯越雷池一步的机械性做法，在面对具备创新精神的当事人所带来的变化时，极有可能会陷入训练有素的无能状态①。肯尼思·伯克养鸡场②的例子说明，一个人根据他过去所受的训练采取行动，在新条件下，当他没有看出新形势与过去有本质不同时，训练效果就会导致其采取错误的步骤。如以伯克近乎绕口令的话说："试图在不合时宜的场合中表现得合乎事宜，反而使人不合时宜"，他们的训练可能成为一种无能力③。

---

① 维布伦的训练有素的无能是指这样一种状态，即一个人的能力发挥的作用不适当或盲目。基于所受训练和技术而采取的行动，过去曾经成功地运用过，但在变化的条件下却导致不恰当的后果。

② 养鸡场的例子：鸡群可以很快被训练地知道铃声是喂食的信号，但同样的铃声可以用来召唤这种受过训练的鸡群，去接受被屠宰的厄运。

③ ［美］罗伯特·K. 默顿：《社会理论和社会结构》，唐少杰、齐心等译，译林出版社 2015 年版，第 349 页。

挑战底线，意味着要么发达，要么毁灭，而毁灭并非仅是财产的毁灭，同时毁灭的还可能是人身自由，甚至是生命。毁灭的财产可以失而复得，但人身自由和生命的毁灭却有着不可逆性。故而，律师职责重大，而评估规则能在多大程度上容忍这种创新却并非是一个能拿抽象的法学理论和套用法律规定来解决的问题，而这些恰恰好像是律师最拿手的“技能”。抽象的理论固然衍生了一系列指导当事人行为的准则①，但在处理合同实务时，不能仅将这种原则作为一种抽象、理想的倡导性价值，因它们有时脆弱得不堪一击。任何民事主体的行为都非在真空中实施，它们存在于特定的社会结构，受到规则和其他主体，包括公权力的制约。在理论上，我们可以对民事活动的界限作出清晰的界定，但一旦融入社会，行为人实施的行为却并非像油与水一样因相互不相容而能清晰分辨出，哪些是理应不受类似于公权力“不当”干预的民事活动，而哪些又不是。源于此，理论上界限分明的民

① 比如，若法律对当事人拟实施行为没有规定，可套用“法无禁止即自由”的理论；再如，意思自治原则，它要求在市民社会中，所有的民事主体都能在自我决定下，依据个人的意思行使民事权利，履行民事义务，参与具体的民事活动，实现自己对社会生活的要求，而无须国家的介入。参见杨立新：《民法总则——条文背后的故事与难题》，法律出版社2017年版，第19页。自愿原则正面描述了民事主体可以按照自己的意志，在法律允许的范围内自主地设定权利义务；反面规定了其他任何组织和个人不得非法干预。鉴于我国实际情况，对自愿原则威胁最大的仍是公权机关，强调“任何组织或个人不得非法干预”，主要是意在对公权机关提出警告。虽然本条没有从反面规定，但排除非法干预的含义应当被本条当然包含。参见陈甦、谢鸿飞、朱广新等：《民法总则评注》，法律出版社2017年版，第33～34页。

事法律关系就变得不再分明。民事主体实施行为的目的是追求内心期待的利益，但他们的愿望最终能否得以满足却并不完全取决于所谓的意思自治，也并不取决于那些抽象的法学理论衍生出来的类似于“法无禁止即自由”等指导规则。因此，在实务中，审定合同的视野并不能局限于民事法律体系的框架。正确的做法是评估当事人的行为是否会触及刑事法律体系的底线；是否会冒犯公共利益；是否会招来舆论的讨伐而让公权力被迫介入。当然，这样做的难度是可想而知的。比如，所谓的公共利益本身就是一个极其抽象的概念，它的内涵和外延非常模糊，但正是这些不确定的、可进行宽泛解释的概念，却最容易让当事人面临比承担民事责任更严厉的惩罚，其中包括刑事处罚。

也许，有人会提出质疑，因刑法有“法无明文规定不为罪”的原则。按此解释，即使当事人的行为造成了严重的后果，但只要刑法没有规定，也不会触犯刑律。其实，这仅是一厢情愿。法律的解释权和运用权不在当事人，也不在律师，而在公权力。的确，法律与经济活动的内容和形式相比具有天生的滞后性；罪刑法定是刑法的基本原则，但不可忽视的是有权机关对法律的解释，在时间上却有着相对的灵活性，尤其在涉及公共利益或舆论关注度高时，法律的解释和运用总能“恰到好处”地将刑事制裁用于那些刑法尚无明文规定的危险，或社会反响大的“有害”行为之上。究其原因，我国的司法体系在很大程度上发挥着政策实施的功能，政策实施型司法和科层式的组织方式使执法人员不能唯法律是尊，有时他们不得不考虑政治的正确性和社会效果①，这无疑会让罪刑法定等刑法基本原则的贯彻大打折扣。作为律师，就像不能迷信民法体系中的平等、自由等原则一样，也不能迷信所谓的法无明文规定不为罪等原则。因此，律师在审定合同时就应顺从既定的职责，不能因合同属于私法领域而片面地拘泥于民事法律规定；在法律没有规定时，不能将希望都寄托于法律原则，而是应将当事人的行为纳入整个法律体系之下考量，同时兼顾公共利益、舆论和政策导向、当事人的身份和企业性质，并基于此给当事人留有一定安全的余量，就像工程师设计桥墩时要留有适当的预防性宽算一样。

（二）规则的属性及审视规则的视野

规则在属性上就是一种工具。规则所倡导的价值，诸如公平、正义、平等、自由是人类追求的价值，但这并不代表可以将规则本身与上述价值画等号。价值抽象地存在于各时代纠缠不清的概念之中，它的内涵被赋予了明显的时代特征；而规则需具体地适用于当下处理的每个具体事项。事实上，律师可以像圣贤、哲王那样去追求上述价值，但这却并非是他们职业所需的必需追求，因他们对此即使忽略不计也无伤大雅。然而，以风险防范为己任的职业要求，使律师不能对规则视而不见。波斯纳曾言：法

① 参见［美］米尔伊安·R. 达玛什卡：《司法和国家权力的多种面孔》，郑戈译，中国政法大学出版社 2015 年版，第 34～38 页。

律是一种专业，性质上和其他专业一样；而且，精确一点地比拟，这个专业和修水管无分轩轾。抽象来看，由原始部落以降，律法是应运而生，是解决问题的工具；道德也是如此，是个人和社会孕育出的工具；正义的概念，亦复如此，是操作律法的辅助手段，也是工具。[①] 如认为将道德、正义归类于工具的范畴是否正确的争议与律师无关，那对规则属性的归类却与律师息息相关。对律师而言，抛开归类正确与否的无谓争论，将规则定位为工具，无疑是最佳的观察视角。既然是工具，就可以平实地分析优劣高下，而无须视为神圣不可侵犯的禁忌。工具的另外一层含义，是工具不会一成不变，会随着环境的变化，问题的形式和内容也有所不同。面对的问题不同，理所当然，处理问题的工具也相应而异[②]。规则的制定与解释本身，能佐证这种变化，从规则的内容，可发现规则随时间变化而变化的轨迹。如《民法总则》第 10 条关于法律渊源的规定[③]，使用了一个外延开放的概念，以

---

① 熊秉元:《优雅的理性——用经济学的眼光看世界》，东方出版社 2014 年版，第 99 页。

② 熊秉元:《优雅的理性——用经济学的眼光看世界》，东方出版社 2014 年版，第 99 页。

③ 《民法总则》第 10 条的规定是基于以下假设，即从社会演变的规律看，习惯与道德的标准会随时间的推移而变化。也许，在今天，某类习惯还是道德的，明天就变成是不道德的了，反之亦然。比如，从人类学的研究答案看，像吃人肉、用人献祀和猎取头颅都曾是传统的道德，但是作为道德反对传统道德看法的结果，这些都已消亡。法律事先用外延开放的概念，让行为人实施的行为随时处于当下的评价标准框架之内，将那些违反公序良俗的习惯排斥在外。

达到以动制动、增强自身免疫力的效果；第 153 条关于违反强制性规定与公序良俗的民事法律行为效力的规定①，清晰地描述了判定民事法律行为效力的规则变化。

规则既然是工具，从对合同目的实现的功能来看，它与其他的工具性因素，如资金、人脉、人力资源等并无质的区别。围绕合同目的，抽象地看，工具有很多，而规则只是工具的一小部分；同样地，规则有很多，而法律是规则的一小部分②。既然法律仅是规则的一小部分，那么，律师在审定合同时，就不应该只紧紧地盯着法律、法规，而应将考量的规则范畴适当扩大。因违反法律法规可能会导致合同目的不能实现，触犯其他规则有时也一样会导致当事人无法实现期待的利益，从最终的结果观察它们之间并无实质性差异。③ 因此，律师在排除风险时，视野应适当

① 《民法总则》第 153 条反映了违反法律规定的民事法律行为所具有的效力的演化。从来源看，《民法通则》第 58 条第 1 款第 5 项规定，违反法律或者公共利益的民事行为无效；《合同法》第 52 条第 5 项规定，违反法律、行政法规的强制性规定的合同无效；《最高人民法院关于适用〈中华人民共和国合同法〉若干问题的解释（一）》第 4 条对法律和行政法规进行了缩限。第 4 条规定，合同法实施以后，人民法院确认合同无效，应当以全国人大及其常委会制定的法律和国务院制定的行政法规为依据，不得以地方性法规、行政规章为依据。《最高人民法院关于适用〈中华人民共和国合同法〉若干问题的解释（二）》（以下简称《合同法司法解释二》）第 14 条进行了进一步限定，规定《合同法》第 52 条第 5 项规定的“强制性规定”，是指效力性强制规定。

② 熊秉元：《正义的成本：当法律遇上经济学》，东方出版社 2014 年版，第 35 页。

③ 这就犹如在百米比赛中，抢跑是技术与心态问题，比赛中故意冲撞其他选手是道德问题，但对参赛选手而言，违反的规则虽不同，可结果却无质的区别。

扩大，即不应仅仅局限于法律法规，还应结合当事人的性质，关注宏观政策、党纪政纪、公司管理制度、考核标准；有时，还需关注行业特性与禁忌以及道德规范。当然，纳入律师视野的规则范畴并非一成不变，它应随当事人的不同而有所变化。否则，就难免陷入“郑人买履”的尴尬境地。比如，项目施工单位，为能尽早地拿到工程款，宴请项目业主单位的相关管理人员。在此，我们无意讨论宴请这种方式是否合理，而仅是探讨不同的当事人，因性质不同而所受的约束规则不同，面临的风险则不同，纳入律师审视视野的规则范畴也应不同。假定，项目业主和施工单位都是私营企业，只要宴请的支出控制在合理的范围之内，即使被曝光，也不会给双方的管理人员带来太大风险；但如施工单位或项目业主有一方是国有企业，情况就会发生质的变换。党纪政纪的要求，会让这些管理人员面临党纪政纪处分的风险。

准确界定规则的性质，描述规则的时空变化，并非无的放矢。在合同实务中，它们对律师的工作开展至关重要。将规则定位为工具，无非是希望能发挥其工具的功能来趋吉避凶；考量规则的时空变化，是根据当事人的独有特性，对适用的规则分层，估算风险可能的分布区域，进而制定相应的防范措施，增强律师服务的针对性。在实务中，没有千篇一律可以适用任何主体的合同。时间和空间的变化是引发风险的关键变量，其决定了合同所应具有的个案性。律师在审定合同时，无疑应关注这些变量，其中包括：当事人的性质、经营层的性质和地位、产业的性质、具体经营活动的性质和对当事人的意义等。考察当事人的性质，主要是因为规范国有和私营企业经营的规则有所差异。比如，在“内部管理制度——家规”和管理流程上的不同。我国存在大量的商业帝国，其体系庞大，经营范围广泛。经过多年运作，其总以“加强管理”的名义形成了独特的合同签订、履行及纠纷解决的体系。在体系内，一些企业唯“家规”是从，而不知国法①。导致企业重视“家法”的主要因素是，上级单位检查、考核往往依据“家法”。流程，对国企也至关重要。违反流程，一般不会影响对外签署合同的效力及履行，但企业经营层违反流程往往会招致其他的风险，如纪律处分，甚至是刑事处罚。当然，这并不是说，律师在实务中就可以不关注私营企业的规章制度或流程，但相比较而言，违反国企的制度和流程似乎更容易给经营层和执行人员带来风险。

经营层的性质和地位与企业性质有一定的关联，但经营层面临的风险有自己的独特性。规范国企经营层与私企经营层的规则有着较大的区别，由此带给他们的风险有着本质区别。比如，国企经营层的领导可能会因失职行为而触犯刑律。重大的决策错误、合同管理失误造成严重损失时，都可能会成为失职的缘由。而私企的经营层则没有类似的顾虑。再如，国企经营层严格地受

① 李杰、李宗胜：《合同审查的思维与方法：风险控制与动态监管解决之道》，法律出版社2016年版，第123页。

到党纪政纪的约束，而这些对私企的经营层的约束相对较弱。如律师不能区分上述差异，而对所有性质的当事人都一视同仁，要么会降低效率，要么容易遗漏对重大风险的排除。

对行业性质的考虑主要基于两方面：一是，行业与社会大众的关联度。一个肩负社会功能的企业与社会功能相对较弱的企业相比，它承担的舆论的压力、稳定的压力、政府给予的行政压力都相对较大；一个以社会大众为主要合作伙伴的当事人，也面临上述难题。理论上讲，在一个成熟的制度里，社会大众和舆论没有“审判”别人的资格，但随着信息传播方式的增多，舆论或群体事件无形中会让有关部门承担巨大压力。重压下的处理方式难免会或多或少地偏离规则的轨道，甚至有时会左右事件的处理方向和结果。二是，传统行业与新兴行业。传统行业所涉规则往往相对成熟，对事件的处理有着类似的经验和教训；而新兴行业有时会涉及法律的相对真空地带，实务中缺少可吸取的教训及可借鉴的经验。需要注意的是，分类只是认识事物的一种方式，以不同的标准可以进行不同的分类，而不同的分类会导致观察视角的差异。比如，传统行业中，有的当事人从事的是竞争性产品的销售。此时，除关注合同之外，还需要关注当事人的系统风险，即关注商业贿赂行为给当事人、经营层及销售人员带来的风险，并在此基础上，建立具有“防火墙”功能的销售、财务制度，以期将公司与个人的行为、销售员与经营层的行为、经营层各成员之间的行为进行合理区分，避免因少数人违法犯罪而被顺藤摸瓜，造成带来系统性风险的连锁反应。而对于生产紧俏商品的当事人，情形则有所不同。因此，在实务领域，律师不应机械地、僵化地对当事人进行整齐划一的分类，而是应综合背景资料，因地制宜地选取观察和分析的适当视角，为当事人排除潜在的风险。

三、律师的视野及选择

合同行为是一种典型的经济行为。经济行为完全取决于参与者的社会行动方式，依其特质而言，乃是尽量配合他们主观的正常估算下的利益，并将行动倾向于这种主观的想法和知识①。经济实践中，如合同行为不能获取利益②，即使行为完全符合规则

---

① ［德］马克斯·韦伯：《社会学的基本概念》，顾忠华译，广西师范大学出版社2011年版，第60页。

② 合同利益并非仅指货币形态的利益，也包含了非货币形态的利益。比如，网络平台以低于成本销售商品的销售行为，其是以暂时地牺牲经济利益的方式来换取知名度的提高。单就每个具体买卖合同观察，网络平台关注的并非是经济利益。另外，在以合同形式体现的经济交换中，往往隐含了社会交换。社会交换中的潜在利益主体突破了合同中明示的主体。实践中，完成一项任务需要多种条件，在可接受的符合条件的范围内，有很多人拥有与你相当的资本和能力。你能为这个任务所做的工作，其他很多人都能完成，别人完成的并不比你差，甚至会比你好。但为什么机会落到你身上而不是别人？罗纳德·S. 伯特认为："金融资本和人力资本之外的标准的使用缩小了工作候选人的范围，使其集中到那些可以获得这些的人身上。这些之外的标准就是社会资本。最新的生活信条是，成功不取决于你知道什么而取决于你人是谁。"天下没有免费的午餐，在那些人给你提供机会时，你便成为"欠债者"。从这个角度观察，社会交换隐藏在经济交换中得以完成，而社会交换中的利益主体，并非是合同中载明的当事人。

的要求，当事人也不会实施。相反，如果当事人实施合同行为能够获取利益，即使行为有悖于规则，当事人仍然有实施的可能，这其中无非是一个关于成本与收益的衡量问题①。规则之于经济行为，仅是当事人避免承担伤害自己利益的风险的一种惯性反应。人们认为必须遵照法规所界定的范围来行事，这当然是“法秩序”得以实际产生并持续运作的基本因素。不过，并非所有（或大多数）采取此种方式行动的人，都基于此种动机。实际上，这种情况从来也没有出现过。广大的群众参与者虽然遵照法律规范行事，但是这并不是一种被视为法律义务的服从，而是因为整个周遭环境认可这种行为并非相反的行径，或者仅仅是对规则性生

① 规则是当事人对成本与效益进行分析的因素之一。比如，公共场合实行的禁烟令，在国内许多地方未取得预期效果，但在国外的一些国家却被不折不扣地执行。即使同一个烟民，在不同地域的场合，他的行为也判若两人。个中原因即是吸烟者对成本与效益进行分析之后而作出的取舍。无论在国内，还是在国外，违反禁令都可能侥幸逃脱，这样，他们的收益最高；还有一种可能就是被抓，这时他们就是分析被抓的成本与收益。在国内许多地方，被抓的结果往往是罚款，而这不能让有些烟民产生恐惧，因区区罚款这一成本远远小于吸烟后的满足感；在国外，违反规则需支付巨额成本，甚至会坐牢。巨大的成本所带来的恐惧让他们不敢越雷池半步。故而，烟民在禁烟场合不是做不到不吸烟，而是因他们对成本与效益的分析决定了他们是遵守或破坏规则。投射到合同领域，虽然当事人严守合同、遵守规则被认为是诚信的、道德的、规则意识强的表现，但实质上，他们严守合同、遵守规则的动因却并非总是如此单纯。如当事人经过精确的计算，认为不严守合同，或者破坏规则，能带来足够大的利益，规则的惩罚与阻遏都面临失灵。此时，他们可能会设法不再严守合同，不再遵守规则。因此，当事人有时不是做不到守约、守规则，从根本上看，决定他们选择的关键因素之一是他们自己主观上认定的成本与收益。在他们眼中道德与律法，并非是神圣不可侵犯的禁忌，而仅是计算自己得失的工具。

活一种无自觉、惯性的反应，换言之，这已经成为一种习惯[①]。不自觉或被动地遵从惯性同样源于利益。因如果当事人不去顾及相对方的利益，就会受到他们的强力抵制；如果违反了法律规定，法的强制力会让他们得到自己不愿预见或不在预料之中的后果。

但如果违反规则能获取更大的利益，当事人的选择是否会发生变化？虽不能一概而论，但可预见的是，肯定有人选择宁愿违反规则，也要获取最大利益。因私法的规则更应该被解析为可选择的而不是无条件的[②]。他们把所有的法律规则看作是行为的价码、制裁危险贴现的可能性以及对成本—效益的数据分析[③]。在利益的诱惑下，当事人会估算选择遵守或者违反规则的成本与收益。因此，当事人即使理解规则的效力，知道合同的拘束力有国家强制作为保障，也并不代表他们会遵从规则，有时，他们甚至会有意选择规避。就像小偷，因为知道自己的盗窃行为会招致惩罚，故而他们会尽量地隐匿自己的行为来规避惩罚。实务中，对律师而言，他们的本职工作，并非是教育当事人遵守规则，而仅是向他们展示规则与行为之间的导向关系，即告知当事人，当他们将自己的行为置于规则的框架之内时所需支付的成本和可能带

① ［德］马克斯·韦伯：《经济行动与社会团体》，康乐、简惠美译，广西师范大学出版社2011年版，第314～315页。

② ［美］斯蒂文·J．伯顿主编：《法律的道路及其影响》，张芝梅、陈绪刚译，北京大学出版社2012年版，第47页。

③ ［美］斯蒂文·J．伯顿主编：《法律的道路及其影响》，张芝梅、陈绪刚译，北京大学出版社2012年版，第15页。

来的收益，也需论证违反规则所需支付的成本和带来的收益。显然，这扩大了律师工作的空间维度，延长了时间维度。但唯有如此，律师的工作才能避免重蹈“盲人摸象”的覆辙；也只有如此，律师才能对合同中复杂的利益交换洞若观火，才能明晰哪些利益冲突可以调和，哪些是禁区。

第三节 律师审定合同的前提与职责

一、识别利益主体和形态的多元性是基本前提

（一）合同之幕下的利益主体

律师审定合同最基本的前提是应明晰合同关系中有哪些利益主体，这需要从破解律师与当事人的关系结构入手。在合同领域，委托—代理结构涉及三方显性主体、两种利益关系。三方显性主体是：当事人—委托方、律师、相对方（包括相对方委托的律师）；两种利益关系是：当事人和相对方之间的利益关系、当事人和律师之间的利益关系。依照这一概念结构，代理人的利益与代理人和第三方之间的关系完全无关。代理人和第三方之间不存在任何涉及双方利益的交换。在这个概念结构系统中，委托人和代理人便自行合为一个法人行动者①。但所谓的“合为一个法人行动者”仅是事物的一方面；另一方面是，律师和当事人组合的这个特殊实体中，律师和当事人有各自的利益诉求，且他们的

① ［美］詹姆斯·S. 科尔曼：《社会理论的基础》，邓方译，社会科学文献出版社 2008 年版，第 142 页。

诉求并非总是一致。更致命的是，在显性的利益主体之外还有隐性的、独立的利益主体，如当事人的经营层、执行层和那些可以对当事人经营层施加影响的其他主体。隐性的利益主体同样有自己独立的利益诉求，甚至，“家贼”会以牺牲自家的利益为代价来满足自己的利益诉求。由此可以看出，律师加入合同领域，他面对的对手除去自己委托人的相对方外，还包括自己的当事人，当事人的经营层、执行层，以及“影子对手”等。

（二）合同之幕下的交换类型

合同为当事人构建了一个相对封闭、临时性的利益交换平台。在这个平台中，显性的与隐性的利益主体之间的利益交织在一起，显示出或隐藏着千奇百怪的利益形态。有时，他们相互冲突，冲突的目的是为自己争取最大的利益；有时又相互合作，一致对外，觊觎合同关系之外的其他主体的利益。在以合同形式反映的经济交换中，利益主体、利益形态和交换的内容并不像乍一看起来那么单纯，这可以从几个方面来佐证。首先，交换的内容。交换中，可用于交换的内容并非仅是商品，这其中还包含了诸如权力、社会地位、人情等用于社会交换的内容。故而，合同中交换的内容并非仅包括经济交换。其次，交换的形式。从交换形式看，合同被理所当然地视为固定经济交换的形式。然而，社会交换往往寄生于合同之中，与经济交换相伴相生。不同的是，经济交换是正大光明的，而社会交换常是口头的，或心照不宣的。最后，交换的利益主体。从参与交换的利益主体看，合同关系中牵涉的所有的显性及隐性主体，都是交换的主体，区别是他们参与的交换类型不同。相对独立的利益主体众多，意味着利益诉求众多；利益主体的需求不同，意味着他们诉求的利益形态各异。

经济交换与社会交换中诸多的主体，和他们各自诉求的利益相互地缠绕在一起，一明一暗，共同左右合同的走向。经济交换与社会交换的因素在合同中的比重不同，决定了“合同”是作为形式——“遮羞布”的存在；还是名副其实——为实现特定的商业目的的存在；抑或“搂草打兔子”式的混合存在。交易中，如以合同之名，完成非法利益输送之实，社会交换的权重占比大，合同就是“暗度陈仓”完成社会交换的手段；如交易中，当事人，包括经营层、执行层、律师都以当事人的利益为重，寸土必争，则经济交换的因素占比大，此时的合同才是法律意义上真正的合同；如在交易中，有选择权的一方试图兼顾，在备选的交易对象的履约能力相差无几时，选定诸如同学、老乡或战友等具有特定社会关系的一方作为交易对象，这时的合同就是一个含有经济交换和社会交换的“混血儿”，而这恰恰是实务中的常态。

（三）合同之幕下真正的交换主体

合同载明的当事人并非都是真正的交易主体。合同在作为形式存在时，它仅是掩人耳目的手段。实质的交易主体是那些可以操纵合同载明主体的人。

甲为讨好乙，拟向乙进行利益输送，甲利用能操控的丙公司，与乙操作的丁公司签订合同。表面看起来，丙和丁是合同当事人，但实质上，甲和乙才是真正的交易主体。只是，甲和乙隐藏在了丙和丁的背后。

实践中，类似这种单纯的用于非法利益输送的合同相对较少，更多的是借助经济交换的东风，以“搭便车”的方式，神不知鬼不觉地完成私利的交换。如在建设工程施工合同中，利用合理的流程，通过签证等方式，将正常的和非正常的利益予以混搭，然后以正常支付的名义输送给对方。这样，在项目业主和施工单位之间，它们依据合同完成经济交换，而在有权给予非正常利益者和接受者之间，他们以合同的名义完成私利的交换。不过，我们不能因此产生误解，以为社会交换都涉及利益的不当输送；或者说，只要不涉及变相收受私利，合同就仅是经济交换。

合同中的经济交换往往与社会交换相混杂，竞争中掺杂进复杂的社会关系是一种常态，根源在于：无所不在的竞争，都是不完全的竞争①。

---

① 完全竞争领域，交易中的任何一方都可以不受约束地选择交易伙伴，存在不计其数的选择供当事人自由选择。完全竞争的市场受到价格机制的支配，无论是哪一方当事人都微不足道。不完全竞争通常是通过选择在何种程度上集中于最强的当事人来定义的。极端的不完全竞争，选择集中在具有支配地位的当事人手中，市场由具有支配地位的当事人控制，其他的当事人一样微不足道。我们生活中实际所见的那些行为事实上存在这两端之间，从来没有绝对的控制，也没有完全的竞争。参见［美］罗纳德·S.伯特：《结构洞：竞争的社会结构》，任敏、李璐、林虹译，上海人民出版社 2017 年版，第 6 ~7 页。

甲公司有一项目招标，潜在的竞争对手有多家。乙公司的经理与甲公司的经理是同学关系。竞争中，乙公司在与其他竞争对手同等条件下中标。此时，存在的“同学关系”为乙公司的竞争提供了特别的关系优势，甲公司的经理与乙公司的经理之间完成了交换，即甲公司经理提供给同学所在的乙公司机会，乙公司经理亏欠甲公司经理人情。这样，经济交换在甲与乙公司之间进行，社会交换在甲公司经理与乙公司经理之间完成。此时，甲公司与乙公司，甲公司经理与乙公司经理之间分别发生了经济交换和社会交换，但我们很难得出他们之间存在收受私利的结论。当然，这仅仅是最简单的、涉及交换的利益主体最少的一种模式。社会是一幅杂乱关系的景象，杂乱的关系会让参与交换的主体有向外延伸的可能。

还以上述案例为例，稍稍变更一下条件，就会发现参与交换的主体发生变化。

假如甲公司经理与乙公司经理不是同学，而乙公司经理与甲公司经理上级直接领导丙是同学。丙暗示甲公司经理在同等条件下适当照顾一下乙公司。此时，经济交换依然是在甲乙公司之间；而社会交换，则变成了乙公司经理与丙；以及甲公司经理与丙，即丙通过举荐，给了乙公司交易的机会；乙公司经理亏欠丙的人情；甲公司经理给丙的同学乙以交易机会，丙给予的报酬是对甲公司经理行为的赞同，以及对他人情的亏欠①。这样，在甲公司经理、乙公司经理和丙之间完成了投之以桃，或报之以李的半次交换②。由此看出，“社会关系”的复杂程度是决定社会交换模式和次数的变量。甲认识乙，社会交换在甲与乙之间发生；甲通过丙认识乙，社会交换在甲和丙、乙和丙之间进行；甲通过丙，丙通过丁认识乙，交换的次数、参与的主体、利益的形态会相应变化。

实践中，每个人都是关系网中的节点，在参与社会活动时，他们以节点为中心，向外编织，形成不同的关系网。理论上讲，以关系为主线，可串起无数的主体，直至构成一个无限大的规模的关系网。但实际上，每个人以自己为中心考量，关系的亲密程度随关系的对外延伸而衰减。因依托关系谋求交易机会，或试图获取经济利益时，行为人势必要考虑时间、机会和货币成本。层层关系，意味着人人有奖，层层盘剥。有时，即使行为人能转七转八地找到可促成交易的关系，但如果他们判断自己在抵达终点前，大雁身上的羽毛可能早就被拔光时，基于成本与收益的考

---

① 在这种情况下，有时领导并不觉得亏欠下属的人情，且下属也存有同感。原因在于，此时的下属本身就是领导所代表的权力的追随者；或者下属已对领导所代表的权力完全顺从。

② 一般而言，社会交换并非像经济交换那样即时或在约定的期间完成。经济交换的媒介，如货币是被社会所普遍认可的，且交换双方的权利义务相对明确。社会交换没有固定的媒介，且极具个案性，权力、社会地位甚至人的尊严，都可能成为媒介，且对义务没有可度量的刻度。比如，甲在这件事情上亏欠了乙的人情，乙可能会在另外的事情上回报甲。当然，今天甲给乙一个人情，也许是回报其之前欠乙的人情。因此，单纯地以某一件具体的事情观察，社会交换可能只完成了一半，故而称为半次交换。

虑，他们多半会因必要性的缺失，而丧失忍受拔毛之痛的动机。故而，在合同承载的交换中，社会关系有着举足轻重的地位，但它的影响力则会随对外延伸而逐渐衰减。

毋庸置疑，合同是无处不在的，伴随着经济交换的社会交换也是客观存在的。它们几乎已渗透到人类活动，包括以合同为表象特征的经济活动中的每个细胞，且实质性地影响着行为人的经济活动，影响着利益主体的结构和利益形态的构成。然而，它们又是无形的。人们，包括律师虽能频频感受到“佛山无影脚”的威力，但我们通常却宁愿选择无视。殊不知，认识到利益主体及利益形态的多元性是律师审定合同的前提。试想，如律师连在交换中涉及的利益主体和利益形态都不清晰，那他们在念兹在兹的追求，即意图科学、妥当地安排合同利益又从何谈起？人们在耻笑赵括的失败之因时却不知，如不明晰利益主体和利益形态的多元性，其实就连纸上谈兵的资格都没有。因此，作为律师，不能对合同交换中隐藏着的社会交换假装视而不见；也不能因为隐藏的交换可能是不道德的、违法的，就因噎废食。恰恰相反，正是因为隐藏的交换可能是不道德的、违法的，律师才更应该梳理并将那些因违反规则而产生的风险排除。

二、律师的显性职责与隐性职责

（一）律师的显性职责

定位律师的职责需弄清当事人交易的类型归属，并在此基础上有针对性地提出因应措施。为便于认识，除正常的、有正当交易目的的交易类型之外，对偏离正常轨道的交易可作如下分类：一是，利用合同形式完成非法利益输送，除此之外，没有其他的正当的商业目的；二是，有特定的、正当的商业目的，并试图神不知鬼不觉地顺带完成非法利益输送。对第一类交易，律师应有清醒的认识，避免出现当事人把驴牵走获利，律师拔橛背锅的情形。对第二类交易，律师可依据当事人对规则的了解程度作进一步区分：一种是，明知山有虎偏向虎山行；另一种是，不知山有虎误向虎山行。无疑，第一种当事人对交易有着双重目的，且明知满足私利的行为是违反规则的，故而采取了假借合同形式以达目的的隐蔽手段；第二种当事人对交易也有双重目的，但不知道满足私利会违背规则。对第一种情形，律师的目标是限制或调整，调整的目标是将当事人的行为拉回法律规则允许的范围之内，如当事人坚持，律师则只能考虑放弃；对第二种情形是向当事人释明可能面临的风险。释明后，当事人如放弃，万事大吉；如当事人坚持，则按对待第一种的方式处理。由此观之，针对当事人不同的交易类型，律师在审定合同时有着显性的和隐性的职责。显性职责主要针对的是经济交易，其中包括与相对方的对抗和与相对方的合谋；隐性职责，是合理安排经济交换与社会交换的比重，使交换纳入规则允许的范围之内。相对而言，显性职责是对外，是为自己的委托人争取利益；隐性职责是对内，是安排当事人内部的利益关系。

显性职责中，律师受托参与和相对方的对抗是律师常态的工作模式。参与对抗时，律师自然会考量合同的安排是否会给当事人和自己带来风险。既然为了利益当事人可以对抗，那么，为了利益，他们自然也可以合谋，这也是经济活动常态，并不足为怪。对抗是合同各方真刀真枪地抢食一个蛋糕，合谋是基于共同做大蛋糕的理念，觊觎瓜分特定或不特定的其他主体的利益。故而，当各方当事人都认为合谋变得有利可图时，利益就是他们合谋的诱因。律师作为代理人，实难避免被卷入其中。既然客观上避无可避，那么，主观上就不应持防不胜防的无奈心态而破罐破摔。在委托人与相对方合谋时，律师应高度关注他们之间的合谋是不是以严重损害诸如国家、集体或其他人的利益为前提，律师参与合谋，甚至主动出谋划策是否会给自己招致不必要的风险，且对上述风险的考量应立足长远。正如可按实现时间的长短和大小，将利益区分为短期和长期利益一样，按从潜在向现实的转化时间，可将风险划分为短期风险和长期风险。短期风险往往随着合同履行结束而归于消灭，长期风险则处于较长期限的潜伏状态。站在律师的角度，有些风险的产生与之无关，但对有些风险，他们却负有不可推卸的责任，且他们背负的这份责任有可能给当事人和自己带来无妄之灾。前者如沪昆高铁个别隧道存在严重质量问题所引发的风险①，与律师并无太多关联②。后者分为两类：一是，在合同模式或权利义务条款安排时，就已为当事人埋下了巨大风险，如清华大学教授付某的经历③在一定程度上反映了律师对交易模式把控和对合同管理经验欠缺的事实；二是，在履约中，因当事人的原因产生风险，律师单纯地为了委托人的单方利益而利用专业技能协助当事人掩盖问题，从而为自己招致风险。

某房地产项目业主甲，将建设项目交由乙实施；乙在施工中，采购了丙的电缆；工程竣工后，相关部门抽查，发现电缆有质量问题。按照甲与乙签订的施工合同约定，乙应更换电缆，且应承担工期延误的责任。乙按照与丙签订的买卖合同，可追究丙的责任；按照各方签署的一系列文件推演，损失的最终承担主体应是丙。但项目业主迫于按时交房的压力；同时，项目业主短视地盘算，该房屋最终要对外销售，即使电缆质量存在问题，购房人也不会发现，自己没什么损失。因此，项目业主不同意更换存在质量隐患的电缆。经与施工单位和供货单位协商，放弃追究施工单位违约责任的权利，但要求项目必须如期竣工，且以电缆存

① 《沪昆高铁个别隧道存严重质量问题　危及行车安全》，载今日头条，2017 年 11 月 15 日访问。

② 我们之所以说该风险与律师并无太大关联，皆因该风险并非是因律师合同模式设计失误，或因权利义务条款安排不当所引发。造成这种局面的原因是在履约中，施工单位偷工减料、监理单位未尽责所致。

③ 《清华顶尖科学家被逮捕：抗霾技术曾遭敲诈勒索》，载网易，2017 年 11 月 5 日访问。

在质量为要挟，要求降低工程价款。严格地讲，如按照正常流程处理，并不会给律师增加额外风险，毕竟电缆质量出现问题属于当事人违约所致。但项目业主提出上述要求后，律师为当事人出具掩盖工程质量瑕疵的方案，无异于为虎作伥，这也为当事人和自己埋下了一颗不知何时被引爆，但却会长期存在的“地雷”。因房屋交付后，一旦因电缆质量原因引发涉及公众的安全事件，所有的涉事单位，包括律师都难辞其咎。

（二）律师的隐性职责

隐性职责，主要是合理安排、协调内部利益主体的利益关系，而安排、协调内部利益应重点关注等级秩序的客观存在。故而，讨论隐性职责是基于一个可观察的事实和一个基于此的假设。描述可观察事实的目的是尽量客观地展示出合同实务的现状；一个假定是：“人都是自利的，权力拥有者也不例外。”[①] 假定的目的是探究为什么“等级秩序”会成为一个影响合同的关键变量的根源。可观察的事实是，身处一个关系取向型社会之中的当事人，无论对外，还是在内部，等级秩序都会影响到合同的签

---

① 在合同领域，作出这个假定是必需的。按照“想象的”假设，关于人类行为的终极定义是：人类的属性使得人们的行为动机出自个人利益，这种推理在规范上既是合理的也是必需的。对人类的误导行为进行经验观察和评估，绝不能取代这个“想象的”假设，在本质上它是无可替代的。倘若个人利益不适用于理解和定义人的行为，那么又该如何解释人的利益和动机呢？参见［美］詹姆斯·M. 布坎南：《制度契约与自由》，王金良译，中国社会科学出版社 2013 年版，第 12 页。

订和履行。权威体系、等级秩序无处不在，马克斯·韦伯提出的科层组织仅是一种理想的权威系统[①]。在理论上，这样的组织中有一系列不同等级的部门结成一体，并各享有许多责任和特权……权力即来自某一公职的控制力量，本质上属于部门，而不属于履行职责的某个人[②]。的确，个人的权威与权力确实是因职位而生，但权力的运用却归属于个人，这让权力与权威深深地刻上了个人的烙印。

在现实中，“成功”是很多人根深蒂固的目标，而在很多人的眼里，获取权力与金钱就意味着“成功”。权力与金钱，在很大程度上已经超越了他们固有的功能，如货币已超越了它的支付功能，而被当作一种价值神圣化了。这并非是个体偶然流露出的人性深处的贪婪之心，而是特定的社会结构、文化结构[③]使然。人们之所以追求权力与金钱，皆因它们隐藏着行为上诸多可能，也意味着诸多限制。他们错误地以为：取得权力，就能享受特殊待遇，有钱就能享受。生活里的点点滴滴日积月累之后，慢慢雕塑出人们对于钱的概念[④]，培养出了对权力的追求欲。于是，在

---

① ［美］詹姆斯·S. 科尔曼：《社会理论的基础》，邓方译，社会科学文献出版社 2008 年版，第 70 页。

② ［美］罗伯特·K. 默顿：《社会理论和社会结构》，唐少杰、齐心等译，译林出版社 2015 年版，第 345 页。

③ 文化结构是指普遍适用于某一特定社会或群体之成员的指导的规范性价值标准。

④ 熊秉元：《优雅的理性》，东方出版社 2014 年版，第 63 页。

今天的市场经济中，由于传统文化因素和现代经济因素的共同作用，让权力和金钱变相成了一种激励机制而广受人们的赞扬和艳羡。在如此激励下，很多人都梦想成为国王，且在开始往往都认为自己能实现这些目标，这给了这些人为实现梦想而付出巨大努力的动力。

然而，社会结构的限制却常常使绝大多数个人的目标与现状相背离，让那些虽爱羊者却无羊可得。骨感的现实让一些历经挫折，且未沦落成退却主义者或仪式主义者[①]的人，渐渐意识到自己再怎么努力都会无功而返的窘境。于是，尚未消退的权力欲和荣誉欲会让他们萌生退而求其次的观点，即当自己无法获取权力时，就要靠站队正确紧紧地依附权力而成为权力的追随者。至此，权力欲的冲动演化为两种形态，在位高权重者的身上是明显的；在追随者的人身上是隐含的。对追随者而言，当人们心甘情愿地追随一个领袖时，他们这样做的目的是倚仗这个领袖所控制的集团来获得权力；他们感到领袖的胜利就是他们自己的胜利[②]。曾因志向受挫而选择暂时隐忍的退而求其次者，再也不能输的心

① 按罗伯特·K. 默顿的观点，仪式主义者是指将巨大的金钱成功和迅速的社会升迁这种崇高的文化目标放弃或者降低到个人志向能够满足为止。这源于无休止的竞争产生了强烈的地位忧虑感。减轻忧虑的一个方法就是永久地降低志向。他们的人生哲学是“知足者常乐”。退却主义者，是指他们放弃了文化规定的目标，他们的行为与制度规范也不一致。这源于在竞争中，面对冲突选择了彻底的逃避，以逃避的方式消除了冲突，最终个体变得不再属于社会。

② ［英］伯特兰·罗素：《罗素文集》第5卷之《权力论》，吴友三译，商务印书馆2012年版，第10页。

态会让他们对机会和冒险予以格外的重视。每当有投机可能时，他们甘愿屈服于权力，即使付出、即使冒险、即使违规甚至犯罪也要献媚于权力。他们以这种“死了也要爱”的姿态向位高权重者展示出的交纳投名状的决心，轻而易举地让权力具备了作为交易工具的功能。也许，一些掌握交易工具的人在最初出于自我的道德限制，或对违法后果的恐惧而抗拒交易，但在面对唾手可得的机会，在“已获利导师”的“成功”典范示范下，一旦他们对外部监督机制产生侥幸心理，自我的限制就会在他人处心积虑的反复攻击下迅速溃败。迟早他们会从最初的抗拒到扭捏地被动接受完成向主动出击的演变。如此，有权力深度参与的交易踏进了一个令人啼笑皆非，且充满讽刺味道的“良性循环”①。

虽然，我们不愿接受这个事实，但我们又不得不接受。也许，近几年反腐，在披露的某些领导插手项目的报道中，那些愿意，甚至盼望着被领导“插手”的献媚者的心态，以及那些甘愿

① 在依托权力的影响力开展的交易中，交易的“成功”让参与者各得其所。掌握权力的人取得了献媚者给予的物质利益等报酬，而掌权者的垂青是献媚者的报酬之一。狼狈为奸无疑会强化他们之间的信任关系，而信任关系被强化的意义不单单体现在加大了他们想继续进行这类交易的马力，更重要的是这会让他们彼此的安全感得以加强，因献媚者笃信自己抱上了好乘凉且能保护自己的“大树”，而掌权者则认为自己寻找到了愿为自己牺牲的“士”。被掌权者垂青和信任显然会提升献媚者的地位，而地位的提升、信任的加强意味着他们有了更多可调动的资源，这增厚了用于交易的“本钱”，而“本钱”的增厚意味着他们有了更大能量为掌权者提供更多的、更好的“服务”……

充当“白手套”① 的人们的惯常套利方式是对上述交易的最好诠释。同时，这也是能证明等级秩序是一个能影响合同的大的变量的论据。因此，律师在审定合同时没有任何理由忽视等级秩序给合同带来的影响，且从成本与收益的角度看，越是利益重大的合同，越有可能受到等级秩序的影响。当然，我们虽作出以上的假定，但这并非否认在社会生活中有一些大公无私、道德高尚的人。只是，律师的职责是通过权利义务的安排来排除风险，故而，他们选择的出发点往往是从最悲观的角度来做风险评估。

（三）律师履行隐性职责时面临的难题及策略

律师履行隐性职责还面临着两个难题：一是，信息不对称；二是，尺度的把握。律师和当事人之间本身就存在信息的不对称，当事人既然想以隐蔽的方式完成交易，自然会向律师隐瞒部分信息，甚至向律师传递一些具有迷惑性的信号。比如，有些想在交换中获取私利的人，为显示自己无私利，仍会在公开场合谴责那些以公肥私的人和事。这就犹如对待小偷，给他们羞辱性惩罚的人，不在于维护正义，而在于向其他人传递“我们是正义的

① 这里讲的“白手套”是指充当黑钱漂白的中间人，或是实际从事非法事务的合法外衣。从“手套”一词不难了解，真正做事的手隐藏在手套之中，而如果做事的人的手很肮脏，不但无法示之以人，且容易让别人心生芥蒂。于是，他们就想办法戴上一个象征干净、纯洁的白色手套予以掩饰。如此一来，别人就无法看到他们的脏手，或者，别人即使知道裹在手套中的手非常肮脏，但大家都心照不宣地将手套作为盗铃时的掩耳之物。故而，我们可将那些从事这种掩饰工作的个人、单位、组织等称为“白手套”。

人”信号，但向他人传递“我们是正义”的信号的人，并非总是“正义的人”。毕竟，出于策略的考虑，贼也会喊捉贼。尺度的把握是另外一个难题。以隐含的社会交易是否损害当事人的利益为标准，可将其分为三类：一是，经济交易中隐含的社会交易并未违背法律规定和道德规范，未损害当事人的利益。如在同等条件下给特定的关系人以交易机会，如不损害当事人的利益，很难界定他们的行为违背了法律规定和道德规范。二是，经济交易中隐含的社会交易不违背法律规定，但却有悖于道德规范。如为满足自己攀龙附凤的私欲，将自己控制的交易机会作为筹码，主动寻找能满足自己私利的潜在交易人；或在交易过程中，为满足自己的利益诉求，隐蔽地、轻度地损害当事人利益，而不违背法律规定。例如，在政治因素浓厚的项目中，项目业主的负责人为获取上级领导的肯定性评价，适度地以经济利益的让与，换取施工单位的施工进度，即以牺牲当事人的经济利益为代价，换取自己的肯定性评价。只要这种交易是在制度允许的范围内，且遵从了制度流程，即使可以指责该负责人有悖于道德，但也很难界定他们违背了法律规定。三是，经济交易中隐含的社会交易违反了法律规定，损害了当事人的利益，这种情形在实践中不胜枚举。

无疑，上述分类显得武断，因交换行为是否违背规则或道德的界限并不像我们说起来那么泾渭分明，且每一种行为都会与另一种行为不同，但不积跬步无以至千里，初步的尝试正是把经验一般化的起点，因此这种分类显然又是必需的。既然合同所反映的经济交换中暗含了社会交换，且社会交换的主体并非总是合同载明的当事人，律师也只有在有限的资料和信息中从一明一暗两个层面来评估风险。具体而言，律师评估风险的线条是“通过追踪、判断参与经济交换和社会交换主体的利益”。

首先，评估整体的风险，即同时评估经济交换和社会交换中蕴含的风险，而不是单纯地着眼于经济交换。也就是说，评估不能仅局限于当事人拟签订的合同文本中的风险。尤其在经济交换与社会交换互为条件时，评估参与社会交换的主体所获得的利益，是不是以损害合同当事人的利益作为代价。如参与社会交换的主体损害了当事人的利益，则需评估损害的程度会给那些参与社会交换的主体带来何种风险。之所以先从整体上评估风险，是因为参与社会交换的主体如严重地损害了当事人的利益而触犯刑律，东窗事发后，哪怕涉嫌犯罪的人并非是自己的委托人，但泥沙俱下之下，律师难免会被城门所失之火殃及，因对犯罪行为的严厉惩罚，终究会让他们以及他们曾短暂拥有的利益成为覆巢之下的破卵。当然，交换中如自己的委托人涉嫌犯罪，则更应纳入律师评估的范围之内。由此观之，需纳入整体视野中评估的风险范围包括两类：一类是，评估自己的委托人和相对方的风险；另一类是，评估当事人和参与社会交换主体所面临的风险。对于交换中的这类刑事风险，律师要么制止，要么远离。

其次，站在自己委托人的立场评估风险。律师是预设立场的职业，基于委托人的立场，可将合同分为三类考察：一是，合同中所体现的社会交换因素非常低，或不涉及社会交换；二是，合同中，社会交换的主体是以损害自己委托人的利益为代价获利；三是，社会交换的主体损害相对方的利益，使自己的委托人获取额外利益。第一类合同，虽在实务中少见，但也不排除其存在的可能。对这类合同，律师可对其中的社会交换因素忽略不计，完全按履行显性职责中的思路来考量并排除风险。对第二类合同，至少应确定损害的底线，即确保合同的签订与履行不触犯刑律。同时，应策略提示不让参与社会交换的主体违反当事人的管理制度以及公认的道德规范而遭受不利风险。对第三类合同，不应贪得无厌，而应确定获额外利益的最高限，确保交易不触犯刑律而被追缴，或被追究其他责任。至于参与社会交换的相对方主体，只要不涉嫌违反刑律，那么他们是否违反相对方的管理制度，是否造成自己的道德减损，则不在律师的考量范围之内。由此可见，律师衡量交换的尺度并非是固定的、一成不变的。它需要根据当事人的具体的性质、经营层性质、内部管理制度、社会关注度等因素综合确定。

（四）律师履行隐性职责的空间和禁忌

社会交换容易衍生出商业贿赂的风险，因社会交换的报酬并非仅是指获得领导认可、人情亏欠等非货币形态的利益，其还包括货币形态的非法利益。如获得交易机会的一方以各种方式来感谢给予机会的一方以物质性“酬劳”。上述行为乍一看，属于送方和受方之间的私人交易，尤其在合同交易相对公平时，感觉这更像是私人之间的行为。但无论交易各方出于什么动机，这都是因合同而起，故而无法回避与合同存在的联系。如处理不当，由此引发的商业贿赂的风险，不但使合同的履行充满不确定性，而且也会让当事人的经营层背负了不确定的风险。作为律师，他们对商业交往中的灰色交易无力改变、无法杜绝，对那些甘愿扑火的飞蛾也爱莫能助，但律师有义务依据“谁受益，谁担责”的权责相配原则协助当事人厘清责任承担的主体，尽量避免让当事人，或当事人的经营层因对法律的无知而承担一些无妄之责。

A 系一家生产竞争性产品的公司。为激励销售人员，公司在约定俗成的销售政策中明确了产品销售底价，实际操作中，销售超过底价以上的部分的收益作为销售人员的奖金。B 是销售员，为提升业绩，他使用了给回扣的方式连续几年与某大型国企签订了销售合同。B 在 A 提取奖金时，为少纳税，虚构了 A 与 C 之间的采购合同，A 为配合 B 避税，在合同上加盖了公司公章。C 在收到 B 自己支付的开票费后，向 A 出具发票，A 入账报销，并将报销的现金支付给 B。B 拿钱后，将回扣支付给国企负责人。后来，收受贿赂的人落马，A 的法定代表人 D 虽从未具体参与上述交易，且与该国企负责人并不相识，但他还是以涉嫌单位行贿罪被提起公诉。严格地讲，在上述的交易中，A 获取的是正常的销售利润，按公司规定，底价之上的部分是 B 的奖金，A 在将奖金支付给 B 后，所有权归属于 B。B 在拿到奖金后，完全可按自己的意愿支配，至于B如何支配属于个人行为，后果也应由他本人承担。如此来看，公司行为与B的个人行为界限分明。但是，由于A协助B逃税，签署了虚构的合同，并将发票入账，至此，A的公司行为和B的个人行为之间的界限被混淆。B为了减轻罪责，推说是公司安排送回扣，D虽断然否认，但办案机关却无从区分，从形成的证据得出判断，D最终遭受刑事制裁。实质上，躺枪的D确实“冤枉”，但造成他的冤情并非是办案机关，而是自己，且这样的结果有着必然性。试想，A那么多销售人员，使用这种不正当手段的估计并非B一人，也就是说，A有多少这样的销售员，D就会背负多少“地雷”，即使B不爆，别人也会爆，而令D郁闷的是，他可能对此一无所知。因此，律师在审定合同时，首先应让事物回归到应有的真相，这也正是律师工作的空间。还以A为例，如A建立了配套的、有效的“防火墙”制度，即从诸如销售奖励制度、成本管控制度、财务报销制度、合同管理制度等层面上把公司与个人行为进行明确且有效的区分，那么，D的遭遇可能会发生根本的扭转。

如果说，依据职位从制度层面设置“防火墙”以达到让责权利界限分明的目的属于构筑防洪之千里之堤的话，那么，对具体合同衍生出的其他异常行为的关注，以及事先作出防范的措施，就属于主动封堵长堤上的蚁穴。非法利益的给付，除简单粗暴的直接支付外，有时会通过第三方“过桥”完成。第三方过桥，包括受方自己和由送方“建桥”两种。

项目业主将项目交由自己的委托人总包，同时要求总包方与他们指定的设备供应商或工程分包商签署买卖或分包合同，且物资供应商的产品价格或工程分包的价格不低于，或偏高于市场价格。这属于是项目业主自己“建桥”，他们的利益显然是由物资供应商或分包商输送。如前所述，对交易中的异常，律师即使怀疑有不当勾当，但有时却无能为力。此时，唯一能做的是，通过合同文件及履约文件的设计和收集，将风险转移至相对方以化解委托人的风险。设计的文件要达到以下效果，即事后要能从看到的文件上可以推论出，即使是总包方与物资供应商或工程分包商签署的合同、支付的款项，即使供应商或分包商与项目业主的相关人员存有非法勾当，但总包方所拥有的仅是形式上的权利，而起决定作用的是项目业主。比如，在施工合同中明确约定项目业主指定的设备需要由业主方认厂、认质、认价；或在履约中，将认厂、认质、认价的文件交由项目业主签署，之后再依据这些文件与厂家签订买卖合同。不过有时项目业主虽指定厂家，但不会出具任何书面的文件。对此，律师应协助当事人扎紧“篱笆”，从制度设计、流程控制上减轻当事人的风险，如总包方在内部决策时，对上述指定事项予以披露交由集体决策；再如，在制度设计上，针对上述情况规定选定物资供应商或分包商的专门的管理流程。

由送方“建桥”在实务中也并不罕见。比如，总包方将部分项目分包给其他与自己联系紧密的单位，而分包的工程价款又偏高于市场价格。这时，分包方可能部分地承担了“洗钱”功能。对此，律师应有清醒的认识，无论是送方直接支付，还是将钱洗出来之后再付，都不妨碍对行为的定性。如当事人一意孤行，律师不应充当帮凶。这时，律师可将注意力集中于对公司系统风险的防范，即通过制度设计和完善，力争划清公司行为与个人行为的界限，区分出此人与彼人的责任与权利。

律师在履行隐性职责时需要特别关注国企因监管的特殊性引发的风险。在我国经济结构中，国有企业占据了很大的比重。国企的所有权人虽是抽象的存在①，国企虽类似于一个没有知觉的塑料人②，它虽然给了那些容易想入非非的人以占便宜的想象空间，但国企的权益却绝非“唐僧肉”。有关部门的监管和监督是维系它们权利不受非法侵害的主要手段。无论是事前、事中，还

① 国企的所有者是国家，国家是一个抽象的概念，国家是人民的国家，因此，国企的终极所有者是“人民”，但在现实生活中却难以找到与人民对应的具体客体。理论上，我们都是人民，终极地看，国企属于我们，但我们却丝毫感受不到权利的存在，因我们既不能占有，也不能使用，更不能处分，现实中，国家设立了代表出资人的机构，但这种机制的设置，并未解决上述问题，且其作用也是理论大于实效。

② 作为行动系统的国企中形成的权威体系是：国家—经营层—编制内职工—编制外职工。以所有权权能分离观察，企业实现了主动所有权与使用收益权的分离，从而形成了客体自我与行动自我的分离。客体自我——委托人，即所有者；行动自我——代理人，即经营层与职工。自我的代理人采取有目的的行为，但这个代理人没有任何感受和体验，只有行动；作为行动客体的自我，才能感受和体验。例如，如果一个人掐自己的手臂，作为代理人的自我采取这一行动，感受疼痛的却是客体自我。故而，国企中的经营层和职工们作出决策并付诸实施时，所有者才应有所感受，但由于作为所有者的人民是一个抽象的概念，则形成了“没有任何人有感受”的局面。这犹如我们用手去掐一个塑料人，我们没有疼痛的感受，塑料人一样不会有这种感受。

是事后的监督都有着巨大的威力。监管与监督有着严格的衡量标准。以事后监督为例，其对过往事物的评判所采取的衡量标准是现在进行时的标准。这难免会出现偏差，即在行为发生时，没有衡量行为是否妥当的标准，或标准不明确，但在监督时，标准却已明确。如以今天的标准衡量昨天的行为，得出不利于被监督者的结论，他们可能会觉得冤枉。但我们应该认识到，国企的经营层没有喊冤的理由，他们应该坦然接受有罪推定式的监督和监管，并有义务自证清白，这主要是源于以下几点：首先，在某人被确定为国企经营层时，背后隐含了两个假设：一是，国企的经营层都是大公无私的，他们应一心为企业办事，不应有任何私利可言。从反面看，如国企经营层在任职期间的行事存有任何私念，则意味着他们背离了组织在选任时对他们的假定，这就意味着他们不符合任职要求，监督机构对那些有私利的经营层的处罚自然是必需的、正当的。二是，国企经营层都是无所不知、无所不能的，信息都是完整的、对称的，这是国企经营层被委以重任的一个基本的前提，既然赋予经营层的职责中含有探索的内涵，自然就包括了对未来监督标准的预判能力。如经实践检验发现国企经营层缺乏上述能力，则说明他们本身不符合任职标准。其次，监督的标准之所以逐步地明确，除去用事物的发展规律解释之外，也可能正是因标准不明确而有让国有企业的权利受到损害的可能，标准才有明确的必要；况且，监管标准并不是法律，不能用法律不溯及既往的原则来辩解。因此，在交易中存有国有因素时，尤其在交易中掺杂进社会交换因素时，即使现在的规范标准不明确，也不能浑水摸鱼，更不能随意损害抽象主体的权益，来满足自己或其他主体的私利，正确的做法是协助当事人尽量降低社会交换在交易中所占的比重，让秋后算账者无账可算。

第四节 律师履职的客观局限

一、当事人回报的不确定性与对律师要求的确定性

律师带着识别与排除风险的使命进入合同博弈之中时，当事人设计的盈利模式，拥有的能力、资金、人力资源、经验等要素，面临的交易背景等都是既定的。律师只能基于当事人给定的事实开展工作，而不能用分析的方法把这些都分解为独特的元素，再进行组合[①]。如他们脱离既定事实，即使得出结论，也会被贬低为“不现实”和“理论化”的。当事人基于既定事实的组合本身就隐含着风险和不确定性。巨大的成就往往是在为之奋斗时已经承担风险的结果。恰恰就是当成功是不确定的时候，他往往受到最高度的评价和最慷慨的回报[②]。严格来说，利润应归功于不确定性，并且利润是为不确定性承担责任的报酬。可度量的不确定性，或者严格地说“风险”，与不可度量的风险有天壤之

---

① 根据卡尔·曼海姆的论述改写。参见［德］卡尔·曼海姆：《意识形态与乌托邦》，李步楼等译，商务印书馆2014年版，第243页。

② ［美］彼得·M. 布劳：《社会生活中的交换与权力》，李国武译，商务印书馆2012年版，第217页。

别，前者实际上不能算不确定性。我们严格将“不确定性”限定在不能量化处理的那一类。这种真正的不确定性，而不是风险，形成了合理利润理论之基础①。也就是说，当事人开展经营活动时需要预测自己的回报，但回报因不确定性的存在而不是总能被预先准确地预测。企业家，像每个行为人一样，经常是个投机者。他应付未来的一些不确定的情况。他的成功或失败，取决于他对这些不确定的事情预测的正确与否。企业家利润的唯一来源，是他对消费者将来的需求预料得比别人更正确些的这个能力。如果每个人都正确地预料到某一货物将来的市场情况，那么，他的价格以及一切有关的生产要素价格，就会在今天为适应这将来的情况都预先调整好了。这样一来，则从事这一行业的人既无利润，也无亏损②。

虽然，对当事人而言，他们获取的利益是承担风险和不确定性的报酬，但从一开始，他们心理上更倾向于得到一个确切的结果。因此，不确定性会让当事人的自信中或多或少地掺杂进焦躁不安的情绪。于是，当事人有了要寻找一个“算命先生”的心理需求。他们支付费用赋予律师以消除风险及不确定性的目的，并渴望律师能安抚他们的焦躁不安的情绪。但我们需注意到，当事

① ［美］弗兰克·奈特：《风险、不确定性与利润》，郭武军、刘亮译，华夏出版社 2011 年版，第 16 页。

② ［美］路德维希·冯·米塞斯：《人的行为》，夏道平译，上海社会科学出版社 2015 年版，第 278 页。

人期望律师应有的功能仅仅是印象主义的。通俗地讲，当事人认为，既然自己支付了成本委托了律师，律师自然应能消除交易过程中与之相关的风险和不确定性。当然，他们也正是用自己的这种“想象”，而不是律师的承诺①，部分地平息了自己的不安。这就形成了一个尴尬的局面，即当事人最终获得的利益是承担风险与不确定的报酬，但他们对律师的期望却是希望他们在交易伊始就能控制风险，就能将不确定因素转化为确定性因素，且他们的这种期望会通过自我的想象得到印证。在他们心目中，律师虽然没作出承诺，但他们既然敢接受委托，就一定有“金刚钻”，否则，他们就不敢也不应揽“瓷器活”。故而，接受委托就是承诺，且是能取得良好结果的承诺。就像患者去医院就医，医生一旦接诊，患者就期望且确信能够药到病除。但医生能否做到药到病除？律师能否在开始就给出一个确定性结论呢？答案是不能确定的。因交易是面向未来发生的，谁都没能力准确无误地预知明天，况且不确定性、风险本就是利益的来源，这就意味着在律师介入合同时，根本就不存在所谓的正确无误的答案，但当事人不这样想，他们认为自己付了钱，律师就应给他们一个正确的标准答案。

律师履职的客观局限还在于当事人在履约前后因心态变化导致计算收益公式的变化。决定交易前，当事人会相对客观地估算

① 实务中，有些律师出于营销的需要会给当事人以承诺。

成本与收益。常态下，当收益大于成本的时候，当事人便有交易的冲动[①]。当事人估算成本与收益时，除去计算可度量的诸如人力成本、资金利息、税金等成本外，还会估算风险和不确定性可能给他们带来的潜在损失。只有当他们认为，净收益 > 可度量成本 + 潜在损失时，当事人才会交易。故而，在当事人与律师合作伊始，当事人会相对科学地计算可度量成本，对风险和不确定性带来的潜在损失，他们也会客观地估算损失限额，甚至会在心理上作出最坏的打算。此时，律师关注的成本包括三类：一是，对所谓稳定成本的稳定性予以关注[②]，并设置因应策略；二是，从发生概率上看，对相对的可度量[③]的风险与不确定性作出预判，对发生概率较大的威胁，建议当事人为“安全”支付一定的代价

---

① 常态下，只有在双方都认为收益大于成本的时候才能达成交易。但对于收益与成本的理解有时不能简单地计算某一个具体合同的收益与成本。合同并非是孤立的存在，它是当事人经济链条中的一个环节。利益有着长远利益和短期利益、货币性利益和非货币性利益之分。因此，在计算收益与成本时，需要结合当事人具体的交易情景，将计算的链条拉长。比如，当事人为打开市场，立足于长远利益，可能会在单个的合同中让利给相对方，甚至以低于成本的价格出售商品给具有标志性的企业，以取得广告效应。此时，从具体合同看，货币性收益显然小于成本，但当事人取得了非货币性收益，利于长远利益的取得。再如，当事人在经营过程中资金链面临断裂的风险。为避免破产，当事人将自己拥有的物资低于成本价出售，补充资金。从短期来看，当事人的收益小于成本，但是从长远来看，如当事人避免了资金链断裂，则还有东山再起的机会。

② 一般而言，人工成本与材料价格可以归为可度量的成本，具有相对的稳定性。但人工与材料的价格的稳定是相对的，其波动无疑会影响到当事人的净收益。尤其时间跨度长的合同，律师应考虑到这种波动，并在合同中设定波动所产生风险的承担机制。当然，从另外一个角度观察，这种波动也可视为是一种不可度量的不确定性。

③ 诸如安全生产事故风险。我们虽然不知道上述风险是否会发生、什么时候发生、因什么原因发生，但结合行业的特性，大致可以计算出一个发生概率。

以转嫁风险[①]；三是，对无法从开始就能转移或规避的风险，就只能在履约控制阶段随机应变。然而，在交易达成的履约过程中，或在交易完成后，当事人的心态会发生微妙变化，开始，他们计算并期待的是“最多”能获多少净收益，但在交易中，或交易完成后，往往会以自己“最少”应获取多少净收益作为衡量标准。心态的变化导致计算收益的公式发生变化，开始计算净收益时，当事人对能容忍的风险和不确定所带来的潜在损失做了减法，而当交易结束再来计算收益时，之前计算过，且能够容忍的潜在损失往往被忽略而不再做减法，好像净收益仅减去可直接度量的成本就行。如此一来，开始估算到的且可容忍的损失一旦成真，不管是可以避免，还是无以回避，都会因昨天的“失误”而成为今天的遗憾，而所谓的“失误”都有委过于律师的可能。怪象由此产生，即律师觉得经过自己努力明明得到了一个良好的结果，但当事人还是会抱怨和指责。其实，当了解了当事人前后不同的计

① 转嫁风险的方式需结合行业特性和具体的交易项目设计。如具有高度危险性的施工项目，可以购买保险转嫁风险；也可在法律允许的框架内分包给更专业的单位实施，由分包方将自己与事故风险进行一定程度的隔离。对可能存有廉政风险的项目，可通过合同交易模式的设计，建立“防火墙”，将可能涉及灰色交易的部分，交由“防火墙”外侧的其他主体实施，自己则与第三方进行正常的交易。这样，中间的第三方，把自己与可能存在的灰色交易隔离。当然，推测的灰色交易可能发生，也可能不发生，但对设置了“防火墙”的交易方而言，无疑会因第三方隔离层也要获利这一事实而支付一定成本，但为确保安全性所支付的成本，在一定程度上是物有所值的。不过，这涉及当事人观念的转变。比如，分包并非仅仅是将自己不能实施的部分分包，也包括了将那些自己无力承担风险的部分分包。如当事人不能意识到“分散利益就是分散风险”这一观念，则不愿意为此支付任何成本。

算方式，且又无力改变时，又有何必要再大惊小怪呢？殊不知，正是风险和不确定性的存在才让企业家和律师有了存在的价值，抱怨与指责也许本就是生活常态，就犹如警察抓小偷，小偷都没了，要警察何用？但只要小偷还在，就总会有人质疑警察的能力。

二、律师意见被当事人轻视的根源

如前所述，当事人对律师角色①的期待是希望他们能够给自己一个明确的结论。然而，这会受到主客观条件的限制。律师职业的本身不像电气工程师，他们所面临的问题具有更大的偶然性。因此，律师在出具意见时，往往没有，有时候也不可能掌握着可靠的预测根据。他们所掌握的法律专业知识和积累的个人经验，在一定程度上只能减少明显的错误判断②。除去律师职业特性，也有客观的限制，如当事人未能让律师更全面地了解相关的资料。律师未能掌握全面资料既有主观原因，也有客观原因。主观原因是指当事人故意向律师隐瞒相关事实。客观原因的限制源于两类情形：一是，囿于知识的欠缺和经验的缺乏，当事人因不知道哪些资料与自己的问题有关，不知道该向律师提供哪些资料。于是，他们按照自己的理解，只将那些自己认为有用的资料

① 角色是由所处社会位置决定的符合模式化期望的行为。拉尔夫·林顿认为，每一个地位都有其明确的角色。

② 根据罗伯特·K. 默顿关于知识分子的地位和社会政策改写。参见［美］罗伯特·K. 默顿：《社会理论和社会结构》，唐少杰、齐心等译，译林出版社 2015 年版，第 365 页。

提供给律师。二是，当事人在作出决策时，根本就缺少相关资料。竞争中，商机有稍纵即逝的特点。当事人作决策时，有时并非已做到了万事俱备。此时，他们无法将自己都未掌握的资料或信息提供给律师，而律师在认为“证据资料”不齐时，不愿意表态，或仅会作出模棱两可的表态。在当事人期待律师能拿出一个明确的结论而不得时，他们会或多或少地对律师的信任打折扣。

当然，在实务中还有一类情形，即有些身经百战的当事人，他们往往确信，自己对要应付的难题相当在行，由于他们丝毫看不出律师有技高一筹的能力来处理这类难题，主观上就会对律师产生轻视。故而，他们仅将一些微不足道的小事交由律师处理，而在涉及重大事项时，律师却被排除在外，或仅让他们有限度地参与。在有限度的参与中，律师因信息的不对称，只能用一些听起来显得很专业的词汇，发表一些无关痛痒的用于交差的言论。这样，在当事人的眼中，律师意见就已变得可有可无。当事人的期待与现实的落差启动了恶性循环的按钮。合作中，有些律师虽总是随叫随到，唯命是从，但却很少被当事人认为是不可或缺的。当然，在实践中，确有律师表现出来的法律专业素养不如当事人从多年直接经验中获得的那么多。

三、律师认识到自己的局限是让当事人解己的前提

（一）律师让当事人解己的误区

认识律师工作的客观局限，进而分析造成这种局限的因素并

非是无的放矢。毋庸置疑，律师和当事人之间相互的沟通和了解十分重要。如欲真正做到有效沟通，形成信任，除做到知己知彼之外，还必须做到知彼解己，即首先寻求了解对方，然后争取让对方了解自己。这一原则是进行有效人际交流的关键①。“知彼解己”非常关键，因在当事人与律师的合作中，律师给出的建议往往是不明确的，最终结果出来前，当事人对律师的评价亦不明确，因而“信任”因素是评价律师作用的重要部分。信任是主观性判断，它无疑会受到人际关系、情感和其他非客观因素的左右。在这种背景下，有些律师会发现，从执业水平上讲，那些不如自己的人，反而会深受当事人的推崇。这源于当事人评价标准固有的缺陷，这为造就律师地位和能力不匹配的现象开了“绿灯”。故而，为增进与当事人之间的信任，就需要进行有效的沟通。既然知彼解己是有效的沟通方式，那律师该给当事人呈现一个什么样的“己”呢？

向当事人传递自己更专业的信号是否可行？的确，当事人委托律师的初衷是寻求专业支撑，但事实上，律师却难以做到。归根结底，律师是一门需要学问的行业，当事人作为外行，根本不知道律师是否专业、是否具备处理自己所面临的问题的能力。科学、权威的评价体系的缺失，让他们无法甄别律师专业水平的高低，而以具有事后性的“猫抓老鼠”的标准来评价充满偶然性的

---

① ［美］史蒂芬·柯维：《高效能认识的七个习惯》，高新勇、王亦兵、葛雪蕾译，中国青年出版社 2015 年版，第 255 页。

律师工作而得出的结论难免会出现错位，当事人认为水平高的律师，水平不一定高，而他们认为水平低的律师，他们真实的水平却不一定低。实务中，有些律师借鉴累赘原理①向当事人传递自己是成功律师的信号，进而让当事人形成该律师专业能力应极强的判断。因他们确信当事人在作出判断时所参考的坐标不会与自己有质的区别，他们会和自己一样从常理作出推断，如律师专业能力不强，就不会成功；如未成功，就不会开豪车、在豪华写字楼中办公。所以他们坚信，把自己装扮的“累赘”会给当事人一种简单识别律师能力高低的方法，即从他们的生活水平推断出的个人收入便成了一种推断其能力高低的简便方式②。不可否认，率先吃螃蟹的人获得了一定的效果，这便让有些律师把这种方式当成了通向成功的金科玉律。从对学历、荣誉、交通工具、办公场所、着装的追求，到言必提及的成功案例和“高端”的交往的圈子，目的就是向当事人彰显一个非常成功的律师形象。其实，当大家都变得“累赘”时，“累赘”本身便不再对外传递积极信号。当雄性孔雀们都拖着又长又大的尾巴吸引伴侣时，清一色的

① 以色列著名的动物学家扎哈维提出了一个非常有意思的原理——累赘原理来解释一些自然界的现象。比如，雄性孔雀总要拖着又长又大的尾巴，尾巴越长，对雌性孔雀的吸引力就越大。该原理认为，长尾巴其实是一种信号，可以传递出雄性孔雀的繁殖能力。因为尾巴长是一种累赘，尾巴越长负担越大，雄性孔雀可以通过这种方式来告诉雌性孔雀自己是一只体格健壮的孔雀——拖着这么长的尾巴，都还可以走路，肯定是身体好。参见张维迎：《博弈与社会》，北京大学出版社 2013 年版，第 220 页。

② ［英］伯特兰·罗素：《幸福之路》，刘勃译，华夏出版社 2016 年版，第 41 页。

大尾巴肯定会让雌性孔雀犯懵，因这时它们面临的难题是再也无法从尾巴的长短、大小来分辨到底谁体格健壮，到底谁该成为自己的白马王子。同理，当律师们把自己都刻画为成功人士时，当事人一样会犯迷糊。这就像看球赛，你站起来时不一定就能获得先手，因当别人都站起来的时候，大家实质上又回到了竞争的同一起点。

注重声誉的积累与品牌的建设能否收到既定效果？的确，在市场竞争中，声誉与品牌有着特殊的地位，因竞争的优势主要表现在三个方面：一是成本优势；二是产品优势；三是品牌优势[①]。由于品牌优势本就是消费者的信任，那么乍看起来声誉的积累和品牌的建设可解决律师与当事人之间的信任问题，但现实却远非如此。实践中，声誉和品牌造就了一些所谓的“大律师”[②]，一些律师和一些律所也热衷于以购买或变相购买评价的方式提升品牌，在国内的诸多评选沦为笑料后，洋机构又借着国内有些人善媚外的东风来给律师评定品级。但无论中西、内外，一个无须争论的事实是，有些“大律师”仅仅是依托名气的接单律师，他们早已完成了从业务操作向营销的转变，声誉之于他们仅是用于提高律师收费的手段。接单后，他们并无暇处理业务，当然，有些

① 张维迎：《博弈与社会》，北京大学出版社 2013 年版，第 193 页。

② 在中国现行制度中，并无关于所谓大律师的称谓与评价机制。因此该称谓的来源无从考察。有些是同行之间为表示尊重，称某某为大律师；有些是不了解中国律师制度的当事人，模仿影视剧中对成功律师的称呼；也有些是为了向当事人暗示自己水平高，而自称大律师。

人处理业务的能力早已退化而无力处理。这就犹如，患者挤进一个名气超大的医院，花费了巨大精力，支付了高昂的成本，但实质上接受的却是一个由学校实习生独立提供的服务①。

实务中还有些律师，他们善于且毫不吝啬地透支自己的“声誉”，他们对承接的案件不作任何研究，总是试图靠自己所谓的名气来左右案件的结果。这些人常把自己扮成斗士，标榜着正义、公平和对法治进步的追求，但在自利的目的不达或受阻时，他们会毫不犹豫地、愤怒地将那些自己宣称的价值追求和规则抛诸脑后。其实，这些人并不像他们号称的那样具有远大理想，他们不懂得如何做才能不违初衷，常常借口别人的“过错”而让自己真正成为自己反对的人，抑或是，他们本质上本就属于自己公开反对的那类人。不可否认，声誉会以这样的方式得以积累，但

① 实习生在医院实习时，一般都有主治医生指导，而律师行业却存有差异，即当事人虽委托了名气大的律师，但该律师在接单后就将案件转交由助理处理。其中，有些会指导助理工作，而有些转交后就不再关注。产生这种状况的原因相对复杂，可能是名义上的受托律师没时间指导；也有些是因为这些律师的业务功能已退化而无能力指导。当事人委托名气大的律师的心态也因人而异，有些确实是误认为那些律师有着极强的专业能力，可以处理好自己的业务；有些是“醉翁之意不在酒”，他们明知那些人不会或不能亲自处理自己的业务，但他们的真实目的是想利用这些律师的诸如人脉、影响等其他能力。此时，当事人的委托事项和支付的成本已脱离了单纯的法律服务的功能，而是成了建立“关系”的投名状。

如此声誉之于拥有者就犹如阿赞德人的巫术①。只是，神谕由神秘的力量变为了可由己控、能为己用，且能对他人施加压力的情绪和讨伐。我们做以上论述的目的并不是否定声誉与品牌的积极作用，而仅是描述律师行业可观察的现状和由此带来的负功能。其实，对任何人而言，好的声誉是积累的，当然，坏的名声也是积累的，好的名声的积累是缓慢的，而坏的名声却可快速传播。因此，对工作本身就具有客观局限性的律师而言，声誉是一把“双刃剑”，其不应成为律师让当事人“解己”的主要内涵。

实务中，还有一种非正当的方式是通过关系运作让当事人“解己”。一般而言，关系的运作并不取决于相互之间共同所知的事物，而是依赖于他们所知的人。常态下，信任程度与关系的紧密程度成正比，且相互之间相互促进。关系越紧密，信任程度越高；信任程度越高，关系越紧密。无疑，以关系作为媒介促成的

---

① 阿赞德巫师使用巫术的行为已经被证实，而另一方面巫师却申辩自己不知道自己使用过巫术。阿赞德人对这件事情的态度往往前后矛盾。他们会坚定地认为别人使用巫术是触犯了道德，但是一旦自己被指控使用了巫术，他们就会解释自己是无辜的，即便不解释自己的巫术行为是无辜的，他们至少要解释自己不是有意识这样做的……就像我们认为罪犯要对自己的罪行负责，阿赞德人认为巫师要对自己的行为负责。如果他们被指控使用了巫术，那不过是一个特别的情形而已。参见［英］E. E. 埃文思 - 普里查德:《阿赞德人的巫术、神谕和魔法》，覃俐俐译，商务印书馆 2010 年版，第 180 ~ 181 页。实践中，有些律师利用自己过去积累的名声，在处理法律事务时，不依靠专业的法律技能，而是试图通过操纵舆论，煽动不明真相的人们产生的对立情绪，来与相关部门对抗，以达到让与之对抗的一方妥协的目的，但这些人对此并不承认。他们引导舆论的理由是冠冕堂皇的，是假借正义的名义进行的。即使，他们会被指责操纵或错误引导舆论，他们也会找出很多理由，以说明自己的行为是无可奈何的选择。

合作，双方都能取得一石几鸟的作用：一是，建立了合作关系；二是，节约了成本；三是，形成了人情的亏欠。但需注意的是，建立合作关系本身往往不是双方的目的，说到底，当事人要的是律师的专业技能，律师要的是报酬①。最终，如果关系损害了利益，关系就只能让位于利益。对当事人利益的损害程度越大，对关系的损害程度越深，而因关系产生的信任也会随之减弱，直至完全消失。显而易见，作为工具的关系只能屈居于利益之后，顺水人情只会给那些能满足自己利益需求的对方。当然，实务中也有例外的极端情况，即一切都以关系定论，但是，当事人与律师这样的合作已超出了本书的讨论范围。

（二）律师让当事人解己的正确姿态

律师应该向当事人呈现一个什么样的“己”呢？无疑，在常态下，当事人是因为有法律专业上的需要②，才有委托律师的动

---

① 对律师报酬的理解不能局限于律师取得的货币性收益。除货币性收益外，律师的报酬还包括非货币性收益，如社会声誉、当事人的感激；从社会交换的层面观察，还包括诸如人情、赞同等因素。

② 一般而言，当事人在有需求时才会委托律师，但是在实践中，当事人的需求有着明显区别。有些确实是因为对法律知识的无知而产生畏惧，期待通过聘请专业律师来弥补法律专业技能的匮乏，缓解对由此引发风险的畏惧，此种情况是发挥律师功能的常态。但有些当事人委托律师纯粹是满足管理的需求，他们需要的并非是律师的专业知识，而仅仅是“我有律师”“我有律师签字”这一表象，目的是在出现风险时，有一道推卸责任的“挡箭牌”。虽然，这并非准确地定位了律师的功能，但在实务中这种现象却是屡见不鲜的。对只要有了律师就已经满足了当事人需要的这一现象并非本章讨论的范畴。

因。但不能忽略的是，当事人眼中的合同和风险是抽象的，致使他们在选聘律师时并不清晰，或不完全清晰自己的需求。这其中有主观因素，也有客观原因的制约①；同样不能忽略的是，律师不是牧师，他们需要与当事人建立信任，需要证明自己②。心心相印是信任得以建立的前提，解决问题的能力是信任得以延续的基础。在与当事人的关系中，律师的首要任务不仅是自己要分析当事人应该有何种需求，他们还要告诉当事人你们应该有什么需求，且要让当事人自己意识到自己确实应该有这些需求，同时，要让当事人知道律师已知道了他们的需求。表面上看，明明是当事人有需求才聘请律师，但反过来却由律师告诉当事人你们应该有何种需求，无疑会让当事人意识到律师事实上早已知道他们在委托律师时并不真正了解自己的需求，这是否会让当事人感觉到尴尬呢？仔细考究，并无大碍。这犹如患者到医院就诊③，他们只能向医生描述自己的症状，而无法准确地告诉医生自己所患何病。即使患者怀疑自己所患何病，且最终的诊断结果也证实了患者的怀疑是正确的，但患者依然不会指责医生水平低下。原因非常简单，专业

① 客观原因主要是指在当事人就项目作出决断的时候，他们了解的信息也是有限的，或者是被事物的发展规律所制约，即当事人在决策时，有些事情本身还未发生，以后是否发生、如何发生并不清楚。

② 一位牧师对于自己很容易在当地出名曾解释说，作为牧师的优势在于你不必去证明自己。你立刻就会被千家万户，包括豪门望族所接受。

③ 当事人委托律师和患者就诊有相似的一面，即当事人知道合作中存有风险，故而有委托律师的必要，这犹如患者自己觉得不舒服，有就医的必要一样；当事人和律师交流中会描述交易的背景、交易的目的、自己的担心等，类似患者向医生描述症状。

的事情只能交给专业的人员处理。也就是说，非专业人员无论口头上如何坚称自己判断准确，但内心中，他们还是不敢轻易地依据自己的判断行事，尤其在涉及重大利害关系时更是如此。

不过，有些律师在执业时对于当事人需求的确定与医生有着本质的差异，这是争议产生的根源所在。作为医生，他们是根据患者的描述，然后根据自己的技能、经验，辅助于科学仪器先确定患者的需求，即病因，然后再对症下药。而有些律师则不同，他们不是根据当事人的描述进而通过诊断确定当事人的需求，而往往直接根据当事人描述的需求就确定了服务方案。听起来，这似乎有点匪夷所思，因当事人描述的需求往往并不准确，而律师在此基础上提供的方案自然就缺失了针对性。然而，遗憾的是，实践中的情形却的确如此。对此，我们可从当事人选聘律师的招标文件和他们频繁更换律师的行为中得以印证。无须多议，这种做法显然属于本末倒置。本末倒置的结果是律师所提供的服务方案多半会脱离当事人的需求，这就像打靶者由于看不到靶子的盲射，脱靶才是正常的状态。为弥补上述实质性的基础缺陷，掩饰“高额”的收费①，律师们往往用晦涩的语言，向当事人展示看似

① 聘请律师不像我们购买衣服、食物，因律师解决的不是普通的衣食住行问题，故而不应适用“一分钱一分货”的交易理念，而应适用“十分货十分钱，九分货不值钱”的原则，因对当事人而言，律师的工作如不能取得效果，则意味着他们支付给律师的任何费用都可归为浪费，而律师的一个失误、一个遗漏可能会给自己造成难以弥补的损失。故而，这里说的高额律师费并非是指一个绝对值的概念，而是一个值不值的问题，举例来说，哪怕当事人只支付了一分钱的律师费，但如律师的工作无任何成效，那么，当事人支付的这一分钱也因属于浪费而被看成是高额的。

非常“专业”的形象，兜售当事人根本不需要，但又无法辨别的“成果”。实质上，他们给当事人的往往是一个漂亮的无珠之椟，但纸终究不能包住火，当事人一旦发现华丽的形式掩盖的只是一堆败絮时，信任将被彻底摧垮，律师也必然成为当事人所弃之敝屣。故而，为避免悲剧的出现，律师不应仅依据当事人描述的需求来确定服务方案，而应通过自己的分析来确定当事人的需求，进而作出服务方案。

但律师仅仅自己清晰当事人的需求还远远不够，其必须要开启一个转换的过程，即通过交流让那些未准确把握自己需求的当事人先准确地了解自己的需求，然后通过引导，力争让他们把律师告诉他们的观点转化为自己的观点，之后他们再将这些观点告知律师。经过转换，不但会避免可能的尴尬，更重要的是有利于律师工作的开展，且在一定程度上可改变当事人对律师的评价方式。当然，当事人不会给律师以充分的时间去分析他们的需求，这也正是律师常陷入以当事人描述的需求来设计服务方案的关键原因之一。这不难理解，因当事人对法律服务的需求有着时间上的紧迫性，律师在面对相对陌生的局面时，不仅要作出判断，而且必须要赶在当事人失去耐心之前作出判断。

需求分析并使当事人明了仅是成功的第一步，接下来，律师需拿出一个可令当事人信服的服务方案。律师设计方案时应避免三种倾向：一是，被虐狂倾向。被虐狂的根源始终在于过分夸大自己的价值[①]。如前所述，律师仅是当事人交易诸多环节中的一个环节，在当事人眼中，其重要性并不比社会关系、资金、人力资源重要。当事人的行为导向是利益，增加交易费用来委托律师本身就已经证明了律师存在的价值。因此，律师无须刻意地证明或夸大自己的价值；更不能指望当事人会将律师的意见作为圣旨。毕竟，在常态下，社会关系、资金、人力资源、技术都可能成为当事人启动交易的起因，而对这些，律师往往并不一定全部知晓。二是，“乌托邦”倾向。律师在出具意见时需要规避自己的风险，这就需要他们尽可能多地了解事实，但“事实”就是当前能观察到的商业活动。其中，背景资料、宏观环境、微观环境、当事人的合同地位的强弱、交易的紧迫程度、交易目的对各方程度不同的重要性、掺杂的社会交换因素等都是客观存在的，这些不会因律师的加入而有大的改变；况且，交易时，有关交易的事实有些已经发生，而有些尚未发生。律师的意见应顾及这些客观事实，而不应一味地为降低自己的风险，就置交易是否能够达成于不顾，置方案是否具有可操作性于不顾，而给当事人提供“乌托邦”式的指南。三是，病态的忧伤主义者。当事人和律师的信息是不对称的。因此，律师很难全面地了解到交易的背景，很难准确地捕捉到当事人真实的、全面的想法。在合同制定与审查过程中，即使律师出具了周到的、谨慎的、能规避风险的意

① ［英］伯特兰·罗素：《幸福之路》，刘勃译，华夏出版社2016年版，第100页。

见，即使律师的意见已经被当事人关注，甚至被当事人称赞，但当事人在决策时也有不采纳律师意见的可能，或者将那些律师认为重要的意见删除。此时，律师不能因当事人漠视了律师的工作成果，而对后续工作失去兴趣，或对当事人心生抱怨而成为忧伤主义者，因律师在工作时往往是处于一种组织结构之中，等级秩序是天然存在的。在因地位取得的权力权威与所谓的知识权威的较量中，即在当事人和律师之间的较量中，律师常处于劣势。有时，律师的金玉良言不得不选择屈从或妥协于权力权威者的金口玉言[①]。然而，金口玉言的“强大功能”却并非仅限于此，它还有着指鹿为马、颠倒黑白的能力。有时，任谁都知道明明是因权威者的金口玉言力压金玉良言而造成错误的结果，可无端躺枪的往往又是曾提出金玉良言的律师。因此，律师的意见即使在最初未被采纳，也不能因病态的忧伤而放松履约控制，以避免最后成为无辜的“背锅侠”。

① 李杰、李宗胜《合同审查的思维与方法：风险控制与动态监管解决之道》，法律出版社 2016 年版，第 427 页。

第二章

实务中的合同真相

第一节　理论上的合同与实务中的合同的差异

一、困惑与难题：理论与实务研究的差别

如欲揭开合同的真相，首先应清晰合同法学理论和立法体系中的合同与实务中的合同的差异。合同实务的核心问题是合理解释、安排、解决现实中的具体交易。呈现在我们面前的这些交易都各具特色，甚至有些是极其少见或者说是诡异无比的案例。律师在面对这些奇奇怪怪的案例时，是无从逃避的，即使感觉事项离奇荒谬，他们也必须处理，而且要编织出一套能自圆其说、能规避当事人风险的理由与方案。合同法学理论研究的是整体经济活动对规范的需求，以及为制定规范提供理论支撑。合同法学理论为赢得可靠性与准确性，只能牺牲实用性和针对性，而这种牺牲是必需的，因描绘不计其数的具体交易不仅是不可能的，而且也是没有意义的。因此，他们只能将交易活动抽象化、纯粹化，即它们必须适用于在数量上未知的未来情势。在这个意义上讲，通过抽象，人们不仅能够使那些为他们所使用的知识在数量上得以最大化，而且也可以使其追求的目标在数量上得以最大化。由此，初步来看，就可以发现法学理论体系的构建与合同实务运用

之间的距离，即法学理论的发展为增加可靠性和普适性，只能通过高度抽象，以“常见性”案例为基石，构建自己的理论体系，而不能以特例来构建通则，不能以异常作为标杆。这就犹如不能拿精神病人的标准来看待正常的、一般人的行为规范。因此，合同法学理论在以高度抽象的方式构建自己的体系时，必须诉诸于严谨的逻辑或精确的推论。其理论虽源于实务，但进行抽象时，必须设置诸多假定的条件，而这些在假定的基础上推演出的结论自然含有假定的因素。合同实务则不同，它面对的是具体的张三和李四，而不是抽象的合同主体。张三或李四可能是正常人，也可能是精神病人①；张三有张三的合同目的，李四有李四的合同目的，他们的合同目的可能是正常的，也可能是异常的。诸如此类，都是交易发生时需面对的具体的、既定的条件，律师只能根据这些既定的条件，而不是根据自己假定的条件来规划未来的关系。

（一）合同理论与实务研究对象的差别

细究起来，合同法学理论和合同实务之间至少还有如下差异：因面向的问题不同，合同法学理论中有些假定的、忽略的因素，却往往是合同实务必须面对、不容忽略，甚至是要重点关注的基本问题。在合同领域，法学理论和实务中因要解决的问题不同，致使他们关注的重点也不同。比如，平等原则。合同法学在

① 这里仅仅是一种比喻，是指那些有悖于经济规律或常理的交易。

构建理论体系时，一个重要的假定就是，交易的主体都是平等的，这是一个不用进一步分析的既定原则。它们在强调不论所有制性质，不同单位大小和经济实力的强弱，其法律地位都是平等的同时，未涉及实务中交易主体之间客观存在的“不平等”这一可观察的事实；然而，在合同实务中，合同地位的强弱态势，以及对合同签订及履行的影响是实实在在的，且合同地位的强弱分布及转化贯穿了合同的全过程。在具体的合同中，当事人斗争的目的就是追求不平等，试图让自己的“东风”压倒对手的“西风”，通过占据主动获取更多的利益，而合同法学理论和立法体系的目的是限制不平等，期待实现拟制的平等价值而追求相对公平的结果。当然，也正是因为不平等的存在，法学理论和立法体系中所倡导的平等原则才有存在的价值。投身于具体交易中的当事人和律师的斗争方向是由他们的使命决定的，常态下，站在强者的角度，他们会依托有利的合同地位，尽可能获取更多的合同利益，并试图保持强者恒强的状态；而弱势地位一方，他们一边要确保交易的达成，同时也要获取合同利益，且在履约中，他们会随时寻找能改变力量对比的机会，试图“咸鱼翻身”。不言而喻，忽略交易主体在客观上存在的强弱差异，自然就不会基于此再进行延伸探讨，但延伸探讨却意义非凡。

在实务中，我们有时也发现一些怪现象，即那些本应处于强势地位的交易主体，事实上却处于弱势。这其中可能是因为社会关系中存在的等级秩序对交易主体产生的影响；抑或是因为经济交换中掺入了过多的社会交换中的因素，个中原因虽不一而足，但超越正常的现象必然会引发特殊的风险，作为律师，在审定合同时自然要审慎关注这这类风险。由此可见，在合同法学理论中无须做进一步分析、既定的平等，恰恰是合同实务中需着重研究的范围。

（二）合同理论和实务研究视角的差别

合同法学理论的研究视角是远距离的，这使得它看起来显得抽象、形式化，远离对社会经济生活的体验。实务研究是从近距离研究交易主体之间的互动，更能全面地揭示交易主体之间的微妙和复杂之处。比如，法学理论眼中的交易主体，不管是自然人、法人、非法人组织，还是国有企业法人，抑或民营性质的法人，都称为民事主体。但是，在实务中，不同类型的交易主体却有着不同的要求。一般而言，自然人，只要不违反法律、不违背公序良俗，可随意地处理自己的权利，而法人主体却不行，尤其是国有性质的法人主体，切不说随意地处理，就算完全遵守了法律规定和管理流程，只要最终的结果不如意，都有可能给经营者带来风险，轻者影响升迁调动，重者遭受处分，甚至会面临牢狱之灾。从这种细微差异的观察延伸出来，不但会观察到不同合同主体之间在适用规则上的巨大差异，也会发现隐藏在合同书所载明的当事人之外的其他利益主体的利益诉求，如经营层、执行层在合同中的利益诉求，以及在客观存在的等级秩序下，他们诉求得到满足的条件、方式和对合同签订与履行的影响。进一步拓展开来，就需分析这些隐藏的利益主体的利益诉求与合同载明当事人的利益是否冲突，如冲突，分别会给显性的和隐性的利益主体带来什么风险。

（三）合同理论和实务研究方法的差别

合同法学理论中的交易在一定意义上是被隔离成真空的，而合同实务中的交易则被镶嵌在社会生活之中，它们本身就成了社会生活的构成部分。在合同法学理论中，任何社会的生活一旦进入法律世界就被纯粹化了，当我们用法学理论审视社会生活，或用法律规范去涵摄生活事实时，他们都会剔除与法律无关的事实。在纯粹化的世界里，推论变得不再困难。因给定的条件是纯粹的，能对交易产生影响的主观因素、情感因素都被过滤掉了，所有需要的信息都假定能得到。然而，这仅是法学家们使用“黑板法学”方法的结果①。但遗憾的是，在真实的世界中，根本没有纯粹的条件；没有完全对称的信息②；文化以及特定的社会结

① 根据罗纳德·H. 科斯关于“黑板经济学”的论述改写。参见［美］罗纳德·H. 科斯：《企业、市场与法律》，盛洪、陈郁译校，格致出版社、上海三联书店、上海人民出版社2014年版，第15页。

② 信息的不对称源于客观不能和主观不能，前者是指无论通过什么途径都无法搜集到所需信息；后者主要是指因获取信息的成本过分高于收益，而主动放弃搜寻所需信息。获取信息成本过高并非仅指货币性成本，也包括非货币性成本，比如，在法律对信息的保护越来越严格的时候，采取非法手段获取信息的违法成本也随之上升。

构也会对合同产生影响，甚至是质的影响。合同的本质是人与人之间的互动[①]，而人与人之间并非因合同的存在就可以划分出相互独立的理性与情感。既然如此，人与人的互动中无疑会掺杂进互动者的感情和主观意识。实务中，我们经常看到同类型的交易使用的却是不同的合约安排，有时这种差异会非常明显。

有些学者试图引入交易费用和风险来解释这种差异，但他们自己也承认，涉及交易费用和风险的选择理论中的问题仍是难以对付的[②]。影响合同的并非仅仅是成本与收益，它还受到文化和独特的社会关系的影响。我们在谈及成本与收益时，都隐含地避开了一些独特的问题。比如，我们在谈及交易时，都把法律的实施水平视为当然，或者说，我们通常假定立法机构制定的法律都按照他们的本意被有效地执行。在此，我们不讨论执行机构因变得腐败而对合同产生的影响。我们假定在法律的实施过程中，相关机构和人员非常努力且清正廉明，但法律规定本身不周全的缺陷，加之合同条款中常见的歧义，一样会给裁判者以解释的空间。这在合同纠纷的解决中司空见惯。接下来的问题是，当歧义出现时，裁判者依据什么来解释？解释时，能否排除裁判者的主观认定？作出解释时能否脱离他们的价值观？如不能脱离，那对

---

① 谢鸿飞：《合同制作与审查的屠龙术与小贴士》，载李杰、李宗胜：《合同审查的思维与方法：风险控制与动态监管解决之道》，法律出版社 2016 年版，第 2 页。

② ［美］罗纳德·H. 科斯等：《财产权利与制度变迁——产权学派与新制度学派译文集》，刘守英等译，格致出版社、上海三联书店、上海人民出版社 2014 年版，第 100 ~ 116 页。

他们价值观的形成具有影响的仅仅是法律知识吗？显而易见，答案是否定的。受过严格法律训练的裁判者一样会受到文化和独特的社会关系的影响。再者，合同有时反映的并非仅仅是其载明的主体的利益，其他主体的利益有时也隐藏其中，此时，合同中显性的交换是经济交换，隐性的交换是社会交换。这两种不同的交换中，主体、媒质、规则都不同。极端的情况是，当合同沦落为非法利益输送的“遮羞布”时，显性的交换主体都不再是合同中载明的主体。这一切都会影响到合同的签订和履行，且这一切都超出了合同法学理论的研究范畴，自然不能由所谓的法律的生活所解释。由此可见，无论是从合同的本质观察，还是从合同目的、交易主体，以及合同争议解决看，合同行为都不是在真空中存在的，它是活生生地存在于特定的社会关系之中，并成为独特社会关系的构成部分。

合同法学理论与合同实务的研究范畴，还有着其他诸多差异，这些不同的分析策略和概念框架都源于他们面向的问题不同。两种理论的发展本应像罗伯特·K. 默顿反复强调的那样，即一个学科内的多种理论有助于知识的进步，这两种理论不同的视角可以相互丰富对方。然而，迄今为止的许多研究并不热衷于合同实务体系的构建，而是热衷于合同法理论上的突破与完善。这种状况导致合同法理论与合同实务的研究之间的裂痕日益扩大，当社会实践需要以研究合同实务为重点时，实际研究的注意力却集中在合同法学理论的研究之上。

二、合同法中的合同与实务中的合同

（一）合同法调整的仅是部分角色的行为

就像合同法学理论与实务中的合同不在同一水平面一样，合同法规范的合同与实务中的合同也非处于同一水平面。实务中，如欲仅凭熟悉合同法来制定、审查、管理合同无异于缘木求鱼。这并非是依据严密的逻辑推论出来的观点，它仅是一个可观察的真相，这可从大家对刚从法学院走出的毕业生的诟病中得到印证。合同的立法体系如何发端并不在本书考量范畴，但有一点是肯定的，即合同法律体系与习惯、道德标准一样，都是应需要而生①。

---

① 有些观点认为法律都是立法的产物，在一定程度上，该观点并非谬论。但毋庸置疑的是，惯例和法律都是发端于遥不可知的史前期的习惯和习俗。早在人类能够制定或改变法律之前，法律已经存在很长一段时间了。有关行为的比较研究已经为人们揭示和廓清法律进化的问题奠定了十分重要的基础，其要点可以描述如下：首先，这种研究业已表明，早在行为规则能够被人用文字加以表述之前，个人就已经学会了遵循（并实施）这种规则；其次，这些规则之所以能够渐渐形成，乃是因为它们使整个群体的活动构成一种秩序；尽管这种秩序是个人行动之常规性的结果，但是我们还是必须把它与其所遵循的那些规则明确地区别开来，因为正是这种作为结果的行动秩序所具有的功效，将决定那些遵循某些行为规则的群体是否会胜出而存续下去。参见［英］弗里德利希·冯·哈耶克：《法律、立法与自由》，邓正来等译，中国大百科全书出版社2000年版，第115～117页。实质上，对于无文字记载社会中的规则是如何形成的论述都应归入推论的范畴，因我们无法确定的是，我们以今天的思维方式所推论出的原始人的观念是否就是他们当时的想法。也就是说，推论的基础都是假定的，推论时都或多或少地加入了推论者的主观意识。但即使如此，不可否认的是，经过自然选择，人类作为适者生存下来。在生存的过程中，逐渐形成了经验、习惯和规则。因此，在一定程度上说，人是习惯的造物，法律是因应人类需要而生也是正确的。

抽象地看，它的演化路径是从具体走向抽象，再从抽象走向具体。如此循环反复，形成今天之法律体系。从合同法的演化路径可以看出，合同法律体系与其他诸如习惯等规则构成宏观层面，而实务中每个具体的合同应归属于微观层面。试想，仅凭对宏观层面的了解，就试图处理好微观层面的事项，不是缘木求鱼又能是什么？在以合同为纽带形成的结构中，可拆分成下列要素：角色1，合同文本载明的各方当事人，每一方的当事人确定了特定的利益和目标；角色2，各方当事人的经营层、执行层，他们有时会将特定的利益和目标寄予合同关系之中，且他们能实质性地影响合同的签订和履行；角色3，当事人之外的其他第三方，他们虽不是合同关系中的当事人，也非当事人的经营层或执行层，但因各种不同的联系，而能影响当事人经营层的决策行为，这无疑会影响到合同的签订和履行。天下没有无缘无故的爱，他们之所以要对当事人的经营层施加影响，皆为实现自己特定的利益和目标。

规则1，规定或指导当事人签订、履行合同的规则及程序，如合同法的规定；规则2，规定怎样评判当事人之间的胜负，如合同法、诉讼法的规定；规则3，规定违反合同约定的责任，或假借合同谋取非法利益的主体的责任，如合同法、当事人的内部管理制度、刑事法律的规定。这样看来，合同行为包含三个组成部分：一是，当事人之间按照规则和程序行动，如买卖合同的双方按照合同约定和法律规定实施合同行为；二是，当事人的经营层、执行层、第三方之间按显性，或隐性的规则与程序行动，如经营层遵照公司管理制度行事，或受益方按约定俗成的隐性规则给予提供帮助的一方以相应的报酬；三是，当所有的角色按照程序行动时，就出现了系统行为，这就犹如涓涓细流汇成江海。

如以既存的规则为起点观察，上述结构于宏观到微观，再从微观到宏观，然后再从宏观到微观的转变相一致。第一种转变，即从宏观到微观的转变，反映在合同行为中，是对各类角色的所有限制。此时，参与的角色不同，实施限制的规则的侧重点不尽相同，对角色1，主要侧重于民事法律规定和刑事法律规定；对角色2和角色3，侧重于刑事规范、党纪政纪规范和“道德规范①”。第二种转变，即从微观到宏观，是通过所有的角色行动的后果反映到合同行动之中，每个角色的行动怎样与他人的行动相结合、相冲突以及相互作用，从而创造出新的行动场景。这样，微观水平的每类角色的具体行动以各种不同的方式相结合，从而

① 这里所指的道德规范包括两层含义：一是指社会公认的行为规范；二是指行为人之间“报”的规范。相对而言，第一层含义是规范互动各方的外部规范；而“报”是规范互动者内部之间的规则，如甲给乙帮了忙，乙从道义上就有回报的义务。这种“报”的基础和手段并非总是符合法律规定，或是符合社会公认的道德水准的；但“报”也并非总是违反法律或公认的道德规范的，这取决于互动者相互回报时所使用的手段和互动的目的。比如，甲送给乙一只普通的钢笔，乙在过春节时又送给甲一只鸡。此时，不能说甲与乙的行为是违法的或是违反道德的，甚至从一定意义上讲，他们的互动是符合社会公认的道德规范的。但如果甲利用职务便利，为乙承揽了一项工程，乙赚取利润后，将部分收益送给甲。此时的性质就会发生变化，甲与乙的行为可能会涉嫌违反法律规定以及约束他们行为的外部道德规范。但即使如此，在甲与乙之间依然有约束他们双方的内部的“道德规范”，即乙之所以能获利是因为甲利用了职权，为乙提供了机会和便利，乙在道义上应回报甲。只是，这种“道德规范”是隐蔽的。

形成宏观行为。第三种转变，即再次从宏观到微观的转变。微观水平中出现的新场景会使规则的规定图穷，这是推动规则的修订与完善的动因。规则得以完善后，再用于指导微观层面的合同行动，如此循环反复。

但需注意的是，微观系统的行动偏离规则并非总是因法律存在漏洞所致，隐藏在合同中的利益主体实施了隐蔽的、反规则秩序的行为也会形成偏离。如果行为主体的手段够隐蔽，或由于法律的执行太过松弛，那么在“成功”的示范效应的带动下，隐蔽的、反秩序的小股细流也会慢慢汇成江河而成为系统的行为。然而，不言而喻的是，隐性利益主体在满足私利时，无疑会危害到当事人或其他主体的利益，当这种危害达到一定程度后，就会出现两种不同的反应：一是，权力部门强化法律的实施，打击借合同行为满足私利的行为。常态下，用以强化的手段主要是刑事法律规定，辅助以党纪政纪的要求。此时，由于合同仅仅是作为非法利益输送的形式存在，已经失去了正常的功能，故而合同法也就没有适用的余地。在乱世用重典的背景下，那些隐蔽实施的、偏离规则规范的行为收敛或变得更加隐蔽，合同的正常功能得以恢复。二是，权力部门对破坏规则的行为视而不见，这就相当于变相地放纵了那些实施反秩序的行为。最终，法律的功能丧失，社会陷入混乱，显然，丛林社会更没有了合同存在的余地。由此，我们可以发现两条清晰的脉络：脉络 1，市场需求—律法等规则产生—规范市场—新图景出现—律法等规则出现漏洞—修订律法—指导市场。隐含在这条脉络下，还有一条脉络，即脉络 2，市场需求—律法等规则产生—规范市场—律法等规则松弛—严厉打击非法行为—律法等规则回归正常—指导市场①。一般而言，脉络 1 是理想的宏观与微观之间相互转化的路径，但由于在合同行为中，隐藏着角色 2 和角色 3，致使出现一条与脉络 1 并存的脉络 2。在脉络 2 中，类似合同法等指导和规范合同行为的规则的适用有着一个明显的波动趋势，当角色 2 和角色 3 会对角色 1 合同行为施加影响，合同本来的交易功被弱化，合同法等规则的适用余地也随之减小。隐性规则和丛林规则的适用范围越大，且角色 2、角色 3 对角色 1 的影响越大，私利色彩就越强烈，合同本来的交易功能就越被弱化，合同法等规则的适用余地则越小而渐渐出现弱肉强食的混乱。当国家对利用合同谋取私利者以重典出击，且取得效果之后，合同本来的交易功能得以恢复，合同法等规则的功能也会跟随打击的效果而提升。我们需要正视的是，交易中这两条路径常常是交织在一起的，完全理想的状态仅是理论上的存在，完全无序的极端状态在现代社会也没有存在的基础，不同时代唯不同的是此消彼长的两种路径在交易中所占的权重有所差异而决定了交易遵循的法则不同。

① 沿着脉络 2 的发展，还会发生另外的一种景象，即市场需求—律法等规则产生—用以规范市场—律法等规则松弛—律法功能丧失—社会陷入混乱。但是，在现代社会中，这种情形相对少见。

（二）合同法仅能提示部分交易风险

从合同关系的角色、规则及对演化路径的分析可以看出，在合同实务中，合同法规范的范畴仅限于角色 1；从交易适用规则的角度看，合同法属于规则 1 和规则 2 的范畴。显而易见，合同法虽是以规范、指导当事人的合同为目的，但面对纷繁复杂的交易，合同法往往无能为力。不过，作为律师仅仅认识到这一点是远远不够的。实务中，律师审定合同所关注的第一要点是交易所带来的刑事风险。因在每一个部门法的背后，都有能看得见与看不见的刑事法律在调控，合同法自然也不例外。严格地讲，合同法在“治世”才有适当的适用余地，否则，即便是有合同法，也只能沦为摆设。而“治世”本身是由暴力作为支撑，由国家强制力提供保障，以震慑、遏制、惩罚那些恃强凌弱破坏规矩，从而影响“治世”的人。这就犹如一个儿孙满堂的大家庭，家长因在家里拥有绝对的权威而属于最强者。诸多儿孙中，能力有强有弱，家长为保持家庭团结，最佳的选择是给儿孙们立许多大大小小的规矩以避免强者欺凌弱者而破坏团结。这样，如有人践踏规矩，家长肯定会依托权威给破坏者以惩罚，以保障规则的贯彻与执行。

在立法体系中，合同法充其量就是诸多规矩中的一个关于交易的规矩，私法自治的程度取决于最强者松了多少他们那条随时可收紧的缰绳。毋庸置疑，政府和家长一样，都盼望家庭和谐、歌舞升平、买卖自由、社会诚信，因这更符合他们的利益。故而，它们会比任何人都看重暴力的庇佑，因暴力的缺失无疑就意味着救济渠道的缺失，造成的后果自然一目了然。至此，我们不难理解，为什么越是在文明程度高的社会，法律体系就越健全、执法就越严格；相反，在诚信缺失，到处充满尔虞我诈的地方，法律执行的水分就越大。这既可成为良性循环的开端，也可成为恶性循环的起点。如进入良性循环，公权力的干预自然会减少，私法自治程度就越高，人们感觉且仅仅是感觉的自由度也就越高；反之则相反。再回过头来看，无论我们多么强调私法自治、多么厌恶公权力对私法的干预，但我们都无法背离一个常识，即合同法与刑法等其他法律都源于暴力，且都靠着暴力来延续自己的生命。那么，将自由、平等视为生命的合同是否能摆脱暴力的干预？这个问题确实没有回答的必要，因为这同样是一个常识。然而，实务中的情形却没那么乐观，我们经常会感受到一些民商律师对刑事法律的漠视，他们往往自鸣得意于以自己不懂刑事法律来突出自己民商事的业务特长。殊不知，这种背离常识的观点实质上就是告诉别人，自己并不是一个合格的律师。

不言而喻，触发刑事风险，进而引发系统风险是得不偿失的。无论是从企业资产、声誉、技术的积累，还是经营层的升迁之路看，很多事情都非一朝一夕之事。然而，刑事风险可让这一切瞬间化为齑粉。故而，律师审定合同时没有理由不关注系统风险。站在当事人的立场，可将需要规避的风险排序为：刑事风险—党纪政纪风险—民事风险①。刑事风险可能会让参与者失去人身自由；党纪政纪风险会影响到参与者的升迁调动；民事风险会给当事人带来损失。当然，这种分类仅是相对的，上述风险与责任常是相互联系、互为因果的。比如，国企的决策者违反党纪政纪的规定，违规决策，给单位造成重大经济损失，决策者可能会因此被追究刑事责任，单位则会因决策者被判刑而给予双开处分。既然防范系统风险是首要目标，那么，律师就应根据企业性质、交易类型、经营层和执行层的特点，结合交易背景、交易对手，梳理可能引发刑事风险的类型，并将防范工作贯穿到日常的经营管理之中。

《2016 中国企业家刑事风险分析报告》中，共搜集企业家犯罪 1485 例，涉案企业家 1827 人。报告第 2 项分别统计了国有企业和民营企业涉案企业家职务特征。国有企业涉案的企业家前 3 名是：主要负责人、销售负责人和财务负责人；民营企业涉案的企业家前 4 名是：主要负责人、销售负责人、实际控制人、股

---

① 实务中，由于企业性质、发展阶段、经营层特性不同，对风险排序也有所不同。国有企业中，经营层会比较注重党纪政纪的要求，因这涉及他们的升迁调动，而有些民营企业却不以为然，因这些规定有些对他们不适用，有些即使适用，他们感觉影响也不大，因此，两者相较，他们会更加关注民事责任。甚至，有些企业在追求经济利益时，不惜以身试法。无疑，在这种侥幸心理的引导下，刑事责任会排在民事责任之后。另外，这种排序仅是相对的，比如，国有企业经营层因决策失误，或决策存有瑕疵造成重大的经济损失，一样会面临党纪政纪的处理，甚至被追究刑事责任。律师在审定合同时，关注点是行为的合规性，其中包括避免决策程序出现瑕疵。对于因市场风险可能给当事人带来的损失，则需要视具体情况而定。比如，当事人在合作过程中，相对方因市场风险导致经营状况恶化，当事人具备了行使不安抗辩权的条件而不行使，最终造成重大损失，经营层难辞其咎；而如在合作中，因市场风险本身给当事人造成了损失，则很难归责于经营层。

东。报告第 4 项统计了不同企业家面临的高风险罪名。国有企业家高风险罪名的前 3 名是：受贿、贪污、挪用公款；民营企业家高风险罪名是：虚开增值税专业发票、非法吸收公众存款，第 7 名是单位行贿，第 9 名是行贿。报告第 6 项统计了行业分布特征，涉案最多的 5 种产业类型分别是：制造业、建筑业、批发和零售业、金融和保险业、房地产业。报告第 7 项统计了刑事风险高发环节，前 3 名是：日常经营、财务管理、工程承揽。报告第 8 项统计了涉案企业家腐败犯罪的罪名。国有企业家涉及 10 个罪名，分别是：受贿罪、贪污罪、挪用公款罪、单位受贿罪、行贿罪、单位行贿罪、对单位行贿罪、介绍贿赂罪、巨额财产来源不明罪、私分国有资产罪；民营企业家涉及 9 个罪名，分别是：行贿罪，单位行贿罪，对单位行贿罪，介绍贿赂罪，挪用资金罪，非国家工作人员受贿罪，对非国家工作人员行贿罪，对外国公职人员、国际公共组织官员行贿罪，职务侵占罪①。

从合同行为的视角观察，通过简单分析我们就会发现，在涉案最多的行业中，合同地位一般存在明显的强弱差异。当合同地位有此差异时，强者手中的权力就有了商业价值，故而有了寻租的机会。如制造业，生产竞争性产品的当事人，利用贿赂的手段常常会取得竞争优势赢得交易机会。再如建筑业，项目交给谁实施是发包方的权力。一般而言，项目交给谁，就意味着项目的潜

① 摘自《2016 中国企业家刑事风险分析报告》。

在利润归属于谁。在同质竞争激烈的建筑行业，资质、业绩、技术等这些客观指标，很难取得压倒性的优势。于是，贿赂成为屡试不爽的“敲门砖”，私下进行的隐蔽交易，成为排斥其他竞争对手的利器。批发零售、金融保险、房地产这些行业一样，只要存在合同地位的不平等，权力就有商业价值，不同的是它们的价值有着大小的差异。这样，当我们看到报告第 8 项中关于国有企业和民营企业家涉案的罪名所具有的一定对应关系时就不足为奇了。

悲观地看，律师没有办法改变这一切，因律师无法改变合同关系中客观存在的地位上的强弱差异；无法降低或提高权力的“市场价值”；无法改变交易过程中的信息不对称①；更无法扭转人的自利本性。但律师在审定时，出于职业的要求，应根据交易时的具体结构，结合当事人的管理制度，梳理出风险分布的环节，并如实告知当事人这些潜在风险一旦演化为现实风险的危害，以及制定预防这些风险的措施。正如《2016 中国企业家刑事风险分析报告》的主持人张远煌教授在接受采访时表示：“刑事风险分布于企业经营管理的各个环节；同时，刑法作为保障法或

① 从古至今，从政治到商业，从学术到家庭，种种腐败现象产生的最核心的根源在哪里？简单地说，就是信息不对称。读者可能会问，那为什么不同国家的腐败程度不同呢？有很多原因，如经济发展程度、文化、道德、政治体制等，但是最根本、最深层的原因是信息不对称。信息不对称按时间划分可以分为事前信息不对称和事后信息不对称。事前信息不对称也是导致腐败的重要原因。许多腐败现象之所以发生，就是因为官员掌握许多民众不知道的信息……在公共事务掌权者或者是拥有和行使这种公共权力的人，他们的一些行为不能够被受益人有效地观察到，这就产生了严重的信息不对称。参见张维迎：《博弈与社会》，北京大学出版社 2013 年版，第 268～269 页。

兜底的法律，违反其他法律的行为，都有可能升级或转化为犯罪行为。有效防控刑事风险，必须从防止企业经营管理过程的日常性违规行为做起。”然而，作为刑事风险高发群体的企业家对律师作用的认识却出现畸形，即在平时经营管理企业时未认真评估律师应有的作用，未将风险的防范有效融于企业决策和日常管理之中，而在东窗事发时，又会将律师的辩护当成是最后一根救命稻草。张远煌教授坦言，刑事辩护固然可以维护企业家合法权益、使其得到公正处理，但这种事后救济无论多么成功，因其社会成本和社会代价过于高昂，只能称为“得不偿失”的胜利①。的确，这种不死也要脱几层皮的“成功”并非是正常人向往的成功，它仅是亡羊补牢的无奈之举，因企业家犯罪的严重后果，不仅是企业家个人的，更是社会的：导致企业家作为稀缺管理资源的严重内耗；使许多成长中的企业一蹶不振；使企业职工及关联者合法权益严重受损，直至影响一方经济的发展与稳定②。

（三）角色增加及适用规则扩展带给律师的难题

1. 客户的内涵

识别合同关系中的合同角色关系到律师对客户内涵的理解，

① 《〈2016中国企业家刑事风险分析报告〉在上海发布》，载 www.ce.cn，2017年4月15日访问。

② 《〈2016中国企业家刑事风险分析报告〉在上海发布》，载 www.ce.cn，2017年4月15日访问。

关系到律师应如何摆正与企业家的关系；而意识到合同法指导和规范的仅是合同中的部分交易关系，提示的仅是部分风险则关系到律师审定合同的视野，以及如何面对因此带来的难题。律师是受当事人的委托提供服务，当事人是律师的客户，那么什么是客户？律师服务的法人客户中是否包含企业家呢？也许有人认为，提出客户是什么的问题是荒诞可笑的，因律师每天接触的、服务的就是客户。然而，这并不可笑，因在实务中，当问及许多律师什么是客户时，他们往往给出令人啼笑皆非的答案。有些律师，虽天天接触客户，但没有考虑过客户的内涵是什么；有些则认为，客户就是委托人；而当问委托人是什么时，他们会说委托人就是客户。这种循环论证，揭示了律师对"客户"的认识还停留在抽象范畴这一事实，这显然会启动恶性的循环：律师不明晰客户的内涵，就意味着他们不知道到底是为谁服务，自然也就无法明确自己的服务立场；因未清晰服务对象和服务立场，律师难免会对自己的定位出现偏差，进而对自己应提供服务内容的判断出现偏差；因服务出现偏差，就无法获得当事人的肯定性评价，就更谈不上增加与当事人的黏度，律师被频繁更换也在情理之中；因律师有被频繁更换的可能，他们自然不愿意付出更多的精力去研究客户的需求，当一天和尚撞一天钟的心态，无疑会影响他们所提供服务的质量。

既然客户的内涵如此重要，那么客户到底是什么？我们可以从分析客户的具体填充物①入手。填充物是具体构成某一个概念

① 一件事物（包括生命）的意义，是由其他事物所衬托而出，是被填充和被赋予的。参见熊秉元：《优雅的理性》，东方出版社2014年版，第6页。

的具体项目。分析填充物的过程就是将抽象的概念具体化的过程。比如，我们说和朋友看完电影很高兴、很幸福。“高兴”“幸福”是一种抽象的、主观的感受，那么高兴或幸福是由什么填充物构成呢？显然，是在看电影的过程中享受到的视觉的感受、听觉的刺激、与朋友增进的友情。无疑，高兴或幸福的感受是被这些因素填充的。那么客户是被什么填充的呢？主要因素又是什么？企业是一种资源配置，其中包括物的要素，如土地、资本金、知识产权；人的要素，如领导者才能、人力资源；其他要素，如对社会资源、行业资源的占有。由于法人本身没有思考能力和行为能力，他的一切思维、行动最终都表现为自然人的思维与行动[①]。故而，在企业中居于主导地位的是人的要素，尤其是具有决定权的经营层，或称企业家的要素。既然一切团体、一切法人最终都会归为自然人的存在，那么，律师的服务对象自然应定位于人的要素。

2. 律师的难题及误区

实践中，律师真正的难题就在于“人”所具有的两面性。首

---

① 穆雷·N. 罗斯巴德在行动概念的首要推论中提出：从人的行动概念中首先得出的真理就是，只有个体“行动人”才能实施行动。只有个人才有目的，才会行动实现目的。没有“群体的”、“集体的”或者“国家的”目的或行动这回事；它们并不会实施具体个人才会有的行动。离开个体成员们的行动，“社会”或者“群体”就不会独立存在了。同时，罗斯巴德指出，个人与个人之间并不是孤立的“原子”，个人行动会受到其他人的行动所影响。参见［美］穆雷·N. 罗斯巴德：《人，经济与国家》，董子云、李松、杨震译，浙江大学出版社 2015 年版，第 100 页。

先，正如我们反复强调的一样，人在本质上是自利的，不论是过去还是现在，凡存在逐利之客观可能性的地方，就有某种方式的逐利现象[①]，在现实中，很少有人能做到大公无私。然而，即使是私利心再强的人都希望得到别人给予他们“公心重”的评价，所以，在公开场合的表达和行为上，他们会极力表现出“天下为公”的一面。这就犹如一些腐败分子，在公共场合，他们对腐败现象的批判是声嘶力竭的，他们的态度是零容忍的。其次，人们的理性是有限的，没有谁能做到无所不能。其实，对上述观点没有人会提出质疑，但在实践中，“成功”的经历往往会让一些人的自信毫无理由地膨胀，他们总相信自己发现的就是问题的症结，而自己恰恰又具备别人所不具备的解决这些难题的能力。殊不知，他们在很多方面的表现足以证明了先天无知的一面，尤其在强烈的自利心的驱使和现实的社会结构给予的幻象下，利益以及面临的“机会”往往会蒙蔽他们的心，致使他们连基本的判别能力都已经丧失。从近几年披露出来的一些案例看，有些领导的愚蠢和放肆达到了足以让人瞠目结舌的地步[②]。最后，当人们在

---

① ［德］马克斯·韦伯：《新教伦理与资本主义精神》，苏国勋、覃方明、赵立玮、秦明瑞译，社会科学文献出版社 2010 年版，第 4 页。

② 其实，有些贪腐分子并非愚蠢，而是在他们心目中，现实的社会秩序和社会结构给他们提供了广阔的空间，使他们误认为自己能充分发挥自己的“聪明才智”，可以神不知鬼不觉地满足自己的自利心。在多次的“成功”经历刺激下，有些人逐渐变得麻木而出现幻觉，误认为满足自己私利的行为是天经地义的。渐渐地，胆量的增大让他们将之前的欲盖弥彰演变成了明目张胆。

认定诚信对自己有利时，他们会表现出诚信的一面；而一旦认为撒谎更有利时，有些人会毫不犹豫地选择说谎。虽然这些朴素的道理与常识基本无异，但做适当的澄清，并进行深入的探讨还是非常必要的，因这关系到律师对事物因果关系的把握，进而会影响到他们在开展工作时所选用的视角和方式。比如，“贪婪源于自利的本能倾向”是一个常识，但如果我们仅将“贪婪归因于自私”，那么，我们所说的就没有总结出任何社会真相。我们忽略了那么多，使这个判断出现错误。因这些本能的倾向已通过教育、传统、文化、社会组织进行了转化而变异，故而，研究贪婪的根源就必须立足于整个社会秩序，否则，我们就会因简化了事物的因果关系，而会忽略那些“能让他们的自利心得以满足的条件”，显然，这意味着本末倒置。

3. 律师的策略

实务中，律师工作的本质不是改变经营层的自利心，而是在了解那些“能让他们的自利心得以满足的条件”的基础上，通过设定新的条件，来封堵获取私利的空间、变相控制“逐私利”的动机，即以防范风险为出发点，设定限制行为的条件，以期把经营层有条件实施，且可以满足自己自利心的行为限定在适当的、合理的框架之内。然而，以风险来恫吓仅是治标的权宜之计，总有些自恃聪明的人深信自己的隐蔽能力和好的运气。十八大以来查处的那些不收手的贪腐分子虽不能说是不胜枚举，但也可以说绝非个案。追根溯源，既然满足私利的行为是利用消息的不对称而秘密进行的，那么最根本的手段还是要从根本上解决信息不对称的问题；既然“肮脏”的交易都躲在阴暗的角落中进行，那么最好的手段就是用普照的阳光来让它们无处遁形。解决信息不对称的最可靠的方式就是从制度设计上突出“信息的透明度”；增快的信息传播速度就犹如能普照的阳光。例如，完善的、合理的决策流程会让信息在一定程度上、一定范围内透明，且由于参与人数增加而无疑会增快信息的传递速度，这会在无形中对决策者的决策形成制约；再如，将签约流程及合同管理流程镶嵌进合同管理的制度，一些硬性的、理论上不能逾越的程序性规定无疑也会对“自利心”形成有效的钳制。当然，我们不能将全部希望寄托于制度，因在上有政策、下有对策的观念指引下，再完善的制度有时也只能徒有其表。关键的问题在于制度要有，但更重要的是制度要被有效地执行。律师在设置限定条件时，将合同的签订、履行和管理与配套制度进行有效地连接，尽最大可能使信息透明、传递迅速。这样，即使无法完全解决上述问题，但至少可以让自己避免成为那些追逐私利的人的帮凶；也会避免陷入被别人卖了还帮别人数钱的尴尬境地。

此外，律师解决上述难题也可尝试从判断交易是否属于正常入手。判断交易是否正常可关注两个方面：一是，合同目的；二是，商务条款。推导合同目的应关注盈利模式、合同条款设置、财务处理、人力资源配置等方面。不过，需注意的是，实务中合同的类型较多，推导合同目的考量的主要因素也存在较大差异，不存在放之四海皆可适用的标准因素，审查人员只能具体问题具体分析①。基于分析交易是否属于正常可将合同目的分为两类进行观察：一是，判断交易是否以合法形式掩盖“当事人”的非法利益。包括观察合同目的是否违法；是否损害了国家、集体或其他人的利益。前者如为逃避税收，如在二手房买卖合同中故意将成交的真实价款降低，以降低计税基础；后者如上海欧宝生物科技有限公司诉辽宁特莱维置业发展有限公司案中所故意设计的借款合同。二是，判断交易中是否是以合法形式掩盖“经营层或其他主体”的非法利益，如以合同之名行非法利益输送之实。

这两类交易的差异主要表现在：第一，获利的主体不同。第一类交易实质是为了“当事人”的利益。在这类交易中，经营层、执行层与当事人的利益具有一致性，它们之所以用合法形式掩盖非法目的，是试图规避法律规定，或损害其他主体的利益。第二类交易的实质是为了当事人之外的其他主体的利益，在这类交易中，当事人的利益与经营层、执行层的利益相互冲突，当事人的利益可能是被损害的对象，而损害当事人利益的正是当事人的经营层或执行层，或者是与经营层、执行层相互勾结的其他主体，他们之所以用合法形式掩盖非法目的，是为了满足当事人之外的其他主体的私利。第二，根据“风险与利益相匹配”的原则，在第一类交易中，当事人处于“加害者”的地位，它及相关

---

① 李杰、李宗胜：《合同审查的思维与方法：风险控制与动态监管解决之道》，法律出版社2016年版，第2页。

主体自然应承担由此引发的风险①；而在第二类交易中，当事人可能处于“受害者”的地位，由此引发的风险自然应由处于加害地位的主体承担②。

显而易见，针对这两类不同目的的交易，律师立场的选择至

---

① 当事人在实施违法行为时，可能会触犯刑事法律规定，此时，作为单位的负责人也可能会面临刑事处罚。所谓单位犯罪主要包括两种形式：一种情形是为了单位的利益，由单位集体研究决定实施的犯罪；另一种情形是因为单位的管理漏洞，或者领导监督不力，导致发生了重大责任事故、重大环境污染事故等方面的犯罪。我国刑法采用的是双罚制，即对单位犯罪的企业处以罚金刑；对于责任主体处以自由刑。在单位犯罪中可能会受到刑事处罚的自然人分为两类：第一类是直接负责的主管人员，即在单位实施犯罪中起着领导、决策、纵容和指挥的人，常见的是企业的法定代表人、实际控制人等；第二类是其他的直接负责人，即直接实施犯罪行为的执行人员。

② 这里所指的处于“加害者”地位的主体并非是通过正常的经营行为获取利益，而是利用地位和掌握的资源优势获利，其获利往往具有非法性质，故而，获利多具备隐蔽性，利用合同予以掩护体现的正是这种隐蔽性。由于获利的非法性，因此，他们所面临的风险往往不是民事责任风险，而是管理责任、行政责任和刑事责任风险。一般而言，获得优势地位的原因是多种多样的，且具有相对性。例如，在某企业担任领导职务，与一般职工相比，他具有优势地位，但与自己的领导相比，他又处于相对的弱势地位；假如该领导在日常交往中，曾亏欠了某人一较大人情，则该领导有时会处于弱势地位。实务中，严禁利用优势地位获利的规范类型较多，已形成一张较为严密的网，其中包括单位的内部管理规定、党纪政纪要求，最为严厉的当属刑事法律规定。比如，关于受贿类犯罪的规定，经过最高人民法院的司法解释，适用的范围已经相当宽泛。其中，受贿的对象已把财务的范围扩展到货币、物品和财产性利益，司法实践中，对于财产的认定也有所扩张，更加注重的是财产的实质性控制；对于利用职务便利的认定也相当宽泛，既包括自己主管的职务便利，也包括与自己职务有隶属关系的其他人的职务便利和利用本人职权和地位产生的影响等；谋求利益的认定并不限于利益的非正当性和已实现性；在贿赂金额认定上，即使请托人与受托人之间存在形式上的交易，但如果交易明显偏离市场正常价格，司法实践中也会把这种差额认定为贿赂。同时，对于投资性贿赂、婚丧嫁娶的礼金、节假日的礼金都有了相关规定。总之，只要行为人收受了具有财产性质的物品，且收受行为与职务有一定关联，都存有被认定为受贿的风险。

关重要。严格地讲，在第一类交易中，由于当事人和经营层、执行层的利益具有一致性，律师可以与经营层、执行层一致对外，关注的重点是当事人实施的行为所面临的风险，以及由此引发的连锁风险，如因单位犯罪给经营层、执行层带来的牢狱之灾；在第二类交易中，当事人与经营层、执行层的利益是冲突的，或者说交易中掺杂进了经营层、执行层的个人利益。律师如站在维护当事人利益的立场，无疑会形成与经营层、执行层的对立。毋庸置疑，律师与经营层的对立，往往意味着律师出局。因律师名义上虽是受当事人委托，但实质上，委托关系建立的决定权在于经营层；如律师站在经营层、执行层的立场，势必会成为损害当事人利益的帮凶，且律师会因此背负巨大的人身风险。实务中，不同价值观的律师会给出不同的答案。但我们不得不说，对律师而言，声誉与自由是无价的。因此，在发现交易的目的异常，且不能以风险恫吓的方式让经营层、执行层放弃实施追逐私利而损害当事人利益的行为时，放弃服务也许是最佳的选择。

对于商务条款是否属于律师审查的范围在实务中存有争议。有观点认为：合同中的商务条款，一般是指当事人为了实现交易而必须约定的与交易内容有关的条款。这些条款与法律没有直接关系，完全是当事人应当考虑的问题，除非有特别委托，否则通常情况下不属于律师的工作范围[①]。有些观点则认为，商务条款

① 吴江水：《完美的合同：合同的基本原理及审查与修订》，北京大学出版社2010年版，第115页。

虽然不属于法律问题，但由于商务条款的设置是否妥当涉及合同不同的风险类别，而风险的排除无疑应属于合同审查的工作范围[①]。实质上，判断商务条款是否属于律师的工作范围首先应澄清一个观念，即律师在审定合同时是否只应关注法律问题？答案显然是否定的。的确，商务条款锁定的是交易内容[②]，但问题是，商务条款锁定的交易内容仅仅是当事人之间的交易吗？显然不是，因合同所反映的经济交换中往往隐含了社会交换。对当事人而言，合同中隐含的社会交换的比重越大，经济交换的比重就越小，反之则相反。而合同交换中，社会交换所占比重的大小决定了所引发风险的可能性与严重程度。也就是说，商务条款所锁定的交易内容分为两个层次，即合同载明的、属于当事人的交易内容；以及隐藏在合同之内、属于合同文本载明当事人之外的其他主体的交易内容。在两个层次的交易内容中，商务条款所起的恰恰是关键作用。比如，经营层利用职权，使用合同的方式完成非法利益输送，无论他们设计的合同的形式、内容多么复杂，合同看上去多么“合法”，但要想达到最终的目的，就只能在商务条款上做文章。因在物质性利益此消彼长的合同关系中，商务条款担负的恰恰是塑造利益格局的功能。因此，无论是明目张胆地

① 李杰、李宗胜：《合同审查的思维与方法：风险控制与动态监管解决之道》，法律出版社 2016 年版，第 46 页。

② 吴江水提出：这些条款（商务条款——作者注）与法律没有直接关系，完全是交易所需要的内容，其共同功能是锁定交易内容。参见吴江水：《完善的合同：合同的基本原理及审查与修订》，北京大学出版社 2010 年版，第 115 页。

抢，还是暗度陈仓地偷，只要想实现利益输送就不能离开商务条款。显然，那些认为律师不应关注商务条款的观点忽略了这一点。然而，他们为什么会忽略上述问题呢？根源在于持有这样观点的人将其观点建立在了一个不成立的假定之上，即他们假定，在交易中只有当事人有利益诉求，而其他主体，如经营层、执行层没有任何利益诉求。正是这种假定，让他们忽略了在合同交换中存在的不同层次的交易内容。遗憾的是，这种假定的利益分布状态是真空之中的、“乌托邦”式的分布状态。这种假定在实务中之所以广泛存在，根源在于他们未认识到合同的真相。事实上，商务条款与合同的关系是部分与整体的关系，它们是相辅相成、不可分割的。律师如将之人为地分隔开来，其工作的意义只能沦为形式上的存在。现实生活中，客户对律师在合同审定中所起作用的评价，以及律师自我的评价与选择①也充分地说明了这点。

严格地讲，律师工作沦为形式上的存在、律师被轻视并不致

① 合同的审查与管理是律师非诉业务中最基本、最常见的业务类型之一。对当事人而言，合同审定的意义非常重大。但现状是，客户对该项工作的重视往往仅仅是理论或口头上的重视。当然，造成这种现状的原因错综复杂，且又是互为因果的。这其中既有当事人和律师的观念问题，也有社会结构问题。前者如，有些当事人仅仅把律师看成是满足流程的需要。实质上，他们需要的不是律师的意见，而是律师的签字。相互的轻视形成裂痕，而裂痕的加大强化了轻视。现实的社会结构让律师成为形式上的存在也起到了推波助澜的作用。如陈发树诉云南红塔案中，许多人认为陈发树因未请法律顾问审定合同而缴纳高昂学费，却忽略了他的无奈。他曾说过红塔集团提交给他的合同不允许他修改一个字。此时，我们假定，即使陈发树当时聘请了律师审定合同，律师又会起到什么作用？因此，固有的社会结构，常会让人面临一种无奈的境地，即自己能看到问题，却无力解决问题。

命。更严重的是，如律师认为商务条款因不属于法律问题而不进行审查，会偏离律师的工作目标，这会从根本上动摇律师存在的意义。在审定合同中，律师的主要目标是排除风险，而担负利益格局划分作用的商务条款很容易引发风险。商务条款引发的风险来源于三个方面：一是，标的物的计价方式、计量单位、支付时间、支付方式，有些合同中的总价与单价的关系等往往会涉及合同成立、合同效力，有些可能是纠纷发生的易爆点①。二是，当事人面临的系统风险。比如，当事人承揽业务时，为打开市场，大量使用商业贿赂的手段获取交易机会，最终让当事人、经营层、执行层面临刑事处罚的风险。三是，因经营层、执行层满足私利的行为所引发的连锁风险。第一类和第二类风险是由当事人的行为引起②；第三类风险虽是由经营层、执行层或其他主体引发，但它们也可能给当事人造成毁灭性的打击。然而，无论风险由谁引发，从律师的工作目标看，只要它们可能给当事人造成损失，律师都应将其纳入自己的工作范围，作为合同组成部分的商务条款自然不应例外。

---

① 李杰、李宗胜：《合同审查的思维与方法：风险控制与动态监管解决之道》，法律出版社 2016 年版，第 46 页。

② 根据“法人的一切行为可归于自然人”的理论，可以说当事人的风险都是由经营层、执行层引发。比如，当事人在销售竞争性产品时，经营层决定使用商业贿赂的手段获取交易机会。此时，当事人的风险是由经营层的决策引起。当事人在承担责任时，经营层和直接责任人也会承担责任。正如前文所述，经营层、执行层的行为虽然违反法律规定，但是他们的出发点是为了当事人的利益。为了有效区分，此处所称的第三类风险仅指因经营层、执行层的私利引发的风险。比如，经营层、执行层利用手中的职权，将当事人的利益输送给自己的关联主体。

第二节 合同真相中的垂直关系

一、合同法构建的一维平面在实务中的局限

在我国民法上，合同是平等主体的自然人、法人、其他组织之间设立、变更、终止民事权利义务关系的协议。合同法是民法的组成部分，因而，民法的基本原则当然是合同法的基本原则，不论合同立法是否重复规定了民法的基本原则，都不改变这一结论①。所以，《民法总则》规定的当事人的平等、自愿、公平、诚实信用、禁止违反法律和公序良俗、生态保护、合同法权益受法律保护原则等，同时是合同法的基本原则。这些基本原则是合同法的根本准则，贯穿于整个合同法，它体现了合同法的基本价值，是合同立法、执法、守法以及研究合同法的总指导思想。在合同领域，我们不难发现，上述原则贯穿于合同行为之中，但在合同实务之中同时还贯穿着与之相反的一些规则，包括：不平等、不诚信、不公平、不合法等，而这些规则对合同的签订与履

① 崔建远：《合同法总论》（上卷），中国人民大学出版社 2008 年版，第 26 ~ 27 页。

行也发挥着影响。事实上，合同法确定的基本原则总是与这些相反的规则一起在发挥作用，指导、影响着合同行为。在主观上，我们可以假装忽略它们的存在，但这种无视丝毫不影响它们的客观存在，也丝毫不会减弱它们在合同行为中的作用，且恰恰是因为这种无视会导致对合同行为认识的偏差。

比如，在合同法原则中，平等原则有着重要的意义。平等原则，是指民事主体的法律地位平等。在与各原则关系上，平等原则为自愿原则奠定了基础：既然民事主体的法律地位平等，则民事主体之间不能相互命令、强迫或干涉他人意思，自愿（意思自治）才成为可能。在与公平原则的关系上，两者完全不同：平等原则是指形式上的平等和机会平等，公平原则是指实质公平和结果公平[①]。严格地讲，平等原则是民法中最重要的原则，因只有交易主体有了平等的参与机会，才会有展示自由、追求公平的可能，诸如诚信、合法、公序良俗等原则以及合同法的具体规定也才有用武之地。也就是说，如机会不平等，民事主体就没有参与民事活动的机会；既然没有开始，自然就无须讨论行动结果的必要，同时也就没有必要关注规定是否合理。合同法中的平等是指机会的平等，这个概念听起来十分诱人。本质上说，机会平等属于事前概念——每个人都应该有一个公平的起点[②]。

---

① 陈甦主编：《民法总则评注》（上册），法律出版社 2017 年版，第 28 页。

② ［英］安东尼·阿特金森：《不平等，我们能做什么》，王海昉、曾鑫、刁琳琳译，中信出版集团 2016 年版，第 10 页。

投射到合同领域，倡导机会平等的目的就是为民事主体打造出一个公平竞争的赛场。但关键的问题是机会从来就是不平等的，所谓的平等只是在现实的社会结构下，谋取一个最大利益的设计①。从历史的角度看，即使在现代，仍然有许多人生活在差序结构②的封闭社会里，其主要的经济及社会资源是由少数权威者控制并任意分配。在这些情境下，无可避免地，个人会对自己的社会地位以及长期交往造成义务关系而能获得或失去的资源，感到特别敏感。结果，许多人经常使用拉关系和搞关系等策略，自控制稀有资源的组织领导手中乞求一些恩惠③。固然，合同行

① 米塞斯在《人的行为》中指出，主张法律之前人人平等的自由主义者，充分知道人是生而不平等的，正因为他们的不平等，才产生社会的合作与文明。法律之前的平等，不是用来纠正宇宙间的冷酷事实，使自然的不平等消灭。相反地，是使全人类能够在这个不平等的事实下谋求的一个设计。参见［奥］路德维希·冯·米塞斯：《人的行为》，夏道平译，上海社会科学院出版社 2015 年版，第 778 页。

② 社会学家费孝通先生在研究中国乡村结构时提出了差序格局的概念，即“每一家以自己的地位作为中心，周围划出一个圈子，这个圈子的大小要依着中心势力的厚薄而定”“以己为中心，像石子一般投入水中，和别人所联系成的社会关系不像团体中的分子一般大家立在一个平面上的，而是像水的波纹一样，一圈圈推出去，越推越远，也越推越薄”，这样一来，每个人都有一个以自己为中心的圈子，同时又从属于以优于自己的人为中心的圈子。这种差序格局的形成有以下几种因素：（1）血缘；（2）地缘；（3）经济水平；（4）政治地位；（5）知识文化水平。圈子的大小和上述因素的大小强弱是成正比的。血缘组织越大，圈子就越大，其属性规则以伦理辈分为基础。地缘越是接近就越易形成差序圈子。而经济水平和政治地位的高低是圈子形成最重要的因素，它象征着权力支配的大小。而文化知识则是农村居民普遍缺乏又普遍渴求的。圈子的形成可能是一种因素的结果，也可能是几种因素的综合作用。

③ 黄光国：《儒家关系主义——文化反思与典范重建》，台湾大学出版中心 2005 年版，第 35 页。

为有自己专属的概念和规则，但它们依然无法脱离现实的社会结构。因一种经济行为，从来都不能和社会的其他部分区隔开来，任何一种经济行为无一不涉及与人的社会合作。它由各种习俗、规则、道德义务以及其他各种习惯连缀在一起，塑造着社会①，而塑造出的社会同时也引导、影响着经济活动。

由此可以说，业已形成的、不断变化的社会结构本身就是人们长期的行为的原因和结果，作为经济行为的合同行为自然也不会例外。法学理论研究者意识到了这一点，如在谈及平等原则时他们指出：法律地位的平等，只是形式上的平等，是法律推定每个参与缔约的当事人都具有平等地位。至于实际生活中的诸多因素是否影响了实际的缔约过程，则没有纳入考虑范围②。然而，在实务中，那些会影响机会平等和实质平等③的因素是否应纳入理论体系考量呢？在实质不平等的结构中强调机会的平等是否有实质意义呢？这又会对合同实务产生何种影响？这并非是对合同法学理论和立法体系的质疑，而仅仅是基于可观察的真相所提出的疑问。下面所列武钢前董事长邓崎琳贪腐案例④来源于公开报

---

① ［美］弗朗西斯·福山：《信任：社会美德与创造经济繁荣》，郭华译，广西师范大学出版社 2016 年版，第 10～11 页。

② 韩世远：《合同法总论》，法律出版社 2011 年版，第 36 页。

③ 公平原则是民法的基本原则，也应是合同法的基本原则。《民法总则》第 6 条规定：民事主体从事民事活动，应当遵循公平原则，合理确定各方的权利和义务。公平原则是指实质公平和结果公平。

④ 《普通工人到一把手蛀虫》，载新浪综合，2017 年 1 月 4 日访问。

道，我们的目的是：试图从它们与合同法基本原则的冲突中发现实务中的合同真相与法学理论揭示的真相之间的差异；同时，试图通过这些案例的分析，寻找影响合同签订、履行的纵向脉络。

据中央纪委通报，邓崎琳严重违反政治纪律，干扰、妨碍巡视工作，对抗组织审查，长期搞迷信活动；严重违反组织纪律，违规选拔任用干部，利用职务上的便利在干部选拔任用等方面为他人谋取利益并收受财物，不按规定如实报告个人有关事项，在组织进行谈话时不如实向组织说明问题；严重违反廉洁纪律，利用职务上的便利在企业经营等方面为他人谋取利益并收受财物，利用职务上的便利为亲属经营活动谋取利益，违规多占住房，违规领取奖金，长期占用宾馆客房供个人使用等。此外，根据武钢整改的通报发现，武钢曾长期以党政联席会代替党委常委会，研究干部人事任免。整改期间，武钢共出现涉嫌“暗箱操作”、利益输送、领导人员插手工程项目271个，有42名领导的亲属围绕武钢做业务。在销售给武宝联公司的矿石中，有2.41万吨系在矿石价格大幅下跌后又原价回购，致使武钢损失1500余万元。武钢还通过不具资格的中间商采购无烟煤，使中间商获取不当利益1.03亿元。

上述案例与披露的其他案例的共同点：一是，他们都因有一定的职权而掌握着稀缺的资源。他们利用自己的职权，为自己的亲属或关系户谋取交易机会，他人在获得交易机会后，为表示感谢会给予这些掌权者以贿赂。二是，他们在为自己亲属、朋友谋取非法利益时，大多会以合同的方式隐藏自己实现私利的行为。从公开信息看，武钢在销售给武宝联公司的矿石中，有2.41万吨在矿石价格大幅下跌后又原价回购。这其中至少涉及两个买卖合同，第一个合同是武钢作为出卖人，武宝联公司作为买受人；第二个合同是武钢作为买受人，武宝联公司作为出卖人。也许，有人会提出质疑，认为这其中的合同是掩盖违法、犯罪的手段，不应纳入合同的范畴。

但事实果真如此吗？如我们所知，经济活动从来都不是在真空的环境中运行。有目的的参与主体，在开展经济活动中都会依据自己的资源，寻求最简洁、最经济、最匹配的方式与其他竞争对手或假想的对手竞争。在一定意义上讲，资源本身就属于启动交易、签署合同的基础交易因素之一，这种状况基本可涵盖人的一生，只是在经济活动中体现得更明显，因民事主体掌握的“资源”与他们开展“经济活动”的结合往往更紧密、更直接，甚至达成的交易本身就是资源掌握者通过对自己所掌握资源予以评估而创设出的结果，这样的交易我们可以称之为量体裁衣式的交易。

四川某国有大型公司在选聘2018年法律顾问的公告中，对于潜在的律师事务所提出了一个限制条件，即要求参选机构为全国性的律师事务所，且在成都市有分支机构。据了解，该大型公司原来的法律顾问是一家成都本土的律师事务所，在2017年，该律师事务所与北京某家大型律师事务所合并，故而公司提出了上述限制条件，将许多潜在的竞争对手排斥在外。

某电力设计院，在选聘法律顾问时，其中有一项要求是，律师事务所的注册律师必须超过100人才有资格报名。事实上，该设计院的员工总数都不到100人，这乍一听，让人感觉有点匪夷所思，但稍一了解就能知悉其中的缘由，因之前为该公司服务的律师事务所是一家超过了100人的律所。

在法律服务市场，以及在其他市场，量体裁衣式地确定合作伙伴的情况比比皆是。显然，这些行为违反了法律规定，这时签署合同是隐藏违法的手段，按质疑者的逻辑，这些合同也不应纳入合同的范畴。然而，如依这样的逻辑，那么，在实务中，就基本上没有什么合同可言。许多经济社会学者从对社会过程、社会关系与经济活动的关系研究中，提出许多有见地的观点。泽利泽在研究亲密关系的购买中指出：对于这种亲密交易的参与者来说，关键的秘密是在把他的货币支付与身边的社会交易进行匹配。那种匹配强烈地取决于参与者之间的更为一般的界定。实际上，表面相似的各种货币转移——如津贴、汇款、酬金、贿赂、小费、还款、慈善、特殊礼物——的意义与后果，完全取决于对转移双方之间的社会关系的研究和界定。而且，所有这些报酬或支付形式，常常是在亲密交易的伴随下进行的，并从长期的社会关系中获得他们的意义①。她认为，在各种亲密关系中，人们会

① ［美］薇薇安娜·A. 泽利泽：《亲密关系的购买》，姚伟、刘永强译，上海人民出版社2009年版，第18页。

努力把货币转移整合进更大的相互义务网络中，同时又不会损害所涉及的社会关系。货币与亲密关系是共存的，甚至对社会关系具有维持作用①。

其实，在这里，笔者无意，也无力考量这些经济社会学家的观点是否正确，笔者只是在反复地强调如下观点：一是，每门科学都对同一类的、明显区别于其他科学问题的现象进行研究，但是，现实忽略了这些界限，世界的每个部分都呈现为所有科学任务的一个集合体②。合同法学之于合同行为的关系也不例外，在合同法学成为一门学科时，它有着独特的研究对象和方法，在理论上规范引导合同主体的合同行为，但在现实世界中，合同行为不仅受合同法的规范和指导，还受其他规则的规范和指导。二是，经济行为是在特定的社会结构中进行的，它不仅是特定社会结构形成的因素之一，也受到特定社会结构的影响。三是，无论我们是否已经观察到，无论我们是否承认，经济行为与社会关系之间的相互影响关系是客观存在的。合同行为中有经济的因素，同时也存在反经济的因素；合同行为中既会体现诸如公平、正义的原则，同时，合同行为中也存在那些试图排除公平、正义适用的行为，合同恰恰是由这些看似相互矛盾的综合行为构建的。

---

① ［美］薇薇安娜·A. 泽利泽：《亲密关系的购买》，姚伟、刘永强译，上海人民出版社 2009 年版，第 19 页。

② ［德］格奥尔格·西梅尔：《货币哲学》，于沛沛、林毅、张琪译，中国社会科学出版社 2007 年版，第 65 页。

故而，投射到合同领域，无论是交易机会的取得，还是合同的履行，社会关系都或多或少地发挥着作用。而合同法学理论体系与立法体系中显然未顾及合同与社会关系之间的相互影响。它们所描述的合同是一维的、平面的，因此，它们对合同的构建着眼于基于“信任”与“团结”的横向关系（非等级制关系），并在此基础上演化出诸如自由、平等、诚信的合同法基本原则，而这又正好从表面上契合了合同是追求“合作”，完成经济交换这一行为后果的表面特征。但实质上，合同行为是一个立体的社会行为，它不仅涉及平行的交易关系，还涉及垂直的权威关系。当然，法学理论和立法体系可以不顾及交易中存在的垂直关系，但合同实务却不行，因在合同中，横向关系与垂直关系往往是同时并存的。对当事人和律师而言，无论是合同的制作还是审查都不能去“社会背景化”，都不能忽略在合同关系中存在的垂直关系。

二、合同关系中的垂直关系

垂直关系（等级制）体现为一种自上而下的“权力”关系，其行为后果是“支配”与“顺从”。反映到合同中，主要表现为两点：

一是，合同当事人内部的权力关系。包括：人事管理类关系、投资类管理关系和类权力关系。人事类管理关系有内部与外部的区分，前者如当事人经营层之间的管理关系，如总经理与副总经理、总经理与部门负责人之间因职位不同而形成的权威关系；后者如当事人与其上级管理部门之间的关系，如国资部门、组织部门与当事人之间的关系。投资类管理关系如股东与其投资的公司之间形成的控制关系，比如，股东的投票权可以决定公司的发展策略与关键岗位的人事任命。类权力关系，如因人情亏欠、友情填补而形成的制约关系。

二是，在横向关系中，因当事人之间的交易地位差异而形成的垂直关系。如当事人因急迫等因素而造成不平等、不自由现象的存在。遁于横向关系中的垂直关系虽然极具个案性，但也并非完全无规律可循。合同当事人之间的“依赖性”也许可以作为我们识别的参考坐标之一。当事人之间的合同地位差距越悬殊，垂直关系越明显，反之则相反。也就是说，当事人之间的“依赖度”与垂直关系成反比，依赖性越强，自主度越低，垂直关系越明显，甚至会出现一种“准公司”的结构模式。所谓“准公司”，是指合同主体之间相互独立，但合同一方却顺从相对方，弱势方唯强势方指令是从。比如，专门为大公司配套的生产厂家、专业为施工单位提供劳务的派遣单位或劳务公司。他们形成关联的纽带是合同，强势方虽不直接发号施令，但却可将自己的指令和安排寓于合同条款之中。此时，合同仅具备“区分相互为独立民事主体”的形式意义。相反，依赖性越低，自主度越高，垂直关系越弱。其实，合同理论与立法体系，原本是因构建在“相互依赖的平衡”基础之上，而衍生出诸如“自由”“平等”等原则。只是，在漫长的演化过程中，人们却慢慢淡化了这些原则诞生的基因，而仅将它们当成了一种价值追求和规则建设与维护的终极方向。

三、垂直关系的三大成因

垂直关系的成因主要来源于三个方面：一是，权力；二是，实力；三是，人情。

（一）权力

所谓权力，是社会交往过程中，一方以社会道德的说服或群体的压力加诸另一方，使其改变态度、动机或行为而表现出顺从的力量。个人之所以会用权力来影响别人，主要是这样做可以让他获得对方所能支配的某种社会资源，来满足自己的需要。同样地，对方之所以愿意接受个人的影响，也是因为他预期这样做能带给他某种报酬，或帮助他避开他所嫌恶的某种惩罚①。权力拥有者在一定程度上掌握着稀缺的资源②和机会分配权，这就犹如

---

① 黄光国、胡先缙等：《人情与面子——中国人的权力游戏》，中国人民大学出版社 2010 年版，第 4 页。

② 资源是一种权利集合。行动者掌握的能使他人获利的资源种类很多，也有些资源，其他人不能从中直接获利，但这些资源对某些事件具有关键的影响或具有部分决定性作用，被影响的事件对其他人利益攸关。行动者控制的资源还存在其他差别。例如，在某些交易中，大部分资源能即时交付，另一些资源只能在未来某时才能交付。另一种差别表现为是否具有可保留性，但也有许多个人控制的资源不具备这种性质，如信息。某些资源还具备一种性质，即他们的使用对其使用者以外的任何人都不产生影响。另一些资源则不然，它们的使用对许多人都产生影响。资源从性质看有所区别。这些性质对行动系统具有重要影响，它们是：可分割性、可转让性、可保留性、即时交付性以及无外在性。参见［美］詹姆斯·S. 科尔曼：《社会理论的基础》，邓方译，社会科学文献出版社 2008 年版，第 32、33、62 页。

一个人手中握着切蛋糕的刀，他们在分配蛋糕时，总会找到机会神不知鬼不觉地将自己的意愿掺杂进去。在金字塔式的权力结构中，越是处在上层，掌握的稀缺资源和机会越多。前述案例中的武钢邓崎琳如没有掌握这样的权力，就无法完成所谓的“暗箱操作”、利益输送，也不会有高达 42 名亲属围绕武钢做生意。当然，我们不能形成误解，以为只有位高权重的人才有利用权力牟利的机会。实质上，只要在交易中掌握了资源的分配，且在分配时能掺杂进自己意愿而获取利益的，都可称为权力。比如，一个受雇于商场卖现装冰激凌的雇员。从职位上说，他仅是商场的一个一般雇员。但是，由于他掌握着往桶里装冰激凌的工具，所以，他就掌握了相应的资源，在给顾客往桶里装冰激凌时，虽然他怕被投诉而不能因厌恶某人少装，但他却可以根据自己的喜好、心情而适当地多装。在遇到同学、朋友时，他的权力便有了用武之地。

权力对平等关系的冲击一方面源于掌权者的自利性，另一方面也源于他人对掌权者的期待。这常让掌权者面临选择困境，而他们之所以陷入困境的根源在于自己的恐惧和不安全感。卖冰激凌的雇员的熟人、朋友在遇到他时，往往会心生些许多得的期待。此时，商场的管理制度和利益与人情的冲突，无疑会让该职员面临选择。如果他以商场的利益为重，对所有购买者都一视同仁，很可能会被一些朋友在内心中指责他不近人情，且他的这种做法连带对他的指责会被一些人在朋友圈中扩散，这是他秉公处理的成本；而如果他满足了朋友的期待，至少会换来朋友口头的赞许，收获私利。然而，满足私利同样需要付出代价，他假公济私的行为因损害商场的利益，违反了商场的管理制度，而使他面临被处罚甚至被解雇的风险。显然，权力赋予的选择权让卖冰激凌的雇员感到恐惧和不安：一方面，他因珍惜自己的工作，不愿因私废公；另一方面，他不想受朋友的指责或是想讨好朋友，而留一线人情便于日后相见。最终，无论他作出什么样的决定，在他看来都或多或少地有一些迫不得已的因素。实际上，权力之于合同，就犹如空气之于我们，它总是如影随形地伴随着经济交易，且对交易施以无形的影响，同时冲击着横向的平衡，并常常让当事者处于类似那个卖冰激凌的人一样的左右为难的困境。

（二）实力

实力是指实在的力量。在合同领域，实力的大小往往决定着合同当事人地位的强弱，而合同地位的强弱决定着达成交易的利益分布状态。因此，在具体的交易中，综合判断各方实力的大小左右着合同谈判、利益分配等关键事项。固然，当事人的资金、规模、行业地位、企业文化是实力的表现，但在具体交易中，单纯地依据这些判断各方实力的大小并不全面。对实力的判断是知己知彼的开端，可围绕价值和利益两条主线进行。实力代表系统内部交换开始时每个行动者所掌握资源的价值（价值取决于其他行动者在这些资源中具有的利益），实力还表明在整个交换过程中，系统为确保行动者的利益施加了多大的影响。更准确地说，系统中行动者的实力和系统中事件的价值互为定义①。

对合同主体而言，他们参与交换的目的是获取期待的利益，而其是否能获取期待的利益取决于相对方是否控制着愿意交换的、能满足自己利益的资源。自己和相对方控制的资源，决定着自我和相对方的价值，这是交易达成的基本前提之一，而合同当事人之间之所以能达成交易的另一个前提是相互之间是否具有足够的吸引力。当事人判断自己和相对方的价值基于两点：一是，自己想从对方获取多少利益，该利益对自己是否十分重要；二是，对方想从自己这里获取多少利益，该利益对他是否重要。当事人评估相互之间的吸引力也是基于两点：一是，他们是否控制着能满足相对方利益的资源，这决定着他们在交换中能拿出什么，进而决定能得到什么；二是，掌握资源的一方是否愿意交换，这决定了交换是否能够得以进行。根据这一因果系列，我们可以根据当事人控制的资源，以及相对方存在于这些资源中的利益来推断当事人在合同中的实力。

至于如何推断，可借鉴沃勒提出的最小利益原则，即实力 = 资源总量 × 价值 ÷ 利益。这一原则表明，在交易中，获利较少的一方对交易关系起主要的控制作用，它能够使利益对立的双方按照自己的意图发展。也就是说，具有较少利益要求的一方因只有

---

① ［美］詹姆斯·S. 科尔曼：《社会理论的基础》，邓方译，社会科学文献出版社 2008 年版，第 123 页。

不多的利益存在于对方控制的资源之中，所以，对他而言，相对方的价值较低。因此，他的实力和合同地位较强，较有能力控制对双方都有影响的结果。反之则相反。其实，在现实生活中，类似的通俗语言道出了事物的真相。比如，店大欺客、客大欺店等。由此可见，实力大小的差异让理论上平等的主体之间有了等级，在垂直关系中，实力强的当事人处于命令的地位，而实力弱的一方为了从相对方控制的资源中获取期待利益，只能处于顺从和依赖地位。实质上，利益最小原则的适用范围可推而广之。比如，在对等级秩序的认识上，下级固然有服从上级的义务，但这种服从理论上应是在法定范围内的服从。可在实践中，为什么有些下级对上级是无原则地服从，而有些却不然呢？也许，我们可以套用无欲则刚来解释。无欲则刚的反面是有欲则不刚。也就是说，上级控制着一定的资源，如下级想从他控制的资源中获利[①]，那么就只有选择顺从。领导的下级并非一人，而是一个群体，你不选择顺从，总会有人选择顺从。竞争，在它存在的地方，是一个极其强大的动机[②]。在选择顺从的群体变得庞大时，竞争就体现为看谁变得更加顺从。然而，如果下级没有获取利益的欲望，自然就不会出现这样的情况。

---

① 此处获利包括获取积极利益和消极利益。前者是指因顺从而获取领导青睐，从而增大升迁调动的概率；后者是指怕领导因自己不顺从而利用职权报复。

② ［英］伯特兰·罗素：《权威与个人》，储智勇译，商务印书馆 2012 年版，第 58 页。

（三）人情

人情，在中国文化中有着三种不同的含义：第一，人情是指个人遇到各种不同生活情境时，可能产生的情绪反应。用心理学的术语来说，就是具有同理心的人。第二，人情是指人与人进行社会交易时，可以用来馈赠对方的一种资源。在中国社会里，别人有喜事，我赠送礼物；别人有急难，我给予实质的救助，这时候，我便是做人情给对方。对方接受了我的礼物或救助，便欠了我的人情。此处所谓的人情指的是一种可以用来交易的资源。第三，人情是指中国社会中人与人应该如何相处的社会规范。人情的社会规范主要包含两大类的社会行为：一是，在平常的时候，个人应当通过馈赠礼物、互相问候、拜会访问等方式与其关系网内的其他人保持联系和良好的人际关系；二是，当关系网内的某一个人遭受到贫病困厄或生活上重大的难题时，其他人应当有不忍人之心，同情他、体谅他，并尽力帮助他，做人情给他①。

人情伦理体系有三个结构性维度：理性计算、道德义务和情感联系。人情在行动上的复杂性和弹性就源于这三个结构因素变动不定的组合。尽管在涉及人情的所有社会往来中，这三个维度彼此共存，但在特定的情况下，实际的重点可能是其中一个。换句话说，一个人可能极端理性，因而为了追求个人利益而仔细计

① 黄光国：《儒家关系主义——文化反思与典范重建》，台湾大学出版中心 2005 年版，第 13～15 页。

算其每一个社会交换的行为，而另一个人则可能恰恰相反，注重道德义务或主要根据人际关系中的感情因素行事[①]。合同行为的起点和终点都是利益，在合同行为中，精心设计的人情往往被赋予了极浓厚的工具性因素，理性的计算往往是所涉人情关系的核心，道德义务、情感维护常常是“胁迫”受礼者就范的借口。当然，有些受礼者接受人情时并不是不知道送礼者的意图。他们之所以敢接受，就是他们有机会、有能力通过实施其特定的权力或提供在其控制下的资源来回报送礼者，通过完成社会交换谋取利益。

人际交往中的人情往来之所以会影响到合同行为，其根源在于收受人情的一方所负有的回报义务。当然，也有一些人无私地为别人工作，丝毫没有想到报酬，甚至也不期待感激，不过这些人实际上是圣人，而圣人之所以被称为圣人皆因在日常生活非常罕见所致。更多的情形是，人们仿佛像朋友那样地相互送礼。但他们最终还是期求同样的或更多一些的回报，就好像那不是馈赠而是一笔贷款。而如果一个人想以与开始交易时不同的方式来终结交易，他就会抱怨一方。原因在于，所有或大多数的人，尽管都希望自己做的那样好，选择的却是得到好处。做事不求回报是高尚的，但是得到回报却是好事情[②]。因此，受过别人的恩惠，

---

① 阎云翔：《礼物的流动》，龚小夏、李放春、刘瑜译，上海人民出版社 2017 年版，第 158 页。

② ［古希腊］亚里士多德：《尼可马可伦理学》，廖申白译，商务印书馆 2017 年版，第 278 页。

亏欠了别人的人情，就要时时想办法回报。这不仅是亏欠者的义务，也是提供者的期待。

无疑，在合同领域，良好的人际关系对获取交易机会和利益有着莫大的帮助，而对于人际关系的建立，人们常常会宣称这得益于所谓的“缘”[①]，但实质上，“缘”的背后常常充满了赤裸裸的利益计算和处心积虑的安排。更具体地说，个人与他人建立、维持这种人际关系的目的是希望获得他所希冀的某些物资目标，因此，“缘”便成了构建工具性关系的托词。人际关系建立后，经评估觉得有利可图时便要设法进一步拉近，而拉进人际关系的最重要途径就是送礼、宴请、提供服务、投入情感。依照人情法则[②]，吃人家嘴短，拿人家手短。资源支配者接受了别人的宴请、礼物或接受了别人提供的服务，或接受了别人的情感投入，就欠了对方人情，便有了回报义务。宴会越丰盛，礼物越贵重、服务价值越高、情感越丰富，亏欠的人情就越多。当对方开口要求帮忙时，亏欠人情者便难以回绝[③]。如此，平等主体之间的横向关系中无疑

① 中国人有着很强的宿命观念。他们经常用缘分来解释人际关系的建立及其性质。然而，在经济领域，此缘非彼缘，其内涵早已发生了质的改变，此时的缘成了他们之间一个心照不宣的托词。

② 黄光国先生在构建的《人情与面子的理论模式》中将人与人的关系区分为三类，并进一步分析了不同的关系之间交往所适用的三种规则。一是，情感性关系对应着需求法则；二是，工具性关系对应着公平法则；三是，混合性关系对应着人情法则。参见黄光国：《儒家关系主义——文化反思与典范重建》，台湾大学出版中心 2005 年版，第 7 页。

③ 黄光国、胡先缙等：《人情与面子——中国人的权力游戏》，中国人民大学出版社 2010 年版，第 25 页。

在大家的心照不宣中交织进了纵向的垂直关系。

四、垂直关系与合同使命

从身份到契约被认为是从传统向现代转变的标志之一。简言之，社会的发展是从“身份取向”到“契约取向”的。在传统身份取向的社会，一切看人的身份，只问“谁是谁”；反之，在现代工业社会中，人与人交互关系越来越依赖于双方同意的基础上，亦即必须建立在“契约”上①。的确，当下的中国，契约取向已经发生，但不可忽视的是，身份的意识仍然很强，正是由于强烈的身份意识的存在，使经济领域中体现横向合作关系的合同深深地受着诸如权力、人情等因素的影响。身份与契约意识共存的局面在将来能存续多久我们不敢断言，不过，消除这种局面却绝非是一朝一夕的事情，因这并非是单纯的政治、经济、宗教、文化中哪一个方面的问题，而是一个系统性的问题。现代社会的特征是要对不同领域进行深入划分，致使生活中没有任何一个领域，无论是亲属关系、宗教还是其他，能够提供一种基础性原则。每一个领域都被另一个领域所制约。相反，如果一旦某个文明只留下单一基座②，该文明多半会走向僵化③。引发现代社会演

---

① 金耀基：《从传统到现代》，法律出版社 2017 年版，第 63 页。

② 单一基座，譬如政治、经济，或宗教，压倒其他领域而成为一种基础性原则或基座。

③ 清华大学国学研究院主编：《现代世界的诞生》，世纪出版集团、上海人民出版社 2013 年版，第 19 页。

变的动力正是源于上述每个领域中多股力量的角逐，而最终达到的一种相对的平衡，即托克维尔笔下描述的一种有分寸的宗教，一种有限制的政治权力，一种有界限的经济。

然而，达到上述平衡是非常困难的[①]，尽管一代代筚路蓝缕的先驱者们付出了艰辛的努力，但充其量，我们今天仍然仅停留在现代化的过渡期，弗雷德·W. 里格斯描述的异质性、形式主义和重叠性在今天之中国都有所体现[②]。毋庸置疑，契约是现代社会的标志之一，不过，这一标志存在的意义仅犹如那只能感知春江之水冷暖的鸭子，也就是说，它虽有灵敏的感官来感知水温，但它们本身对水温高低的影响却非是关键性的。故而，我们

---

① 现代化运动本质上是文化与社会的变迁。相对而言，思想行为层次的现代化比器物技能层次与制度层次的现代化更加艰难，因思想行为层次的现代化牵涉一个文化的信仰系统、价值系统、社会习俗等最内层的素质。而一旦涉及价值系统的转变时，必将面临一些选择与扬弃。人类学者告诉我们，人对文化都有着深厚的情绪成分，很少有人可以对文化抱定一种情感的中立，特别是一些由传统而来或孩童时期内化的行为是最具抗斥性的。参见金耀基：《中国文明的现代转型》，广东人民出版社 2016 年版，第 28 ~ 32 页；金耀基：《从传统到现代》，法律出版社 2017 年版，第 108 页。

② 弗雷德·W. 里格斯，是美国著名行政学家，比较行政学和行政生态学创始人。里格斯最重要的代表作《行政生态学》，也是行政生态学领域最重要的著作。在这本书中，里格斯以传统泰国、现代泰国、菲律宾以及现代美国为对象，通过分析它们各自的社会经济结构及文化、历史与公共行政之间的相互影响，系统地阐述了他的行政生态学观点：当我们研究一个国家的行政制度和行政行为时，不能只是从行政本身作孤立的描述和比较，而必须进一步了解它与周围环境的相互关系。里格斯认为，在发达国家，社会的各个方面，如经济、政治、行政等，多少都有各自的范围，所以比较容易个别地抽离出来研究。但是，在发展中国家，这些方面往往纠缠在一起，彼此密切地相互影响着，因此研究者必须把眼光扩展到整个社会政治系统的各有关因素，才能把公共行政的真实情况勾画出来。

虽不否认合同法学理论的发展和立法体系的完善对现代化进程的影响，但却应意识到它的影响并非是决定性的。严格地讲，除纯粹的学术研究外，合同法学理论、立法体系和执法水平应基本与经济制度、社会结构、政治制度、宗教领域相同步、相匹配。过高或过低的理论、立法和执法水平都会让社会充满差距和矛盾，这种与文化脱序、与社会脱节的现象势必会让社会呈现出一种混乱，即在由平等、自由、公平、等级秩序、权力、人情这些具有异质性因素辐辏而成的合同中，常常会出现一种怪现象：当你讲合同、讲规则时，你会发现有人利用权力与人情来影响合同，而当你讲权力与人情试图影响合同时，别人又会以合同与规则来回应。这便产生了混乱，而混乱常使人无所适从，无所适从则会让一些唯利之人产生就无必要再遵从的感觉。故而，对在转型时代人们表现出的规则意识淡漠、诚信缺失、有些手握国家重器者为私利无所不用其极等现象，我们就不应有大惊小怪的必要。

其实，我们并无意探讨现代化的问题，简单识别转型期间所表现出的混乱也并非无的放矢。首先，在观念上，我们不能因言必谈合同，言必谈契约精神而忽视身份对合同的影响，以及对契约精神的破坏。身份影响的是合同理论构建的基础，中国自古以来，社会都具有阶层性的结构，人们都有一种“阶层性的心态”①。在这种心态支配下，中国人原来个个都是顺民，同时亦个

---

① 金耀基：《从传统到现代》，法律出版社 2017 年版，第 48 页。

个都是皇帝[①]。故而，在传统的阶层系统中，每个人均有双重地位，即他们本身是“在上者”，亦同时是“在下者”。正是基于这种阶层性心态致使一个中国人在社会或政府做事，首先在脑海里考虑的不是“什么是什么”，而是“谁是谁”的问题[②]。这样，就产生了一种独特的状况，即中国人遇到一件事情，只考虑应不应该，不考虑愿不愿意[③]；在思考事情的是非对错时，主要的精力会聚焦于阶层的身份而不是事情的本身。这就是长期以来人们形成的正义观和是非观，这些观念让他们天然具有了排斥具有外生性的法律规则所倡导价值理念的倾向，当固有的价值观念与法律倡导的价值理念冲突时，他们的选择自然是不言而喻的，永城城乡规划服务中心夏某、刘某无条件执行领导的会议纪要的行为就是对上述现象所做的“完美”诠释[④]。

显然，倾向于“应不应该”而忽视“愿不愿意”有悖于合同法中的自愿原则；考量事情的对错重于“谁是谁”而轻视“什么

① 梁漱溟：《中国文化要义》，上海人民出版社 2011 年版，第 66 页。

② 金耀基：《从传统到现代》，法律出版社 2017 年版，第 48 页。

③ 梁漱溟：《中国文化要义》，上海人民出版社 2011 年版，第 290 页。

④ 在《官员首次被判滥用职权：明知“会议纪要”违法仍然执行》的报道中，为让开发商同意停建被老百姓投诉的车库，河南省永城市政法委书记张某委托永城市副市长和永城市住建局局长召开会议并形成“会议纪要”，以维稳为由，允许开发商给两小区增高楼层。开发商拿着“会议纪要”找永城市规划服务中心主任夏某，要求给新增楼层办建设工程规划许可证，夏某、刘某在明知“会议纪要”违法的情况下，仍然按照上级领导要求办了证。周口市中级人民法院认定夏某、刘某构成滥用职权罪，但免于刑事处罚。来源于《法利莱法律资讯》2017 年 12 月 4 日。

是什么”则会在实质上轻视合同法学中的平等、合法、诚信等原则。而平等、自愿、合法等原则是合同法学理论构建以及合同立法体系建立的根基。故而，当传统的生活方式和观念未发生改变之时，高度发达的合同法学理论和立法技术实质上无法生根。一般而言，借鉴与效仿实质上并不困难，但其仅能做到外表相像。历史地看，就连先进的国体都能效仿，更不用说法学理论和法律体系。这就犹如在看得见的树木、树叶下面还深深地埋藏着并未被我们所见的盘根错节的树根，正是那些我们视力所不及的树根滋养着树干、树叶。同理，犹如树根的独特文明滋养着犹如树干、树叶的独有理念、权力体系、文化传统和民族性格。如果不顾及自身的独特性而一味地想通过修剪树干、树叶来实现与先进法律体系在形式上的契合，那么，效仿而来的法学理论和立法体系难免成为仙鹤送来的孩子，可能会被狐狸或秃鹫轻易地叼走。况且，如依持的根基不稳，在形式上，法学理论越发达，立法技术越完善，对社会的撕裂程度就越严重。因规则规定“应不应该”的范围越宽，规定得越细致，传统理念支配下实施的行为与规则背离的程度就显得越远，那些为此受到“伤害”的人们就越痛恨规则。最终，规则在这些人眼中就会沦落成为一把中看却不中用的华丽的玩具手枪而让他们失去敬畏。

合同中横向关系与垂直关系的交织使合同角色往往表现出不安其位、不守其分的特征，而合同角色的上述特征无疑会对合同的签订及履行形成实质性的影响。现代社会的模型中，社会结构与社会功能是“绕射的”[①]，亦即是高度功能化的。譬如，在一个现代化国家中，政治、经济、行政、宗教等组织都是“分化”的，在某种意义下，他们都是自主的，他们在运作过程中，都有自己的标准。这样，企业家只是“经济人”，官僚只是“行政人”，每一个人都只扮演一“功能专化”的角色。目前，转型中的中国，社会结构已趋于分化，功能日趋于专化，各种组织都一一出现。但是深层次看，每一个组织却不完全是“自主”的，亦非完全“功能专化”的。政客、官僚、商人、律师、教授等虽已取得了新的身份，但是他们并不愿也不能完全扮演他们特殊的角色。任何一个组织都无法有效地完成其使命，因此，商人不能完全用市场的法则来做生意，官僚也不能完全靠“行政的原理原则”来达成其行政之目的。整个社会所表现出来的现象是，每种人都多多少少有“不安其分”或“不安其位”的行为，每种组织都多多少少有越界逾限的作风[②]。无疑，这会让参与人的角色发生混同，在传统的“在其位谋其政”的“美德”指引下，他们思考、衡量利益的维度显然会增加。在经营中，他们不仅需要懂经济，还必须要懂政治；不仅要懂规则，还要讲人情世故。故而，具有多重角色的人所作出的关于合同的决策让合同有时承载的不再是单纯的经济交换，而充当多重角色的人在决策时所考量的利

① F. W. Riggs, *Adm inistration in Developing Countries*, Houghton Mifflin Co., 1964, p. 12. 转引自金耀基：《从传统到现代》，法律出版社 2017 年版，第 72 页。

② 金耀基：《从传统到现代》，法律出版社 2017 年版，第 76～77 页。

益也不一定完全再是合同载明主体上的利益。

五、垂直关系与合同法的基本原则

（一）垂直关系与诚信原则

诚实信用原则，起源于罗马法上的善意，要求行为人恪守诺言、诚实不欺，在不损害他人利益的和社会利益的前提下追求自己的利益[①]。诚信原则是市场经济最基本的道德准则，作为交易的当事人，在从事交易中要遵循诚信原则，就是要做到恪守诺言，讲究信用，诚实不欺，以信为本，不损害他人利益[②]。诚信原则是民法最重要的基本原则之一，被称为是民法的“帝王条款”[③]，它的适用范围，也从债法领域扩展到整个民法领域。近几年来，该原则也逐步扩展到私法以外的其他法律部门[④]。但问题正如罗伯·弗兰克教授所问：人为什么要诚实？诚实有什么好处？弗兰克的解释很简单明白：如果这个世界上每个人都拥有充分的信息、都知道别人葫芦里卖的什么药、都懂得别人的心，那么“诚实”与否的问题根本不存在——因为每个人都知道彼此的心事，所以在交往时不可能不诚实。因此，只有当信息不完整的

---

① 王泽鉴：《诚实信用与权利滥用——我国台湾地区“最高法院”九一年台上字第七五四号判决评析》，载《北方法学》2013 年第 6 期。

② 王利明：《合同法研究》，中国人民大学出版社 2015 年版，第 188 页。

③ 梁慧星：《民法总论》，法律出版社 2011 年版，第 270 页。

④ 王泽鉴：《诚信原则仅适用于债之关系》，载《民法学说与判例研究》（第一册），中国政法大学出版社 2003 年版，第 367 页以下。

时候，诚实的特质才有其作用。也就是说，诚实这种特质是纾解信息不完整对人际交往所造成的困扰①。既然是信息的不完整决定了诚实的存在价值，那么这种价值就只有一直被动地倡导下去，因无论信息渠道如何发达，不对称的问题会始终存在，而有着自利特质的机会主义者就有利用信息不对称予以获利的机会，这是一种源于人性弱点的无奈，是一种源自经济活动、社会交换本身所具备的种种不确定性的无奈。法律与规则之所以要倡导诚信就源于这种无奈，它们将“人是靠不住的”“人是有弱点的”作为设立基点，试图通过法律与制度的强制最大限度地抑制人性中的恶，从而引导人性向善。长此以往，习惯成自然，人们对契约、信用和应有的行为方式达成共识②。

然而，在森严的等级秩序，且大量存在谋利型权力时，在处心积虑设计的人情关系中，在实力相差悬殊的情境中，能否谈所谓的诚实信用？答案是否定的。森严的等级秩序并不必然导致诚信的缺失，但一旦谋利型权力介入，情况就会发生天翻地覆的变化。所谓谋利型权力，是指行为人获取权力的目的并非是为履行权力赋予的天然职责，而仅仅是作为给自己谋取利益的工具。在内心中，攫取财富的信念是他们攫取权力的根本动因；在行动

---

① 熊秉元：《解释的工具》，东方出版社 2014 年版，第 69 页。

② 郭于华：《福山的慧眼：社会资本的积累与执法社会的力量》，载［美］弗朗西斯·福山：《信任：社会美德与创造经济繁荣》，郭华译，广西师范大学出版社 2016 年版，序言，第 8 页。

上，他们随时、随地都做好了为自己的私利而战斗的准备。谋利型权力下的社会结构是相互欺骗、相互投毒的社会，在这样的社会中，所有的人恫吓所有的人、所有的人欺骗所有的人，除了这些，根本就无诚信可言。无论是拥有权力的人，还是依附权力的人，都将权力视为是一种牟取非法利益的工具。乍看起来，他们表现得如胶似漆，理应存有信任，但这却是一种假象。因在强权之下没有真正的信任。人们对于权力的迷恋、依附、恐惧、崇拜，都不是信任，这其中不是尔虞我诈、相互利用，就是处心积虑的算计，他们最终的、唯一的目标就是利益。

精心编织的人际关系中一样也很少有诚信的因素，尤其在利益巨大的时候。按照黄光国先生的分类，在中国社会中，个人可能拥有的三大类人际关系，即情感性关系、工具性关系和混合性关系。情感性关系通常是一种长久而稳定的社会关系。这种关系可以满足个人在关爱、温情、安全感、归属感等情感方面的需求。像家庭、密友，都是情感性关系之例。当然，在情感性关系之外，个人也可以利用这种关系作为工具，来获取他所需要的物质资源。不过，在这类关系中，情感性的成分仍然大于工具性的成分。工具性关系，是指个人为了实现一定的物质目的，而与他人建立的一种关系，在工具性关系中，纵然可能带有情感成分，但是十分有限，甚至，有时双方根本不知道对方是谁。混合性关系是介于情感性关系与工具性关系之间的一种形态，它既不像血缘关系那样不可分割，又不像工具性关系那样可以合则来，不合则去。这类人际关系的特色是：交往双方彼此认识而且有一定程度的情感关系，但其情感关系又不像家庭成员之间的那样，深厚到可以随意表现出真诚的行为。一般而言，这类关系可能包含亲戚、朋友、邻居、师生、同学、同事、同乡的角色关系①。与情感性关系和工具性关系相比，在中国社会中，混合性关系是最为广泛存在的一种人际关系，也是个人最可能以人情和面子来影响他人的人际关系范畴。混合性关系大多不是以血缘关系为基础，它不像情感性关系那样绵延不断，长久存在，它必须借助于人与人之间的礼尚往来加以维系②。混合性关系的建立在客观上有着广泛的基础和便利性，因只要一个人上学就会有同学、老师；只要一个人当兵，就会有战友；只要一个人不离群索居，就会有邻居，如此等等都为建立混合性关系提供了广泛的基础。况且，在这类角色关系中，交往双方通常又都会认识一个或多个第三个人……这样，彼此之间的串联就会形成一张无比复杂的关系网。

既然混合性关系的维护依靠的是礼尚往来，那么在关系网内，互通有无、彼此帮助、相互照应便成为理所应当。这种人际关系对中国的社会行为有十分深远的影响。比如，在掌握资源的掌权者决定将资源分配给谁时，他首先考虑的问题并非是所谓的

---

① 黄光国、胡先缙等：《人情与面子——中国人的权力游戏》，中国人民大学出版社2010年版，第7~16页。

② 黄光国、胡先缙等：《人情与面子——中国人的权力游戏》，中国人民大学出版社2010年版，第11页。

公平、公正，而是对方和自己之间具有什么样的关系，这种关系又有多么亲密？然而，无论混合性关系中情感的因素被宣称占据多大成分，这都不能抹杀其中的工具性成分，尤其在涉及重大的切身利益时，这种关系就表现出它的脆弱性。现实生活中，这样的例子不胜枚举。通常是，当人们能预期到一个长期合作关系的存在时，一开始都会表现出自己“高尚”的一面。这时，礼尚往来作为一种激励机制使关系得以维持。在交往过程中，有些人会以吃点无关痛痒的小亏来彰显自己的大度，或者故意表现出大智若愚的假象来实现自己高远的志向。然而，隐藏再好的“狐狸”也总有暴露尾巴的一天，一旦利益的诱惑过大，或者在大难降临时，情感就难再支撑，机会主义者可能就会实施严重的机会主义行为，工具性因素便会成为主导他们行为的因素。因此，在混合性关系中，并不是所有的朋友都可以无限地相互信赖。很多朋友之间一做大生意就会闹翻。如果生意失败他们可能还是好朋友，而一旦生意成功，一次性欺骗的诱惑超出了双方情感可以抵制的范围，大家就不守规则了①。由此观之，在混合性关系中，诚信是有限度的。

（二）垂直关系与公平原则

合同中存在的垂直关系本身就是排斥公平原则的。《民法总

① 张维迎：《博弈与社会》，北京大学出版社2013年版，第144页。

则》第6条规定：民事主体从事民事活动，应当遵循公平原则，合理确定各方的权利和义务。民法中，公平原则是平等原则的对立物。追求形式的平等是原则，实现实质的平等是例外①。但是，不可否认的是，权力和人情对形式平等和结果平等都会产生影响。前者，如前述我们所举在招投标中设定匪夷所思报名条件，将潜在竞争对手排斥在外的例子，剥夺的是机会的平等；后者如那个商场卖冰激凌的雇员，他利用手中的权力给予朋友、同学的照顾，影响的是结果的平等。近些年来，相继出台的规则以及加强对规则实施的监督，意图都是保证竞争主体的参与机会。如对招投标制度的完善和实施监督，目的是追求打造一个公平的竞技场，试图给竞争者提供一个公平竞争的机会。不过遗憾的是，这并没有引起根本上的改变，不公平的现象依然严重存在。固然，这其中有民事主体努力的程度、运气不同的因素，但权力、人情的因素也不能小觑。比如，对有些必须公开招标的项目，项目业主无法阻挡竞争者进入。理论上来看，所有的潜在竞争者都有了公平竞争的机会。但是，项目业主却有的是办法予以实质性的限制。在很多招投标中，我们常感不可思议的是，既然标书中确定的价款严重低于市场价格，且还常附有严苛的条件，为什么那些潜在合作单位还乐此不疲呢？其实，答案很简单，因他们中标后能获取利润。在正常情况下，对于标底严重脱离市场价格的，一

---

① 陈甦、谢鸿飞、朱广新等：《民法总则评注》，法律出版社2017年版，第37～38页。

些潜在的竞争对手经测算，根本不敢报名参与竞争。这样，标书的控制价就已剥夺了很多竞争者的参与机会；而那些偏向虎山行的不信邪者一旦中标，在实施完毕，经盘点会发现，自己偷鸡不成，反而真的蚀了把米。血淋淋的亏损会让他们汲取以后要敬而远之的教训。然而，如果是那些早已意定的潜在中标人中标，他们却可以获取期待的利益。之所以会出现这样的结果，源于多种多样的操作手法。如产品供应商降低产品质量，或以次充好；或者在项目实施过程中，双方寻找“合理”的理由增加费用等。对于前者，有人会疑惑，认为供应商降低质量或以次充好，项目业主怎能接受？也许，奥凯电缆事件对此作了最好的诠释①。对于后者，如果不是意向的竞争者中标，在实施过程中，当中标者发现实施项目会面临亏损而提出增加费用时，项目业主会理所当然地要求按合同约定的价款执行；然而，如果是意向的中标者中标，项目方表面上依然会强调合同约定，但他们也会和实施单位

---

① 2017 年 3 月 15 日，有网友发帖质疑地铁三号线电缆相关问题。2017 年 3 月 16 日晚，西安市政府就有关舆情作出回应称，送检随机取样的 5 份样品。3 月 20 日晚 9 时 30 分，西安市政府公布抽检结果：5 份电缆样品，均为不合格产品。西安市委市政府现场表态：在保证三号线安全运行的前提下，积极实施整改，争取用最短的时间对问题电缆全部更换。对于“奥凯问题电缆”一事，铁路部门高度重视，迅速组织专门力量，对铁路在建工程项目中施工单位采用奥凯电缆的情况进行全面排查。目前，有关铁路企业已对宝兰、西成、渝黔、兰渝等铁路项目所有奥凯公司提供的电缆，全部实施更换。2017 年 6 月 26 日，国务院办公厅发布《关于西安地铁“问题电缆”事件调查处理情况及其教训的通报》。针对责任追究情况，通报指出，陕西省按照干部管理权限，对有关政府部门及下属单位问责追责共计 122 人，涉及厅级 16 人、处级 58 人、科级及以下 48 人。对其中 17 人涉嫌违法犯罪问题移送检察机关立案侦查。

一起，甚至会与造价、监理单位串通，千方百计地为增加费用编织“合理”的理由。

目前，随着财政部令第 87 号的出台，最低价中标成了被人唾弃的导致市场乱象的罪魁祸首[①]。然而，事实果真如此吗？难道取消最低价中标就能让“饿死同行、累死自己、坑死业主”现象得到遏制？难道取消最低价中标，就能造就工匠精神？供应商就一定会提供优质的产品？答案也许并没有那么乐观。因取消最低价中标后，依然无法消除权力和人情对合同的影响，中标者为了追逐更高的利润，依然有着以次充好的动力。从另一个角度来看，最低价中标取消后，反而给了不良商家更好、更大的利益操作空间。其实，对这些我们不应该感到奇怪。谋利型权力和人际关系构建的初衷就是要排除平等和公平原则的适用。平等、公平原则是一种非个人化的原则，理论上，凡是适用平等、公平原则的行为，民事主体都被一视同仁，都会受到相对客观的评估。这样一来，那些先天竞争条件相对较差、本不具备获取先机的主体，为获取先机，就只能千方百计地排除平等、公平原则的适用，因按上述原则，他们将无法获取交易机会。深谙此道的人知道，资源是有限的，有限的资源被权力拥有者掌握。掌权者在进

① 财政部令第 87 号《政府采购货物和服务招标投标管理办法》提出：评标委员会认为投标人的报价明显低于其他通过符合性审查投标人的报价，有可能影响产品质量或者不能诚信履约的，应当要求其在评标现场合理的时间内提供书面说明，必要时提交相关证明材料；投标人不能证明其报价合理性的，评标委员会应当将其作为无效投标处理。

行资源分配时，虽不应任性，但顺势地、隐蔽地作出一些倾斜往往也无可厚非。这就是为什么那么多人热衷于构建人际关系的根本原因。人际关系一旦建立，非个人化的平等、公平原则就面临无用武之地的命运，取而代之的是特殊化和个人化的人情法则。恶性循环由此开始，结果是逆向的选择①在各个行业中被淋漓尽致地体现出来。恶性循环的恶果不仅如此，更致命的是其造成了对人性的摧残：敬业、诚信不但不会得到奖赏，反而会受到惩罚。在所谓生存与需要的绑架下，很多行业的从业人员将会慢慢地变成“同路人”，而平等、公平等原则渐渐地成为一种宣示式的价值存在。

六、垂直关系中信任的本质及危害

在商业领域，权力之下鲜有真正的信任②，更多的是恐惧和相互的利用。人情关系之下的信任亦如此。就关系的培育和建立

① 逆向选择是指因信息不对称所造成市场资源配置扭曲的现象。其经常发生在二手车市场和保险市场，其达到的效果类似于“劣币驱逐良币”。“劣币驱逐良币”现在经常用来类比信息不对称所导致的逆向选择。但这其实是对该法则的一种误读，因为这里劣币驱逐良币并非由于信息不对称，而是因为政府对货币的人为高估造成的。当市场同时存在两种货币，其中一种被高估——劣币，另一种被低估——良币，人们会把后者收藏起来，最后市场上只剩下前一种货币在流通。

② 人际信任是由个人价值观、态度、心情及情绪、个人魅力交互作用的结果，是一组心理活动的产物。而在以权力、人情为基础构建的框架中，信任恰恰意味每个人都期待他人会违背其自我利益而行动。比如，对掌握稀缺资源的权力拥有者而言，他们自身利益中的一个重要因素是自我安全，而按照规则规定，公平、公正地分配资源是最安全的。但是，有求于这些人的人却希望他能不顾规则的规定而将资源分配给自己。

而言，无论是出于偶然，还是经过精心设计所建立的人际关系，往往从开始就深深地打上了工具的烙印。精心设计建立的人际关系自不待言，即使人际关系的建立充满偶然，也难免会或多或少地被嵌入工具性因素①。人在参与经济活动时，无疑会被动认识，或有目的地结识许多各种不同类型的人。彼此之间的相识迈开了构建人际关系的第一步。如果相互认识的人知道了对方掌握着某种资源的支配权，进而判断他或她有交往的价值，他们便会通过进一步的拜访，或以其他投其所好的方式来加强相互之间的情感关系。交往中，他们会试探性地开展一些合作，以判断对方是否有继续交往的价值。成功的合作衍生了相互之间的信任，且信任会伴随着越来越多的成功得以加强。

然而，工具性的信任仅仅是一种假象，因工具性人际关系，甚至是长期关系，往往包含着不可告人的目的，但即使如此，也不妨碍那些宣称相互信任的人找到因人际关系而生的更好的欺诈机会，且越完整的信任常常导致获利越丰的欺诈②。当机会来临时，在共同的目的驱动下，他们会予以联手，从而制造出大规模的集体舞弊现象。在商业世界中的一些犯罪，如盗用公款，如果没有预先建立起来的信任关系帮助操纵银行账号的话，则不可能

① 在社会互动和人际交往中，人们往往有着混合性动机，因此其行为方式很难用纯粹的自我利益来描述。但是，在人际关系构建过程中，不能排除行为人有实现自我利益的动机。只是，在不同类型关系中，利益因素和其他因素所占的比例存有差异而已。

② ［美］马克·格兰诺维特：《镶嵌——社会网与经济行动》，罗家德等译，社会科学文献出版社2015年版，第11页。

发生。回扣及图利他人，或操纵、围标、绑标这类精密计划是不太可能一个人完成的，时间曝光往往表示这群人已经秘密运作了很久[①]。在现实中，这样的案例不胜枚举，从披露的那些贪腐分子的经历看，他们贪腐的手段无一不是将自己掌握的权力中所衍生的利益输送给自己信任的人，抑或是通过利益的非法输送来获取他人的信任。长此以往，随着交往的深入，信任的基础越来越坚实，联盟和团体得以形成。在这样的联盟和团体中，成员们犹如被绑在同一架战车之上，在内心，他们有着心照不宣的默契，在行动上，他们有着相互的协助性。西山会[②]、苏荣家族、赵少麟家族无一不是构筑了这样的联盟和团体。在联盟和团体中，他们当下的目的是获取一定的物资或政治实利。为了达到目的，他们必须要以非正常的方式来排除公平、正义等原则的适用。当然，他们时常也强调这些原则，但他们之所以强调这些原则，目的还是为排斥他人，成就自己，即他们将这些原则当作掩体，要求别人在行事时必须要恪守道德与底线，而于己时，却会形成只讲利害关系的别样景象。无疑，联盟和团体中成员的相互协作往

---

① ［美］马克·格兰诺维特：《镶嵌——社会网与经济行动》，罗家德等译，社会科学文献出版社 2015 年版，第 11 页。

② 西山会，由山西籍在京高官组成，构筑了一个庞大的权力——金钱帝国。在京西郁郁葱葱的丛林之中，“西山会”定了不止一间会所，以不低于三月一次的聚会频率保持联络。每迎聚会，会有豪车负责接送，手机、秘书、情人必须隔离。没有固定章程，没有组织程序，也无固定地点，甚至不会有特殊的秩序编排。除了山西籍官员，只有个别获得身份认可的同籍商人，才能拥有“埋单”的资格。

往具有很大的破坏性，甚至可以说，这些联盟和团体对国家的制度发挥了一种颠覆性的作用，其松动了国家对社会各方面滴水不漏的那种控制，在一定意义上可以说是一种“敌对势力”[①]。

---

① 参见杨美惠：《礼物、关系学与国家》，赵旭东、孙珉、张跃宏译，江苏人民出版社 2009 年版，第 55 ~ 58 页。

第三章

合同真相中的社会交换

第一节　合同中经济交换与社会交换概述

一、社会交换源于人类活动

社会交换的源头是社会。社会的源头就是社会，社会自始至终都是源头①。社会交换与经济交换如何产生，以及与经济交换相比谁先谁后我们无力考证。但从人类学家的表述可以看出，社会交换从人类远古时期就已存在，那时的交换和契约不仅仅涉及人和物，而且还涉及与之或多或少有所关联的神圣的存在。人们最早与之具有契约关系的一类存在者首先是亡灵和诸神。人们不得不与之订约，而且就其定义而言，之所以有二者，就是为了人们能够与之订立契约。的确，他们才是世界上的事物与财富的真正所有者，与它们交换是先务之急，不与它们交换便可能大难临头②。其实，之于人类，祭祀实质上是另外一种形式的交换。在特里布里恩群岛生活过的冯·奥森布鲁根也注意到这种现象：给

---

① ［美］Lan. R. 麦克尼尔：《新社会契约论》，雷喜宁、潘勤译，中国政法大学出版社 2004 年版，第 1 页。

② ［法］马赛尔·莫斯：《礼物——古代社会中交换的形式与理由》，汲喆译，商务印书馆 2016 年版，第 25 页。

人及神的礼物目的在于购买平安。人们以此来避免恶灵，或者更一般地说是避免不好的影响，甚至包括那些非人格化的不好的影响。于是，我们便能够从这里着手构建有关献祭契约的理论和历史。这种契约，以上述那些制度为前提，同时，也使那些制度在很大程度上得以实现。

在中国社会，西方的观察者谈到中国的礼物馈赠时，几乎总是提及另外一种社会现象——人际关系。阎云翔在论述中国社会礼物馈赠的必要性时指出：第一，尽管礼物交换存在于所有社会，但它在历史悠久的中国文化中却显得尤为重要。中国人对礼物往来的重要性具有极强的意识。与许多别的社会不同，中国的社会关系结构在很大程度上是由流动的、个体的社会网络而非凝固的社会制度支撑的，因而礼物馈赠和其他互惠交换在社会生活中扮演者重要的角色，特别在维持、再生产以及改造人际关系方面。第二，中国人的礼物交换是嵌入于一个人类学家称为“人格之文化构建”的过程当中的：个人要通过礼物交换实践学会如何去和不同的人打交道。礼物交换不仅明确了社会所认可的人的界限，而且有助于创造那种“地方道德社会中社会往来”的主流媒介的个体经验。第三，在现代中国社会中，礼物交换仍然是经济和政治生活中一种重要的交换方式——它既是国家在分配体系的一部分，近年来又成为市场商品体系的一部分。而且，礼物交换在某种程度上已被用作一种谋求政治与经济利益的方式①。

在中国，人际关系，不论被看成是中国文化不健康的因素，还是被评价为一个积极因素，它都是客观存在，且是具有重要意义的。梁漱溟先生曾声言中国社会既非个人本位也非群体本位而是关系本位的社会②："不把重点固定在任何一方，而从其关系，彼此相交换；其重点实在放在关系上了。"长久以来，强调社会和谐性和人际关系的合理安排一直被认为是中国文化最显著的特征之一。许多社会科学家曾经注意到：在中国语文中有些本土性的概念常为人们定义人际关系之安排的合适性③。

合同行为是经济行为，但合同行为是发生在特定的社会关系之中的行为，可观察的真相告诉我们，合同作为社会活动中的重要形式，其签订、履行势必会受到人际关系的影响，作为经济交换面目出现的合同，实质上隐含了社会交换的内容。社会交换是指人们期望从别人那里得到的并且一般来说确实也从别人那里得到了的回报所激励的自愿行为④。从表面观察，合同中的经济交换是公开和正大光明的；而社会交换是秘密的、不露痕迹的；从

---

① 阎云翔：《礼物的流动》，龚小夏、李放春、刘瑜译，上海人民出版社 2017 年版，第22～23 页。

② 梁漱溟：《中国文化要义》，上海人民出版社 2011 年版，第 78 页。

③ 黄光国：《儒家关系主义——文化反思与典范重建》，台湾大学出版中心 2005 年版，第 1 页。

④ ［美］彼得·M. 布劳：《社会生活中的交换与权力》，李国武译，商务印书馆 2012 年版，第 156～157 页。

本质上看，合同行为是经济的①，而社会交换是反经济的；从发生的诱因看，经济交换产生的原因相对复杂：一是，追逐期待的利益。这是合同的常态，是人们对合同功能所达成的一致共识，也是合同理论和立法体系完善的出发点。二是，建立亲密的、特殊的人际关系。他们通过交换输送经济利益是为取悦特定的人，目的就是期待启动社会交换。三是，因人成事。他们利用与掌握稀缺资源分配权力的人所拥有的亲密关系，量体裁衣式地设计出经济交换的模式，在获取经济利益的同时，顺便巩固和维持亲密关系。

以上这些不同的行为准则和起因，乍看起来是相互分离和相互敌视的，但是正是这些看似相互独立、相互敌对的世界②，构成了能让多种规则和价值观共存的合同关系，且这种共存并非是那些相互矛盾的规则偶然的相遇和冲撞，而完全是一种既包括了市场因素，也包括了非市场因素的常规的存在。毫无疑问，交换

---

① 一般而言，合同行为是民事主体为追求期待利益而实施的经济行为，但当合同作为违法犯罪的工具时，其本质并非是经济的，而是反经济的。此时，涉嫌违法犯罪的人之所以采取合同形式，恰恰是因为合同行为给人的假象，即人们认为合同行为是经济行为。故而，在合同的掩盖下，违法犯罪行为披上了一层看似“合情、合理、合法”的外衣，而达到暗度陈仓的目的。

② 敌对世界又译为互斥世界，是社会学家泽利泽的一种提法，用以概括她所要批判的把市场和非市场对立起来，并认为市场交换将破坏非经济生活的意义的看法。参见［美］薇薇安娜·A. 泽利泽：《亲密关系的购买》，姚伟、刘永强译，上海人民出版社2009年版，第13～18页。

的主体把经济活动与亲密关系混合在一起会相互影响[①]，但我们不能因它们之间存有影响就因噎废食，强行将合同中的社会交换因素分离出来，更不能对此视而不见。恰恰相反，我们在观察因合同产生的交换时，应注意区分两个维度：一个是合同承载的经济交换；另一个则是隐藏在合同中的社会交换。只有这样，我们才能对合同有一个相对全面的了解。

二、合同中的经济交换与社会交换的差异

（一）追求效果上的差异

经济交换与社会交换交织并共存于合同，但它们之间有着诸多不同，这首先体现在它们追求的效果不同。常态下，经济交换追逐的效果是现实的或未来的经济利益，合同条款中体现的无论是短期利益，还是长期利益，在理论上都应属于是合同载明的当

① 对于这种相互影响大致有三种看法：一是，认为他们是相互独立的领域与相互敌对的世界。相互敌对的世界学说依赖于相互独立的领域学说。在敌对世界的解释中，亲密社会关系与经济交易之间存在鲜明的区别：一方面存在一个情感与团结的领域；另一方面存在一个计算与效率的领域。他们各自独立，遵循各自的律令和规则，自足地、良性地运行。而且，这两个领域还是彼此对立的，他们之间的联系会产生对道德的侵蚀。在这种理论看来，它们之间的混合，会彼此侵蚀；工具理性侵入感情世界，会使感情世界干涸；而把情感引入理性的交易，又会产生无效率、任人唯亲、裙带主义以及其他形式的腐败。只有在清除情感之后，市场才会产生真正的效率。二是，“除此而无其他”的一元论观点：认为经济活动与亲密关系的混合，完全是一种常规的市场活动，除此没有其他东西；或者是一种文化表述形式，除此没有其他东西；或者是一种权力的实施，除此没有其他东西。三是，认为前两种的立场都是错误的，把亲密关系与经济活动混合在一起的民众，会积极地参与、构建、商谈并形成各种相互联系的生活领域。

事人的利益。社会交换追求的效果可以从内在和外在的两个方面考量。内在的报酬包括提高自己的权力与职位；外在的报酬是增加对他人的吸引力。权力是一种稀缺的资源，人们之所以形成竞争，目的就是争夺稀缺资源。资源是否属于稀缺在于追逐的人群数量多寡，以及获取它们所需要采用的手段。在中国，虽然“成功”在不同的社会阶层有很多不同的解释。但是，无论人们是否承认，获取权力与成功都有着紧密的联系，甚至，有人将成功就等同于获取的权力的大小，或者说，一个人有了权力就会被别人认为是成功人士。

比如，在现实生活中，无论在任何场合，大到正式议事的会议，小到聚餐的座次安排，位高权重者都会受到特别的，且都会认为是理所当然的礼遇，在其他人的内心中，他也会被视为成功的典范。生活中这些可信手拈来的案例体现的并非是个体流露出的人性的贪婪之心，而是社会的行为导向。权力在现实中所带来的荣耀与便利，以及主导的文化倾向给予这样的“成功”的巨大鼓励，让追逐并拥有权力成为很多人的梦想。但是，现实又告诉人们获得权力并非总是依靠能力与美德，近年来反腐的成果充分地诠释了这个观点。于是，在这样的背景下，对成功的向往，促使一些人采取了那些违反法律、不合习俗但能带来成功的手段。然而，中国的文化中从来都不缺成王败寇的积淀，人们虽对那些因违反法律、法规，靠巧取豪夺而获得成功的人充满“恨意”，但他们同时却对这种“成功”存有极大的宽容。导致这种矛盾心理出现的根本原因是：他们自己是否认识这些人。如一个人没有与这些“成功者”相识的荣幸，一旦有机会，他就会义正词严地谴责他们满足私利的行为，有时，就算捕风捉影也在所不辞；但如他与这些“成功者”相识且能攀上关系，情形往往就变得截然不同。即使他在内心中认定这些人是“有罪”的，他依然会以与这些人相识而感到无比“荣耀”。在交往中，他会竭尽所能地表现出自己的小心翼翼和顺从，目的就是盼望着“成功者”给自己指明一条通往成功的康庄大道。

实务中，对上述观点形成正确的认识有着重要的意义：一是，利于我们全面认识合同中的利益主体，即合同中所固定的往往并非仅是合同载明的当事人的利益，有时，合同中也隐藏着权力拥有者和权力追随者的利益。当然，合同中只要掺杂进非签约主体的利益就总会有蛛丝马迹，它们也总会对合同的签订与履行产生影响。律师在审定合同的过程中应高度关注不同层次的利益主体，并根据诸如合同目的、商业条款等来把握经济交换与社会交换在合同中所占的大约比重。如经判断确定交易正常，就只需按部就班予以审定；如判断交易异常，律师便则面临以下选择：第一，对交易中隐藏的其他利益主体视而不见，甚至同流合污，利用自己的专业知识，积极地协助相关的利益主体获取私利，变相地成为虎作伥的工具；第二，保持工作的独立性，但这常会让律师受到当事人的无故责难①。

二是，在等级结构中，一定的职位对应着相应的权力，但权力并非总与拥有者的能力相匹配。权力游戏中，出现逆向选择并不足为怪，庸才也照样会得到提拔而成为掌权者。况且，就算按照论功行赏的标准来选拔领导，即把表现好的人提拔到更高一级的岗位，但根据彼得原理②，在任何层级的组织里，每一个人都会晋升到他不能胜任的阶层。故而，律师保持相对的独立性，而不一味地唯权、唯上是非常必要的。当然，以短期视角观察，让律师保持相对的独立性有一定的风险。因在律师与当事人之间所

---

① 实践中，客户对于律师的工作成果表达不满的原因相对复杂：有时确实是律师的工作存在问题，但有时却并非如此。比如，当事人将合同交付给律师审定后，并未告知律师全部真相，尤其在其他主体有私利的情形下，当事人虽向律师隐瞒一些情况，也不向律师明示他们想要的结果，但内心中，他们却期待律师拿出的方案能主动契合他们的想法。再如，当事人不告知律师缘由，但却事先给定，或变相给定他们所需要的结果，并要求律师从法律上论证他们所倾向结果的合法性。而当律师结合法律论证所得出的结论与当事人给定的结果不符时，他们便会找出各种借口指责律师。无论是前者，还是后者，当事人都是把律师当成掩盖他们私利的工具。实质上，此时的他们所需要的不是律师专业的论证意见本身，而是把律师的意见作为一种专业人士提供的保护装置，用于掩护他们满足私利的行为。之所以说他们将律师提供的意见视为一种保护装置，原因在于一旦东窗事发，他们完全可以自己不精通法律专业，并已求助了专业人士，且决策时参考了专业人士的意见为由来开脱自己的责任。

② 彼得原理具体内容是："在一个等级制度中，每个职工趋向于上升到他所不能胜任的位置"。彼得指出，每一个职工由于在原有职位上工作成绩表现好（胜任），就将被提升到更高一级职位；其后，如果继续胜任则将进一步被提升，直至到达他所不能胜任的职位。由此导出的彼得推论是："每一个职位最终都将被一个不能胜任其工作的职工所占据。层级组织的工作任务多半是由尚未达到不胜任阶层的员工完成的。"每一个职工最终都将达到"彼得高地"，在该处他的提升商数为零。

形成的委托代理结构中，当事人常占据着主动的地位，尤其在非诉讼领域，主被动的关系更加明显。此时，律师保持相对独立性的代价是会面临委托关系解除的风险。实务中，有些律师为规避上述风险，便放弃了自己的独立性转而与当事人沆瀣一气。比如，2017 年 12 月，中国证券投资基金业协会公布 73 家不予登记的申请机构及所涉律师事务所、律师名单，其中不乏国内的大所、名所。在公布的不予登记的情形中，最多的一项是：申请机构或申请机构与律师事务所、会计师事务所以及其他第三方中介机构等串谋提供虚假登记信息或材料；提供的登记信息或材料存在误导性陈述、重大遗漏。这种情形在公布的 73 家中占了近 59% 的比例。严格地从业务能力上讲，这些国内的大所、名所不应犯这样的低级错误，即使有些律师偶尔失误，比例也不应如此之高。唯一的解释就是律师工作的立场和独立性出现了问题。他们进行的往往不是合法、合规性审查，而是利用自己掌握的专业知识，通过虚构、误导、遗漏等手段，协助当事人将那些不合规的事项修饰成“合规”而已。然而，这无疑会造成损害。因此，从长远的角度看，律师在工作时保持相对的独立性是非常必要的。否则，这不但会损害当事人的利益，也会让自己的名誉受损，甚至给自己招致不必要的风险。

社会交换追求的外在效果是那些诸如名望、声望、地位等。他们追求的目的是增强自身的社会吸引力。所谓社会吸引力指的是与他人交往的倾向。如果一个人预期与他人交往是有益的，特别是，如果他预期在既定时间和地点与这些人的交往要比他能做的其他选择更有益，那么这个人就受到了其他人的吸引。他们对他的吸引使他产生了一种在他们中间获得社会接受的欲望。为了被他们接受，他必须证明自己是一个有吸引力的伙伴。为了这一目的，他将试图给他们留下印象，并表明他具有给予他交往的人带来好处的品质①。因此，人们为了增强对别人的吸引，就需要获取名望、声望、友谊，并力争在建立的圈子里取得超过别人的社会地位。社会的交换就是在这样的动力机制引导下得以开启。

当然，增强吸引力的根本目的归根结底还是为了利益。只是，这种利益在社会生活中呈现出了多元化的存在，这其中既有物资利益，也有精神利益；它既促成了强制性规范的出现，也衍生出了道德的要求。对此，我们不应产生误解，也不应过于简单化地批评，这本身就是社会构成的常态。在理想情况下，不管结果如何，一个个体应当毫无偏差地遵循其良心的道德律令。我们知道，社会游戏的运行完全依靠道德和伦理上的自我管制和自我监督，这显然是对人类本性的过度自信②。在相当广泛的范围内，在彼此的交换中，人类往往受到对获得各种类型的社会报酬之渴

---

① ［美］彼得·M. 布劳：《社会生活中的交换与权力》，李国武译，商务印书馆 2012 年版，第 78 页。

② ［美］詹姆斯·M. 布坎南：《制度契约与自由》，王金良译，中国社会科学出版社 2013 年版，第 15 页。

望的支配，由此发生的利益交换塑造着社会关系的结构[1]。但就像我们不否认在有些交换中存有诸如非法利益输送、以权谋私等消极的因素一样，我们同样也不应否认在交换中存在的诸如忠诚、感激等积极因素，且正是这些消极的与积极的因素之间的相互影响、相互作用才构成了现实的社会，且维持着社会的生活。

（二）交换原则上的差异

1. 等值原则上的差异

经济交换在理论上需遵循等值的规则[2]，且配套的法律规定确保了该规则的实施，如《民法总则》中关于重大误解、欺诈、胁迫、显失公平的规定，以及关于撤销权的规定。然而，社会交换则不然：

第一，对权力的恐惧并意图追随，有时会让屈服者不顾及等值交换的观念，虽说礼尚往来是维持社会关系的激励机制，但在等级秩序下，该规则并不完全适用。当然，权力拥有者通常也不会无限地消耗自己的优势，他们为维持自己的地位，有时会主动

---

① ［美］彼得·M. 布劳：《社会生活中的交换与权力》，李国武译，商务印书馆 2012 年版，第 57 页。

② 公平原则是法律确定的以公平理念确定民事权利、民事义务乃至民事责任的基本原则。他具体化为合同法的基本原则，主要是合同正义原则。合同争议系属平均正义，以双务合同为主要适用对象，强调一方给付与他方的对待给付之间，应具等值性。参见崔建远：《合同法总论》（上卷），中国人民大学出版社 2008 年版，第 45 页；韩世远：《合同法总论》，法律出版社 2011 年版，第 39 页。

给予追随者一定的恩惠作为回报。一般来说，权力有着积极功能和消极功能。积极功能是指权力拥有着将掌握的稀缺资源做有利于某人的分配，如领导利用职务便利积极推荐下属，使其得到升迁；消极功能是权力拥有者可以给人带来令人厌恶的惩罚，如领用利用自己的话语权，在组织考察时提出反对意见，从而让下属升迁的梦想破灭。与之相对应，下属献媚于领导的动机也分为积极动机和消极动机。积极献媚者对于利益的追求自不待言，而消极献媚者之所以被迫献媚无非是为避免无妄之灾。这就犹如观众在观看足球比赛，其他人站起来后，有些人就只有被迫起立。对被迫起立的人而言，他站起来不一定能看清比赛，但如不站起来则肯定看不清楚。那些被迫献媚于领导的人和被迫起立的人的境况大致相同，献媚并不一定能换取领导的好感，但拒绝献媚却极有可能导致领导对自己的敌对。在等级秩序下，权力的分化因是制度的要求使然，故而是显见且合理的。组织提拔谁、不提拔谁都会被冠以制度的名义以证明正当性，被领导欣赏不一定能获得提拔，但被领导敌视，无论你是否有能力，往往都意味着提拔无望。致命的是，不能获得提拔的人因无法找到任何救济渠道而只能“哑巴吃黄连”。故而，作为下属，他们有时不得不参与交换，而当他们没有其他东西用于交换时，就只能把自己当作是交换的标的而选择依赖和顺从。这无疑免除了领导的回报义务。他们偶尔给予下属的东西，会被他们自己和受者视为恩惠。如此一来，礼尚往来的激励机制失灵，交换的等值原则自然就没有了存在的余地。

第二，人情是难以计算且缺少衡量的标准。当人情作为交易的资源时，其不仅可能包含了具体的金钱、财货或服务，而且还包含有抽象的情感。人情之不易计算，人情债之难以清偿，其道理即在于此[①]；同时，人情在作为交易资源时，它不像经济交换那样可以在特定的期间内实现钱货两清，人情的存在有着一定的持续性，且每个个体认识问题的角度有所差异，因此，对于人情的亏欠与归还的认识也会产生相应的差异。比如，一个人给别人提供了帮助，别人因此亏欠他的人情，这给他带来了期望，即期望别人能够回报，且期望这种回报至少应该是等值的。对回报的期望是建立在个体过去的社会经历，以及他们已经获得的参考标准的基础上。这部分是他们自己在过去所获得的利益的结果，部分是由于他们知道他人在类似的情况下获得什么样利益的结果[②]。在人情的亏欠与怀有期望的持续状态中，双方继续交往。机会出现时，亏欠人情者本着“汝施则吾报”的原则偿还所欠人情，且有时他们自认为已偿还完毕。然而，结果却并非总是像亏欠人情者想象的那样。如回报不符合对方的期望，他们会认为亏欠者并未完全弥补自己的人情，生活中诸如忘恩负义等类似的指责与矛

① 黄光国：《儒家关系主义——文化反思与典范重建》，台湾大学出版中心 2005 年版，第 15 页。

② ［美］彼得·M. 布劳：《社会生活中的交换与权力》，李国武译，商务印书馆 2012 年版，第 225 页。

盾也往往由此产生。

第三，除人情外，还有些标的本身不能用客观的标准来衡量，如人格尊严、爱情。经济交换中讲究的是，用于交换的标的应处于同一层面，具有可交换性，且用于交换的标的具有价值的可衡量性，否则，交换就无法进行。比如，一个人即使再有钱也无法买来爱情；一个人再有钱也无法买来知识，所以，知识和爱情本身无法成为经济交换的标的。当然，在实务中，知识和爱情的附属品却可以成为交换的标的，如人们可以用金钱换取学位证书、各种头衔；可以用金钱进行性交易。只是，用钱买到这些附属品并不代表真正获得了知识和爱情，且由于缺乏客观的衡量标准，在不同人的眼中，对它们的价值判断会有着天壤之别，有人会认为买来的东西物有所值，而有的人则觉得一文不值。社会交换则不然，它可以跨越层级，且由于社会交换本身就无须恪守等值原则，故而也不会局限于等值原则。比如，一个人在有求于他人时，为衬托他人的高大，会故意矮化自己，在交往中也需要忍受种种的不快。因此，出卖自尊的趋炎附势，向他人表现出奴性的一面都是一种社会交换，目的是衬托出他人的崇高，而自己获得被认同作为报酬，以期在将来能获得更多的利益。

2. 平等和自愿原则上的差异

经济交换至少在理论上是发生在平等主体之间自愿进行的交换，而社会交换则不尽然。有时，社会交换发生在平等主体之间，而有时却会在不平等的主体之间进行。前者如在同等条件下对朋友的照顾；后者如领导对下级明示或暗示的要求。经济交换在理论上要遵循自愿原则，而社会交换有时是自愿，而有时，强迫、威胁和允诺也会促成社会交换。前者如亏欠别人人情的人，主动为对方提供交易机会来偿还人情债；后者如权力拥有者不考虑下属是否心甘情愿，而单纯地以指令[①]的方式要求下属遵照执行。由于经济交换和社会交换交织存在于合同之中，意味着合同关系之中同时混杂着平等、自愿、等级、强迫、威胁等因素。而且，强迫与威胁并非总是如我们想象的那样是单向、由上而下的。常态下，权力拥有者可以对下属实施强迫与威胁，但下属或其他利益主体有时也会因对权力拥有者形成有效的绑架，而可以对他们发号施令。这可以从交换时“礼物”的流动方向与权力之间的关系中找出端倪。

在讨论礼物的流动方向与权力的关系时可先关注两个问题：一是，谁从礼物交换中获得了权力；二是，在等级体系中，礼物朝哪个方向流动。这两个问题其实早就引起了人类学家的注意。以往大多的研究结论认为，是赠礼者通过将受礼者变成债务人而获取权力，因而在非均衡的交换中，礼物通常是沿着社会等级向

① 这里指的指令的下达方式并非总都是明确的，其中包含有明确的、委婉的指令，或下属根据具体情形执行推断等诸多情形。这一点也是中国语言文化中相对独特的情况，正如明恩溥所言：要想成功地与中国人交往，除了要具备足够的语言方面的知识，还要很强的判断力。原因是说话人没有说出心中的意思，只说了一些多少有点类似的事，他希望对方能从中推断出他的意思，或者他的一部分意思。参见明恩溥：《中国人的素质》，董秀菊译，北京出版集团公司、文津出版社 2013 年版，第 42 页。

下流动。阎云翔先生通过对下呷村进行研究，发现在这里的礼物交换体系中呈现出截然相反的景象：收礼而不是送礼被认为是权力的象征。在某些情况下，礼物沿着社会地位的阶梯向上单向流动，而收礼者依然保持着对赠礼者的优势地位①。其实上述结论都有失偏颇。首先，他们所得出截然不同的结论都是片面的，因礼物的自上而下流动与礼物的自下而上流动同时存在于现实生活之中。不可否认，实践中确实存在“赠礼者将收礼者变成债务人而获取权力”的情形，② 但实务中也同时存在“收礼而不是送礼被认为是声望和权力的象征”。③ 其次，权力分化的原因是多元的，故而在观察社会交换时应采用多维的角度。一般而言，在等级秩序中，掌握着稀缺资源分配权的人往往具有优势地位，而有求于他的人，有的是自愿与他交换，有些则属无可奈何的选择，但这仅仅是观察交换的一个维度。从另外的一个维度观察，我们会发现，拥有权力者因握有稀缺资源的分配权而容易成为别人的“猎物”，现实中这样的案例不胜枚举。被当成“猎物”的权力拥有者一旦“上套”，往往就只能按照狩猎者的意愿来行事。

---

① 阎云翔：《礼物的流动》，龚小夏、李放春、刘瑜译，上海人民出版社 2017 年版，第 159～160 页。

② 如某人利用地位优势帮他人获取了交易机会，此时，获取交易机会的人亏欠了这个人一个人情，于是，他取得声望和权力。

③ 比如，在现实生活中，有求于人者为办成某事而绞尽脑汁地想将礼物送出去，且只有在他人接受礼物后才会放心。

（三）启动诱因上的差异

经济交换的启动诱因是利益，社会交换也不例外，但它们两者之间有着巨大的差异。经济交换无论是追求短期还是长期利益，无论是追求经济利益还是人格利益，它最终的落脚点基本都是经济利益。而社会交换则不同，其追求的利益更加多元，最终的落脚点既包括经济利益，也包括类似于获取社会赞同、尊重，或维系圈子需要等非经济利益。它们之间上述的差别使参与交换的主体在决定是否进行交换时所考量的因素不同。常态下，经济交换以是否赚取经济利益为主要考量因素，而社会交换的参与主体参考的因素则相对复杂。一般而言，交换的主体，尤其是掌握稀缺资源和机会的一方在决定是否进行交换时至少会考虑以下因素：

一是，自己付出的代价。资源支配者接受了对方的请托，他必然要付出某些资源。如果他是资源的拥有者，帮助对方，自己便要承受某些损失。在许多情况下，他往往不是资源的拥有者，而仅握有资源的支配权。假使他违背公平法则，将资源作有利于请托者的分配，他还可能遭受到其他利益相关者的社会非议，甚至是法律的惩处。这些，都是他接受对方请托时所必须要考虑的代价。

二是，受者回报之预期。在一个讲究受人滴水之恩定当涌泉相报的文化里，资源支配者施恩于他人时，虽能够预期受者一有机会终将回报，可是，由于人情很难用客观的标准加以衡量，不仅对方回报的时日遥遥无期，对方回报的方式也难以预计。因此，资源支配者只能依照对方权力的大小来估计他可能作出的回报。对方地位越高，权力越大，掌握的资源越多，平常又以出手大方著称，他可能回报的层面越广，回报的方式也越丰厚，反之则相反。

三是，关系网内其他人的回应。在中国这种关系取向的社会里，个人所拥有的社会关系也是一种十分重要的资源。资源支配者在考虑是否要做人情给对方时，除了考虑自己付出的代价和对方可能的回报之外，往往还会考虑：对方的关系网内到底有哪些人物？这些人物对自己有多大的影响力？如果对方结交权贵，而且这些权贵对自己又有直接的影响力，资源支配者在考虑他们的可能回报后，便可能“不看僧面看佛面”，屈从对方的要求。反过来说，如果对方家世寒微，又没有良好的关系，资源支配者可能会推拒他的求情①。

（四）履行强制性上的差异

经济交换与社会交换，在义务方不履行时的强制履行方式与强制程度不同。合同法学理论和立法体系在定义合同时针对的是合同行为中显性的、有形的经济交换，而未虑及也无法虑及合同

① 黄光国：《儒家关系主义——文化反思与典范重建》，台湾大学出版中心 2005 年版，第 20 ~ 21 页。

中隐性的、无形的社会交换因素。因此，我们所说的合同拘束力仅能及于合同中的经济交换。在经济交换中，如义务方不履行约定或法定的义务，相对方可以诉诸法律，通过法律的强制来督促它履行义务。由于法律的强制是保障社会经济秩序安全、有序运行的关键，关系到社会诚信体系的建立和完善。故而，国家十分重视对不履行义务的制裁与执行。尤其近年来，对老赖的制裁措施层出不穷，目的就是强化制裁的力度。然而，合同中隐含的社会交换并不受法律的调整，即使义务方不履行自己的回报义务，相对方也无法依靠法律意义上的救济权来强制对方履行。况且，合同中的有些社会交换本身就处于灰色领域，有的违反了党纪政纪的要求，而有的已触犯刑律，这些社会交换本身就是法律打击的对象，在其所谓的“权利”受到侵犯时如试图寻求法律保护无异于自寻死路。

不过，没有法律的强制不等于没有强制。社会交换的强制来源于两点：一是，道德①层面上的制约；二是，因对自身长期利益考量所形成的自我心理强制。与法律形成的强制相比，无论是

① 此处的道德并非是指我们常规意义上理解的社会道德或人的美德。因在合同行为中，某些社会交换本身就是反道德的，即使“义务方”不履行回报义务可能被指责为不讲道德，但此道德非彼道德。比如，某权力拥有者掌握着某一项目的交易机会。另一方允诺，如对方帮忙，在达成交易后，会给予一定数目的金钱作为回报。于是，权力拥有者利用自己的职权，让对方得到了交易机会，但对方却未履行回报义务。此时，未履行回报义务的一方会被指责为不讲道德，但该道德并非是我们通常理解的人的美德，因交易双方狼狈为奸的行为本身就是反道德的。

道德层面上的制约，还是对自身利益的考量，其强制性都相当有限。因对一个不具备道德素养的人就无法谈及道德要求；而对短视，或本身就想做一锤子买卖的人来讲，根本就无从谈及长远利益。

第二节　社会交换在合同与非合同领域中的差异

固然，将你中有我、我中有你的交换行动区分为合同领域和非合同领域并不科学，也有悖于本书的宗旨，因皆为利来的熙熙人群实施的行动，无法像我们描述的一样，可将其泾渭分明地区分为合同行为与非合同行为。但是，我们又不得不承认，两个领域中的社会交换确实有着显著的不同。我们之所以区分的意图是想对合同中的社会交换有更进一步的认识。在合同领域，社会交换虽与经济交换相互交织、互为因果，但因合同的起点与终点都是利益，所以，理性计算、获取物质性利益是合同中的主要观察维度。有时，社会交换是因，社会交换是果；而有时，经济交换是因，经济交换是果。前者多见于因人成事；后者是指在经济交往中慢慢收获了诸如友情、赞同、声望、信任等。而在非合同领域，理性计算、道德义务、情感维系常共存于人际交往中，理性计算并非总是交换主体形式所依持的主要维度。

一、回报即时性上的差异

非合同领域的社会交换的回报并不讲究，甚至反感或仇视回报的即时性，而合同领域的社会交换则显得相对复杂。马林诺夫斯基在对库拉交换[①]的观察后发现：实际交换的规则背后，有一个主要的原则，即库拉是礼仪性礼物的赠与，受赠者必须在一段时间后赠送等价的回礼，可以是几小时之后，甚至是几分钟之后，有时赠礼和回赠之间相隔一年或更长时间。但从来都不能即时地交换[②]。因过于急着回报是不适当的。一般来说，对恩惠的过快回报——这意味着拒绝负一段时间的债，并且因此坚持一种较为公事公办的关系——被指责为是不适当的。对履行义务过于急切是忘恩负义的一种形式[③]。

然而，在合同领域情形则相对复杂。依附于合同的社会交换有些是非即时性的，有些是即时性的，而有些是需要提前回报的。比如，某人为弥补之前亏欠他人的人情，在机会来临时，亏欠者给予他人一个交易机会，或者把自己掌握的稀缺资源做有利于他的分配，其目的是归还之前所欠人情。此时的交换则体现出

---

① 库拉是一种广泛的、部落间的交换形式。库拉物品的每次移动、交易的每个细节，都由一套传统的规则和惯例来决定和约束，有些库拉行动伴随着复杂的巫术仪式和公共典礼。库拉是一个极为大型、复杂的制度。他把相当多的部落联系在一起，囊括众多活动，这些活动互为关联、互相影响，共同成为一个有机体。同时，库拉是一种稳定的交易模式，一次在库拉，终身在库拉，参与交换的双方所形成的伙伴关系是永恒的、终身的，它将成千上万的土著人捆绑成一对一的、终身的伙伴关系，它意味着各种相互的责任和特权，并构成一种规模巨大的部落间关系。

② ［英］马林诺夫斯基：《西太平洋上的航海者——美拉尼西亚新几内亚群岛土著人之事业及冒险活动的报告》，弓秀英译，商务印书馆 2016 年版，第 105 页。

③ 弗朗索瓦·拉·罗奇福考德：《箴言录》，第 73 页，第 226 条。转引自［美］彼得·M. 布劳：《社会生活中的交换与权力》，李国武译，商务印书馆 2012 年版，第 167 页。

非即时性。另外，现实生活中还有一种情形，即掌握着稀缺资源分配权或机会的人，为讨好别人，主动做有利于此人的资源分配，或将机会施与此人，以获取此人对他的好感，以便为日后有求于此人而埋下伏笔。此时，交换的收益既有即时性的，也有非即时性的。即时性的收益主要是获取了对方的好感或赞同；非即时性的收益是预期此人日后会对自己的付出作出回报。不过，在合同实务中，更多体现的是回报的即时性。掌握稀缺资源分配或机会的一方，根据自己所掌握权力的市场估值，自行或通过代理人与有需求的一方谈好价钱，类似于买卖合同中的一手交钱一手"交货"。更有甚者，权力拥有者因担心"帮忙"之后受助人耍赖，故而，他们会要求有求于己的一方先行支付报酬，即先款后"货"。

二、心理强制性上的差异

非合同领域的社会交换中，受方往往会因背负道义上的义务而产生自我的心理回报强制，合同领域的社会交换有时则不然。严格地讲，所有的交换并不是用于交换的物品在漫无目的的转移和偶然的来来往往，其中充斥着"利益"。这不仅适用于现代社会，就连远古社会也不例外。如《埃达》中曾言，在交换中，双方被假定要表现出殷勤之意，送出礼品时就好像这些馈赠根本不需要回报似的。但是，毕竟还是接受了客人的赠礼或主人的回礼，因为礼品不仅是财物，也是强化契约的一种方式[①]。因此，在日常生活中的社会交换，由于受礼尚往来的激励，人们往往会履行他们的社会义务。这主要源于两方面：一是，互惠规则的制约。交换的必要条件是，为了继续得到所需要的东西，他们要为自己过去已经得到的履行义务。否则，对方可能用中断交换联系来进行制裁。二是，道德贬损，社会声誉降低的惩罚。假如一个人，他的一位朋友多次帮助他，可是在一次机会出现时，他却没有通过帮一次忙的方式来回报自己的朋友。当他再次请求朋友帮忙的时候，他多半会被朋友拒绝，因为他的朋友不再相信他。致命的是，他的朋友可能将他这种忘恩负义的行为告诉圈子里的其他人。于是，他的声誉在圈子内受到损害，圈子内的其他人可能因此而看不起他，不信任他，在他需要别人帮忙时，其他的人也会拒绝。这是对违反道德标准的惩罚性反应，以及为保护自己的利益而实施的保护性行动。

由此观之，一个人无论是基于内心的互惠规范积极履行义务，还是害怕制裁而消极履行义务，其中都蕴含着道德因素。的的确确，道德约束由于是自己为自己的行为“居中”裁判，它的力量非常有限，甚至不堪一击。但毋庸置疑的是，道德的约束力

① 来源于斯堪的纳维亚的古老诗集《埃达》中的太上箴言。原文是：我从未见过到有人如此慷慨，如此大度款待宾客，以致“接受不被接受”，我也从未见过到有人如此……（原形容词脱漏），于此财产，以致接受回报反而令其不悦。参见［法］马赛尔·莫斯：《礼物——古代社会中交换的形式与理由》，汲喆译，商务印书馆 2016 年版，第 1 页。

量哪怕再微弱，哪怕一个社会的信用再怎么坍塌，道德再怎么沦丧，我们也不能完全否定它的约束力。不同的是，它的作用会因人、因事而有程度上的差异。然而，在合同领域，尤其在“合谋”代替了“合作”，或者说是以合作的形式来掩盖合谋而谋取私利时，义务人背负的社会义务，或所谓的道德义务都与权益一样，归属于灰色领域。虽然义务的履行依赖于互惠规范，但这种互惠规范是非道义的、反道德的，甚至是反法律秩序的。这种义务无法获得法律和主流价值观的支持，更没有任何强制制裁的手段来确保履行。实务中，确有人在取得交易机会或获取了利于自己的资源分配后不履行所谓的回报义务，而那些提供了帮助的人却没有强制手段要求对方回报。

某法院法官在拍卖过程中为一当事人提供了“帮助”，但当事人如期取得拍卖物后，却不兑现之前的承诺。该法官愤而辞职，通过各种手段威胁当事人兑现承诺。当事人不胜其烦转而向有关部门揭发，致使该法官被绳之以法。

当然，现实生活中的情形并非如此单纯。对未来利益丧失的恐惧，或说是想在未来继续借用权力获取利益的欲望，也是促使义务人履行自己回报义务的动力机制，同时，这也是一种自我的心理强制。就合同而言，我们可以把每一个具体的合同都看作一次性博弈，但就当事人的整体经济活动而言，其必然是一个持续经营的行为，而权力的存在往往也是一个持续很长的过程，由此，交易的机会和稀缺资源的分配也会反复出现。不履行社会义务的一锤子买卖固然可以获取更多的短期利益，但这势必会伤害到长期利益。因在经营活动中，每个参与人过去的行动是可以被观察到的，每个参与人可以把今天的选择建立在其他参与人行动的基础之上。①。因此，从另外的一个角度讲，合同领域中对不履行回报义务是存在制约因素的，但这种制约并非属于道德规范和法律规范的范畴，这种动力机制是以短期和长期利益为核心的，是灵活的。也许，一种可以观察到的社会现实是这种机制的真实写照和最好的诠释：领导在位时，门前车水马龙，出门前呼后拥；而权力一旦丧失，门前冷落车马稀则变成了亘古不变的必然景象。

三、情感的工具性上的差异

社会的分工、环境与物产的地域差异，决定了老死不相往来的梦想自远古就只能停留在纯粹观念的境地。人因需求的满足和进化的需要而无法完全与外界隔绝，个人之间的互动是一切社会构成的起始点。交换是人们互动的动因，而正是交换产生了社会化，因为交换是一种社会化形式。交换是那些用于使大量个体构成一个社会群体的诸多关系之一，而“社会”则等同于这些关系的总和②。既然交换是一种非常重要的社会交往形式，那么，该

① 张维迎：《博弈与社会》，北京大学出版社2013年版，第129页。

② ［德］格奥尔格·西梅尔：《货币哲学》，于沛沛、林毅、张琪译，中国社会科学出版社2007年版，第347页。

如何看待交换中的情感因素的工具性功能与道德之间的关系呢？莫斯在《礼物》中指出：自愿的呈现表面上是自由和无偿的，但实际上却是强制的和利益相关的。即使在伴随交易而来的礼物中，只有虚假、形式主义和社会欺骗，并且追根究底存在义务和经济利益，但它们所套上的形式也几乎总是礼品或慷慨馈赠的礼物[①]。

总体而言，上述观点道出了人际交往的真相，但若不加区分而适用所有领域，有时会略失偏颇。的确，在合同领域，在考量人情、伦理的三个维度中，“理性的计算”占据了绝对的比重。参与交换的各方即使以一些礼貌的用语宣称自己的感激之情，但这些仅会停留在口头之上。在内心，他们不会有任何感激之情，因他们已经给予了回报，且这种回报是按照“市场的价值”衡量的。故而，他们在道德上不会形成任何负担也无可非议。此时，交换双方的所谓的感情是出于利益的计算，往往是虚假的、形式主义的。其实，对这种“情感”成色检验的最佳途径就是大难临头时交换双方的反应。一个被证明是颠扑不灭的规律是，以纯粹的利益为目的的交换者在面临更大的利益空间时，背叛、倒戈、欺骗、踩别人肩膀上位、落井下石往往就是他们的行动指南。

然而，在日常生活中，伴随着交换的有道德义务和情感的维系的因素，理性的计算并非总是占据绝对比重。这可以通过一方

① ［法］马赛尔·莫斯：《礼物——古代社会中交换的形式与理由》，汲喆译，商务印书馆 2016 年版，第 6 页。

因家庭困难而借款的案例看出这种差异。如遇到困难的人找朋友借款，他会对朋友无私的借款产生感激之情。但提供借款的如是银行，借款方自然不会感激银行，因银行提供借款时综合评估了借款体系，并收取了利息作为回报。这样，那个因家庭困难向朋友借款的人，在获得朋友无私的帮助后，自然会背负道德义务，在朋友有困难，且自己有能力帮助时，他在道义上负有伸出援助之手的义务。看起来，这确实类似等值交换，但此交换并非是彼交换，因雪中送炭的人送出的不仅是炭，还含有了对朋友的关心与帮助，这自然而然会让那些收到炭火，且非与农夫怀中之蛇同类的人滋生出感激、感恩、感谢之情，而这些情绪的存在正是社会得以存在，且是维系平衡和团结的基石。正如西美尔对于交换报酬的论述，人的一切交往都是建立在奉献和等值补偿的基础之上的。于是，对于无数的奉献和贡献，都可能强求获得等值补偿。在所有以法的、经济的交换里，在所有对一种奉献所做的、固定了的承诺里，在所有出自一种由法来调节的关系中承担的义务里，法的原则都强制规定（一方的）奉献的给予和（另一方的）回报的付出，有来有往，关心这种相互作用，倘若没有这种相互作用，就没有社会的平衡与团结。然而，有无数的关系，对于它们来说，却没有出现可以谈得上对奉献有某种强制要有等价物的、法的形式。在这里，感激作为补充出现，在没有外在的强制进行保障的地方，也绷紧着相互作用的纽带，即奉献的给予和回报的付出的纽带。虽然感激是一种纯粹人员的情绪，但是在社会之内，由于它千丝万缕地来回编织着，它成为社会的最强有力的结合手段之一。它是能够接触累累硕果的感情沃土，从中产生出一个人对另一个人的各种行动，而且由于一个人的基本的、哪怕往往是无意识的和交织着无数其他动机的存在，会从这些行动中产生出一种独特的变化形式或强度，一种与从前的东西的结合，一种个人人格的投入，一种变化生活的可持续性。倘若突然一下子消除从前的各种行动留在心灵里的任何感激的反应，那么社会就会崩溃，至少像我们所认识的社会，就会分崩离析[①]。

① ［德］盖奥尔格·西美尔：《社会学——关于社会化形式的研究》，林荣远译，华夏出版社2002年版，第438～439页。

第三节 合同中经济交换与社会交换的成本

一、交换成本概述

合同只有在交易各方①都觉得有利可图时才会诞生。就经济交换看，成本与收益的核算相对单纯：净收益 = 交易的收益 - 交易的成本。交易的收益即报酬，交易的成本可这样描述：“为了进行市场交易，有必要发现谁希望进行交易，有必要告诉人们交易的愿望和方式，以及通过讨价还价的谈判缔结契约，督促契约条款的严格履行，等等。”达尔曼把交易成本具体化为搜寻信息的成本、讨价还价与决策的成本、监督与执行的成本②。简单地说，交易成本就是“为了达成交易所耗费的资源③”。合同是经济交换与社会交换的混合体，但两种交换所付出的成本具有明显不同的特性，主要的表现区别在：成本的可观察性、可度量性及可

① 这里所指的交易各方并非是仅指在合同文本上签约的主体，其既包括角色 1，也包括角色 2 和角色 3。这里的交易也并非仅指经济交换，也包括社会交换。

② ［美］罗纳德·H. 科斯：《企业、市场与法律》，盛洪、陈郁校译，格致出版社、上海三联书店、上海人民出版社 2014 年版，第 5 ~ 6 页。

③ 熊秉元：《正义的成本》，东方出版社 2014 年版，第 190 页。

救济性。

二、可观察性对比

常态下，经济交换中的交易成本是显性的，具有可观察性，比如，当事人签订《买卖合同》，约定了合同价款和买卖的标的物。无论是款项的支付，还是货物的交付都能被自己和他人直接观察到。在隐性的社会交换中，交易成本会更多地与交易主体的心理活动，或与参与者的刻意表演相关联，外人难以捕捉这些人的心理，而那些可被观察到的成本往往带有一定欺骗性质。比如，在实务中，有些人为了获得社会赞同①，便会故意改变自己的观点、刻意改变自己的行为，以期改变或影响他人对自己形成的印象，获取他人的赞同。此时，这些人有意让人们观察到自己良好的一面，而隐藏起不好的一面，毫无疑问，这些经过修饰的行为必定包含了虚假的因素。实质上，这种行为是印象整饰的一种，即个人为了让别人对自己产生某种特定的印象，而故意做给别人看的行为②。

戈夫曼曾经提出了一种戏剧理论，将人们日常生活中的社会行为分为前台行为和后台行为。前台是个体在表演期间有意无意

① 社会赞同是指社会的肯定性评价，通俗地讲是指口碑。肯定性评价对一个人具有重要意义。比如，单位领导获得了上级和单位职工的肯定性评价，则对其升迁调动具有一定的积极作用。

② 黄光国、胡先缙等：《人情与面子——中国人的权力游戏》，中国人民大学出版社 2010 年版，第 21 页。

使用的、标准的表达性装备①。前台是为他人表演的舞台，其期望经过刻意装扮后的表演，给他人塑造出某种特定的形象。后台是自己的舞台，也是刻意隐瞒而不愿被外人观察的部分。人们之所以会注重前台行为，原因在于一些主流社会中普遍存在向上流动的趋势和渴望，正所谓人往高处走。人们之所以同时注重后台行为，是追求一种享受、私利的需要，且这种追求不符合自己设定的理想标准甚至是反道德，或违反法律规定。在前台，表演者给自己定的标准是，要求自己表演出比自己实际身份更高的等级地位。然而，身份、地位、社会声誉这些东西，并不是可以拥有后还可以将之展示出来的实体性事物；它是一种恰当的行为模式，具有内在的一致性，不断地被人加以修饰润色，并且具有很强的连贯性②。故而，表演者必须通过行为的展示或描述，让人们感知到这样的东西。个体如果希望自己的表演达到理想的标准，那么他就必须摒弃或隐瞒与这些标准不一致的行为。但如果这种与标准不一致的行为本身在某一方面会给人带来满足和愉快，实际上也常有这种，那么，人们通常都会在私下偷偷享受这种行为③。这样，表演者就会实施后台行为，以试图通过隐瞒达

① ［美］欧文·戈夫曼：《日常生活中的自我呈现》，冯钢译，北京大学出版社2008年版，第19页。

② ［美］欧文·戈夫曼：《日常生活中的自我呈现》，冯钢译，北京大学出版社2008年版，第61页。

③ ［美］欧文·戈夫曼：《日常生活中的自我呈现》，冯钢译，北京大学出版社2008年版，第34页。

到鱼与熊掌兼得的效果。由此看来，后台行为掩盖的无论是享乐、经济状况、肮脏的勾当，还是非法的行为，这都是表演者真实的行为，与前台行为相对比，就会发现表演者的两面性和欺骗性。投射到合同之中，那些能被外人观察到的成本，其本身可能就是表演者刻意安排的剧本环节。在这些交换中，因存有表演的因素，故而难以改变虚假的本质，唯存的差异仅是他们虚假的程度不同。比如，我们常常在各类媒体上发现一些公众人物的作秀行为、亲民行为；常听到一些被查处的腐败分子在台上时所发表的掷地有声的反腐誓言；常发现一些给人以鞠躬尽瘁印象的人实施的令人大跌眼镜行为的现象。

当然，表演者在表演时无疑会付出成本。一是，他们通过表演收获别人好感，或试图给他人留下好的印象时，需承受因两面性而带来人格撕裂的成本。对这种成本无须多言，只要稍微留意一下公开报道，就会感受到我们身边那些大量的“两面人”的痛苦。二是，被人鄙视的成本。实务中，我们会发现，地位高的、权力大的总能轻易地获得别人的赞同。一项研究表明，上层人士的建议即使是错误的，也会以不成比例的数量被接受，而下层人士的建议即使是正确的，也会以不成比例的数量被否定①。无须深入分析就会发现，上层人士的行为被赞同有三类情形：一是，他们实施的行为确实值得赞同；二是，他们实施的行为不值得赞

① ［美］彼得·M. 布劳：《社会生活中的交换与权力》，李国武译，商务印书馆2012年版，第123页。

同，赞同者明知不应赞同但依然表示出赞同；三是，有的是因缺乏辨别能力而表示赞同。如此一来，赞同者便要面临风险。因一般而言，被他人赞同的意义取决于它是否被看作真诚的，如果别人怀疑赞同者的真诚性，其目的是让别人高兴，而不是因为它反映出了他对他们行为的实际判断，那么赞同就会失去意义，赞同者也会被认为是献媚者，或他的赞同的目的是另有所图；同时，廉价的赞同，也会让赞同者付出另外一种成本，即他人会确信该赞同者缺乏分辨能力。

三、可度量性对比

一般而言，经济交换中，当事人所支付的成本是可以度量的。如《买卖合同》中，买受方支付的价款可以度量，出卖方提供的商品的成本也可以度量。成本的可度量性是双方达成交易的基础，因当事人只有在成本相对清晰的基础上，才能判断合同是否能获得收益。而社会交换中的成本是否可被度量则相对复杂。在社会交换中，可将交易主体支付的成本区分为两种形态：

一是，约定俗成可被度量的成本。比如，一方利用职权为另一方提供交易机会。严格地讲，能提供交易机会的权力本身是无形的，是不能度量的，但在实务中，给予权力以定价的交换却实实在在地存在。毋庸置疑，利用权力谋取私利是违法，甚至是犯罪行为，法律的规定无疑是对这种交换的制约，但制约本身就说明了它的客观存在，在信手拈来的案件中，我们不难发现，对权力在交换中的市场价值的度量居然有着一套相对完整的标准。

二是，不能度量的成本。在社会交换中，无疑会掺杂人情、尊重与被尊重、赞同与被赞同等因素，而这些因素无法用客观的标准度量。但是，我们需注意的是，这些因素虽然无法客观度量，但丝毫不影响其价值的发挥。比如，现实生活中，领导对下属的赞同会让他受宠若惊，而下属对上级的赞同则不会有这种效果。之所以会出现这种反差，根源就在于赞同的价值。领导的赞同因相对稀有，故而更富有价值，而对于领导，因他们能很轻易地获得下属的赞同，随着称赞的人数的增多，边际效应会逐步递减。再如，在团体中，人们在意的往往是圈子里的其他人的赞同或尊重的价值，至于圈外的人，是否获得他们的赞同与尊重的价值不大。对他们而言，其需要在圈子内争取较高的地位。与圈子外的人互动，目的是获取利益，强化自己在圈内的影响。这就导致了有些人为获圈内人的尊重或赞同，而不惜付出违反道德，甚至法律规定的成本。这种现象在一些犯罪团伙中较为普遍，因在团伙中更容易受到“尊重”的恰恰是那些破坏力更强，显得更有“能力”的人。

其实，不仅在合同领域，在日常生活中，因交换成本的不可度量性而使行为人在实施同一种行为时都会表现出差异。比如，同样是完成一件事情，如果委托人知道完成委托事项的难度，受托人即使需倾注巨大的努力，他也会故意表现出非常轻松的样子来完成，以向委托人展示自己能力的强大；相反，如委托人不知道完成委托事项的难度，受托人即使能非常轻松地完成，他也会将举手之劳的事情表现为需付出了巨大努力才能完成的假象，以展示自己的付出和给予对方人情的巨大。

四、可救济性对比

（一）经济交换中权利救济的刻度

在经济交换中，当事人支付的成本和期待的权利具有可救济性，且救济的途径、标准相对明确。而社会交换中“权利人①”支付的成本与期待的权利在受到“侵犯”时虽有相应的救济措施，但此救济非彼救济，因无论在救济方式、救济结果和合法性上它都有与权利救济不同的特性。权利是人的道德存在的条件②；

① 权利人是指享有受法律保护的权利的人，就是依法拥有可以作为或不作为某项权利的法人、其他组织或自然人。但此处的权利人非彼权利人，根本的区别在于：此处的权利人取得权利的依据并非是基于法律规定。此处所指权利人取得权利的途径和权利的形态相对多元：一是，权利的取得是基于道德规范而对他人产生回报的期待；二是，权利的取得是因实施了反道德，甚至是违法的行为，而对他人抱有回报的期待。如某人利用手中的职权，给予自己的朋友以交易机会，而朋友许诺给予一定金钱的回报，即所谓的权钱交易。此时，期待回报的权利是反道德的，甚至是违法的，但即使交易的主体知道这些，依然不妨碍他们对应尽回报义务与应获取回报的认识和期待。荒唐的是，负有回报义务的一方如未履行义务，不但会受到权利人指责，其他人也会认为义务方是不道德的。其他人在作出这样的判断时，全然不会顾及当事人之间的权利义务关系产生的基础本身就是不道德或违法的一面。然而，事情并未就此结束。在未来，未履行义务的一方不但会受到权利人的制裁，也可能受到其他人的制裁，如知情者选择不与义务人合作等。

② 耶林曾言：人的道德存在的条件是权利。在权利中，人类占有和捍卫其道德的生存条件；没有权利，人类将沦落到动物层面。参见［德］鲁道夫·冯·耶林：《为权利而斗争》，郑永流译，法律出版社 2007 年版，第 13 页。

救济本身是权利的构成要素①。法谚有云："有权利必有救济。"仅有权利的宣言，而无权利的保障，其所谓权利也只是空头支票。称某人有某权利，不过是一个形式，更重要的是要看对于该人，有无实质的保障。在此意义上讲，权利为外在形式，救济为实质内容，并不为过②。正因如此，不仅我国《合同法》针对合同的各个阶段，作了对权利救济全覆盖式的规定，而且在立法体系、司法解释或指导案例中也明确了具体的救济刻度，即权利在受到侵犯时，权利人能在法律、法规、司法解释等规范中寻找到相应的救济范围和损失的计算方式。比如，在准备阶段，有关于缔约过失责任的规定；在履约阶段，履行抗辩权、合同解除、违约责任作为我国合同制度的核心③，打造出了权利救济的三大核心板块；在善后阶段，关于后合同义务的规定，实现了对权利的周延保护。同时，在司法实践中，针对纠纷的具体类型，对合同基本原则进行适时的、合理的解释，弥补了因法律存在滞后性和不周延性而引发的不适应性和法律漏洞。这样，立法规定与司法解释与形成的案例指导之间的互动，确保了权利在受到侵害之后能够得到适当救济。

在经济交换领域，当事人的权利受到侵害时可用的救济方式

---

① 李杰、李宗胜：《合同审查的思维与方法》，法律出版社 2016 年版，第 197 页。

② 韩世远：《履行障碍法的体系》，法律出版社 2006 年版，第 3 页。

③ 谢鸿飞：《合同法学的新发展》，中国社会科学出版社 2014 年版，第 392、434 页。

包括自力救济[①]和公力救济[②]。无论是私力救济，还是公力救济，救济的对象和范围都相对明确。以公力救济为例，一项纠纷诉诸法院后，法院的裁判需要依据客观价值予以衡量，衡量与判断主要考虑两个方面：一是，能体现公平正义的观念性价值[③]；二是，纠纷中权利受损一方所发生的成本和应获得的期待利益。观念性价值是一种方向性指引，其主要体现在对法律规范的运用，目的是将法律中蕴含的价值通过具体案件彰显出来；对成本和权利，以及对期待权利的分析和确定是事实认定和裁判的基础，而这只有通过赋予价值观念以具体的刻度才能具体地衡量是非曲直。如合同法的自由原则。乍看起来，合同自由的观念相对抽象，但事实上，从法律具体规定看，合同自由原则对行为人的约束却不是

---

① 自力救济又称私力救济，是指纠纷主体在没有中立的第三者介入的情况下，依靠自己的力量强制他人捍卫自己权利的行为。

② 公力救济：当权利人的权利受到侵害或者有被侵害之虞时，权利人行使诉讼权，诉请人民法院依民事诉讼和强制执行程序保护自己的权利的措施。

③ 在一定意义上讲，观念性价值，如公平正义等是主观的、抽象的，难以用客观标准进行衡量。尤其是对于价值的判断难以排除判断者自身的主观倾向。比如，纠纷诉诸法院后，法官在作出判断时难以彻底排除个人的倾向与好恶对结论的影响。但从另一个侧面讲，公平正义亦是一种工具性的概念，而非人类追求的终极目的。在不同的阶段，不同的文化背景中，公平正义被赋予了不同的内涵，如西方价值观念中的公平正义与传统中国观念中的公平正义有着天壤之别。虽然这些用于填充的内涵看似无从捕捉，难以捉摸，甚至用严密的逻辑推论出的结论，也不会完全令人满意，如罗尔斯的“无知之幕”，也遭到了诸多批评。但不可否认的是，填充这些概念的内涵却在一定程度上可以被客观衡量，因可观察的真相是：在任何发展阶段的人类社会中，无论是原始社会、农业社会，还是工商业社会；无论是圣人哲王，还是贩夫走卒，都有自己的标准来判断公平正义，虽然这种判断有差异，但这种并非是质上的差异。

仅停留在抽象层面，它们给了“自由”以具体的刻度。例如，违约金条款，如将合同自由作为抽象原则，当事人可以自由商定违约金条款，但《合同法》第 114 条和《合同法司法解释二》第 27 ~ 29 条对违约金的调整作了相关规定。国家干预的出发点是合同正义与诚信理念，同时，国家干预也封堵了利用违约金进行非法利益输送的后路。

申言之，如国家不对自由标定具体刻度，即不对违约金的刻度进行干预，自由协商无疑将会从根本上冲击合同法的根基，因基于等价交换的原则，受害人不应获得不当利益，违约方也不应在其造成的损害之外承担责任；而且，任由当事人约定，可能使违约金变成为赌博，无异于鼓励当事人依靠不正当的方式获取利益，同时也会诱使一方为取得违约金而故意促使对方违约，从而与公正、诚实信用原则相悖①。如国家不对违约金的刻度进行干预，有些非法利益输送的行为将会借助裁判机构裁决的效力“借尸还魂”，将非法行为合法化。众所周知，裁判结果是最好的结算凭证②，任何单位和个人都有按生效裁判文书履行义务的责任和义务。如没有国家干预而赋予当事人对违约金约定的自由，则很难避免那些借助“法律技术”进行非法利益输送的行为。因此，违约金有调整的必要是学界的共识，在实务中也至关重

① 谢鸿飞：《合同法学的新发展》，中国社会科学出版社 2014 年版，第 509 页。

② 李杰、李宗胜：《合同审查的思维与方法：风险控制与动态监管解决之道》，法律出版社 2016 年版，第 163 页。

要。《合同法司法解释二》第 28 条[①]关于调增违约金的规定，第 29 条[②]关于调减违约金的规定都可以视为衡量成本与期待权利的刻度[③]。当然，在纠纷解决中，也只有存在这些具体的刻度，裁判的标准才能相对统一[④]，也才能真正将平等原则所倡导的价值付之于社会实践[⑤]。

---

① 《合同法司法解释二》第 28 条规定：当事人依照合同法第一百一十四条第二款的规定，请求人民法院增加违约金的，增加后的违约金数额以不超过实际损失额为限。增加违约金以后，当事人又请求对方赔偿损失的，人民法院不予支持。

② 《合同法司法解释二》第 29 条规定：当事人主张约定的违约金过高请求予以适当减少的，人民法院应当以实际损失为基础，兼顾合同的履行情况、当事人的过错程度以及预期利益等综合因素，根据公平原则和诚实信用原则予以衡量，并作出裁决。当事人约定的违约金超过造成损失的百分之三十的，一般可以认定为合同法第一百一十四条第二款规定的过分高于造成的损失。

③ 在认知层面，可以说正是这种衡量刻度才让那些抽象的价值观念具体化于合同实务；也可以说正是公平、正义、诚信等价值观念衍生出这些衡量刻度。

④ 当事人在将纠纷提交裁判机构后，即使没有法律规定和习惯，裁判者也需作出裁判。此时，裁判的结果更多依赖于法官自身的认识和判断，而裁判者不同，他们的价值观、经历、认识问题的角度也会有不同。这样，裁判结论就会出现差异。

⑤ 平等原则有实质的平等、工具意义上的平等或称为方法论上的平等之分。实体意义上的平等是指民事主体的权利能力平等、法律地位平等、合法权益平等地受法律保护；参见陈甦、谢鸿飞、朱广新主编：《民法总则评注》，法律出版社 2017 年版，第 29 页。工具意义上的平等是指相类似者，应作相同处理，非相类似者，应为不同的处理。参见王泽鉴：《法律思维与民法实例》，中国政法大学出版社 2001 年版，第 253、256 页。同类型的案件如因裁判者个人因素而致裁判结果出现较大差异，甚至出现截然相反的结果，那么，无论是实体意义上的平等，还是工具意义上的平等都将沦为空谈。因此，统一的裁判尺度在一定程度上是具有积极意义的；而尺度能否做到相对统一的关键是通过压缩裁判者的自由裁量权来排除因个体差异带来的差异；而压缩裁量权的关键是裁判刻度的相对统一。然而，法律并非是自动售卖机，裁判不可能完全排除裁判者个人的因素。所以，衡量刻度的统一是相对的、渐进的。

（二）社会交换中权利的救济

1. 救济的局限性

社会交换中参与交换的主体一样会支付成本。比如，某人掌握着一项业务交易机会的分配权，其在选定 A 时，就意味着放弃了 B 和 C。故而选定 A 的行为就蕴含着机会成本[①]，且掌握交易机会的人的掌控力度越大，其不图回报的机会成本就越高，因为拥有的权力越大，其他人愿意拿出来交换的酬金就会越高。在人类的生活与经济活动中，交易主体随时会面临着选择，当鱼与熊掌不能兼得时，就只能在鱼和熊掌之间作出选择，而选择本身无疑就意味着成本的发生。当然，选择的成本仅是一个主观概念，它只有在脑海中权衡利弊时出现，而不会真实地实现。因一旦做了选择，其他的可能性就立刻消失。毋庸置疑，人们的选择是基于自己的判断。判断是不同元素间权衡交融，是判断者依循特定的公认标准形成决策的结果。然而，所谓“特定的公认标准”往往具有多元性，且每个作出判断的人有着不尽相同的价值观和偏好，他们在某个特定环境、某段特定的时间内的需求也不同。

上述差异让选择的主体有了不同的取舍重点。经济交换如此，社会交换亦如此，唯不同的是，在交换主体的权利受到侵犯

---

① 机会成本是指把一定的资源投入某一用途后，所放弃的在其他用途中所能获得的利益。任何决策，必须作出一定的选择，被舍弃掉的选项中的最高价值者即是这次决策的机会成本。

时，救济的途径和方式不同，这源于两种交换固有的特征差异：首先，如前所述，经济交换是阳光的；社会交换，尤其是反道德或违法的社会交换则不能正大光明地放在阳光下讨论①。社会交换惯用的伎俩是“随风潜入夜”，交换者将社会交换遁入经济交换。即使那些从因果关系分析，我们明知是因人成事的交换，他们表面上也需要借来东风，刻意地制造出经济交换，以实现“润物细无声”的目的。故而，经济交换中，当事人可名正言顺地设计救济条款来保障自己的权益；而社会交换，参与交换的主体出于“不足为外人道也”的动机，会千方百计地隐藏其踪迹，自然不可能明目张胆地设计救济条款。退一步讲，即使是符合社会公认的道德标准的社会交换也因缺乏强制性而无法设计救济条款。比如，权力拥有者，为追求公平的结果，对潜在交换主体不分亲疏远近，一视同仁，按理，其应收获社会赞同等报酬，至少应获得那些得到公正待遇的赞同，但情形却并非如此。抛开那些未受到特殊照顾的朋友、亲人可能给予他们的指责外，就算是获得公正待遇的人也可能给予他们类似于沽名钓誉、不分远近、情商低下等的负面评价，而对这些指责，权力拥有者并无任何救济渠

---

① 在合同中，并非是所有的社会交换都是反道德或违法的。比如，权力拥有者利用自己的权力为自己的朋友谋取交易机会，而心安理得地接受朋友的精神和物资回报。那么本次交换会被定性为反道德或是违法的。然而，如果权力拥有者，为追求公平、公正，在分配交易机会时，对所有的参与者都一视同仁。那么本次社会交换中，他获得的报酬可能是领导或同事的欣赏和赞同。毋庸置疑的是，本次社会交换是符合公认的社会道德标准的。本章所讨论的社会交换主要是指那些反道德或者是违法的情形。

道。究其原因，社会交换中类似于社会赞同、赞美是发自赞同者、赞美者内心的情感表达，而情感性表达无法通过强制来实施①。至于那些反道德，或者是违反法律规定的社会交换，交换主体设法隐藏都唯恐不及，更别说植入合同条款。

其次，经济交换的成本和期待的利益的可度量性决定了权利救济的具体刻度。而社会交换中的标的多数因不具备可度量性，即使“权利”受到侵犯，“权利人”也无法衡量自己到底受到了

① 赞同或赞美具有工具性功能，目的就是通过支付廉价的成本，即说奉承话的成本，而达到献媚的目的。但需注意的是，在等级秩序中，赞同或赞美往往有着一定的心理强制性，但这种强制是自我的强制。一般而言，领导身边的人大致可分为两类：一类是献媚者；另一类是坚持自己原则和看法的人，我们称为坚持科学决策者。无论是献媚者还是坚持科学决策者都要为领导出谋划策。人都有实现升迁的欲望，只是献媚者的欲望往往更强烈。献媚者认为如能无原则支持领导，则便于实现自己升迁的图谋；而坚持科学决策者认为，自己的升迁需要靠自己的本事。于是，两种不同的价值观导致了不同的行为选择。坚持科学决策者，按照自己的原则，试图进行科学的论证，行事的风格是“以科学论证为主，兼顾或不顾领导感受”；而献媚者的行事风格是：“想领导所想，兼顾或不顾事情本身是否科学。”因此，献媚者总愿意花时间去测知领导可能的选择，然后便提出并尽力证明领导选择的合理性。从事情的论证结果看，如坚持科学决策者论证的意见与领导意见一致，效果与献媚者的行为无太大差异，但由于坚持科学决策者的论证方式往往不会考虑领导重视的诸如好大喜功等其他因素，故坚持科学决策者用“实事求是”的方式所得出的结论与领导想法相左的概率大增。而对献媚者，由于采用“想领导所想”的方式，意见不一致的概率被有效降低。在坚持科学决策者的意见与领导相左，而献媚者预测准确时所异口同声赞同的意见便会与领导的想法一致。领导也会认为，他选择的方案是受到赞同的，是正确的。因此，凡是赞同领导意见的人，都被领导视为聪明、有眼光、富有理解力，而那些与领导意见不一致的人，无疑遭到孤立。最为致命的是，领导对于自己对下属的评价，同样充满自信。久而久之，坚持科学决策者慢慢被领导疏远，献媚者、庸才却会紧紧将领导包围。由此可见，人一旦有了升迁欲望，则或多或少地会受到“我要献媚”的心理强制。

多大程度的侵犯。实务中，有一种情况相对例外，即在权钱交换中，权力被明码标价，如义务人未依约履行义务，“权利人”知道权利受损的程度，但由于权钱交易本身是违反法律的，故而也无法予以救济。

最后，在经济交换中，如权利受到侵犯，可采用自力或公力救济的方式，而社会交换中的“权利”如受到侵犯，“权利人”只能采取自力救济的方式。

2. 独特的救济方式

固然，社会交换中的“权利”受到侵犯的救济手段有着诸多局限，但这并不代表在社会交换中的“权利”受到侵犯后没有救济渠道，只是，社会交换中的救济渠道和方式有着自身的独特性。其实，我们无须深入探讨就能得出结论：社会交换中的“权利”肯定包含着救济因素，否则，它早就应不复存在。社会交换中的救济方式主要为：一是，指责与敌对；二是，合作策略的使用。义务人不尽回报义务，无疑会受到权利人的指责和抱怨，而指责、抱怨、敌对会缩减行为人的活动空间。因社会是个体之间具有互动行为和相互依赖的群体。社会的进步只能来自人们之间的相互合作，只有合作，才能带来共赢，才能给每个人带来幸福①。如果没有合作，人类社会今天仍然只能生活在采集狩猎的时代②。然

① 张维迎：《博弈与社会》，北京大学出版社 2013 年版，序言第 1 页。

② 张维迎：《博弈与社会》，北京大学出版社 2013 年版，第 6 页。

而，由于个体理性[①]与集体理性之间存在的冲突，不但会使符合社会主流价值的正常合作陷入困境[②]，而且也会出现偏离道德与规则轨迹的非正常合作。无论是正常还是非正常合作，人们为避免出现困境，都会特别注重协调。协调问题的核心是人们如何预测他人的行为。解决预测最直接的办法就是相互之间的沟通与交流[③]。但沟通与交流解决的仅是合作的基础，而能否让合作持续的关键是如何提供有效的激励[④]。义务人抛弃互惠的观念，不尽回报义务就典型地表现出了中断交流的故意，他们以这种“忘恩负义”的行为来破坏激励机制，不但会受到人们的抱怨与指责，而且也会招致权利人的敌对。敌意是人类本性的一个重要方面。敌意的作用无疑是激起争斗的能量[⑤]。在争斗中，人们惯常会使

① 经济学家主张人的理性时，是指人是能思索而且会思索的一种动物。我们可以从三个方面来认识人的理性：一是，理性是一种主观的概念；人会思索指的是一个人会根据自己的情况而进行某种心智活动；二是，理性只是指人能思索而且会思索，并不表示思索之后所采取的行为一定会有好的结果；三是，理性当然也有精细和粗糙之分。参见熊秉元：《正义的成本》，东方出版社 2014 年版，第 48 ~ 49 页。集体理性是指满足总收益最大化的选择或对所有成员都最好的选择。

② 如果每个人都从自己的利益出发作出选择，最后可能不会出现好的结果。经济学文献中，公地悲剧广为人知。故事很简单：大草原上，人人可以牧牛放羊；结果，每个人都想照顾好自己的牛、羊，草原却被消耗殆尽，这个故事带来的启示之一就是：很多时候，每个人都选择对自己合情合理的行为，汇集之后却出现不好的结果。

③ 张维迎：《博弈与社会》，北京大学出版社 2013 年版，第 4 页。

④ 张维迎：《博弈与社会》，北京大学出版社 2013 年版，序言第 3 页。

⑤ 查尔斯·霍顿·库利：《人类本性与社会秩序》，包凡一、王湲译，华夏出版社 2015 年版，第 190 页。

用触发战略[①]和针锋相对的策略[②]来惩罚那些“不守信”的合作者。

需注意的是，在理论上，无论是触发战略，还是针锋相对策略的使用都是双向的、平等的，无论哪一方不尽自己的义务，对方就会使用上述战略惩罚对方，但实务中，尤其在存在等级秩序的关系中，具体做法却和理论上略有差异。差异点主要体现在上述策略的使用往往是单向的。以权力拥有者与潜在合作者之间的关系为例，我们就能轻易地分辨出这种差异。一般而言，权力拥有者因掌握了交易机会或稀缺资源的分配权，与合作对手相比较，他们有更大的选择空间来确定合作对手。获利是启动交换的诱因，而获利的便捷途径是让权力拥有者做有利于自己的分配。意识到这个规律的潜在合作方越多，竞争就越激烈。故而，权力拥有者可悠闲地稳坐钓鱼台来等待蜂拥而至的潜在合作者。这就会形成以下局面：权力拥有者犹如姜太公，悠闲地等待着主动咬钩的鱼儿们；而那些逐利者则处心积虑地、小心翼翼地向他们传

① 触发策略又称冷酷战略，是指一开始跟我合作，然后只要你没有骗我，我就会一直合作下去；但只要你有一天欺骗了我，我从此以后就永远不再与你合作。不过，从另一个侧面讲，触发战略有时恰恰会导致双方进行合作。因在触发战略中，只要有任何一个人采取一次不合作的行为，就可以使整个合作彻底破裂。这样的战略非常残酷，即使对方无意犯错，合作也会破裂。故而，在合作中，它会让合作方加倍的小心。

② 相对策略是指每一次的行动都建立在对手前一次行动的基础上，也可以说成“以牙还牙，以眼还眼”。参见张维迎：《博弈与社会》，北京大学出版社2013年版，第130页。

递着各种积极信号，以证明自己是值得信赖的合作伙伴①及结草衔环予以回报的决心。他们为证明自己值得信赖会各显其能：有的会用看似真诚的、夸张的语言赞美权力拥有者；有的为证明权力拥有者的伟大，而无底线地矮化自己，或无由头地攻击他人；有的为表示自己的耐心，会使用宴请、送礼等方式。在这期间，他们对受到的些许称赞，甚至是批评、斥责，会假装表现出受宠若惊的感觉，权力拥有者哪怕是随意地、敷衍地予以指点，他们也会让巧妙地，或露骨地让权力拥有者知道这种提点对自己真正起到了醍醐灌顶的功效。

但问题是，潜在合作者即使付出了上述代价，也不一定能受到垂青，因每个项目只有一个机会，且往往只能有一个人获取该

① 社会交换中，合作伙伴需要向对方传递自己是友好的、值得信赖的、可以合作的信号。交换关系建立的初始问题是证明自己值得信赖。但正如世界上没有无缘无故的爱一样，社会交换也不会无缘无故地发生，归根结底，其总应有个开端，而开端的前提是相识，比如，血缘关系；因共同参与一个组织，如上学、参军；或因身份关系改变，如结婚、收养都能成为这个前提。然而，无须作深入的观察我们就可以发现，我们生活的圈子早就突破了上述圈子。当人们匆匆聚在一起的时候，在共同的规范或共同目标或角色期待在他们之间尚未具体化之前，进入交换所获得的利益为社会互动提供了诱因。接下来，就需要判断对方是否有合作的积极性，同时也需要将自己的合作积极性传递给对方。人与人之间是否有积极性合作，很重要的一个决定因素就是耐心。耐心越大，就意味着他合作的积极性越高；反之则相反。关键问题是，在最开始，对方并不了解你的耐心程度，这时就需要通过对社会规范的遵守来传递出一个人的耐心程度。比如，送礼这一普遍流行的社会规范。送礼在现实生活中有着不同的含义，但对于合作或合谋者而言，送礼传递的是想积极合作的信号。当一个人有送礼的积极性的时候，就是告诉别人，你是一个有耐心的人，愿意在未来跟别人合作，而没有耐心的人就不会做这样的选择。

机会。不过，即使如此，那些付出努力但未获收益的人也不会轻易地使用针锋相对或触发战略。因权力的存在有一定的连续性，而连续存在的权力无疑会衍生出更多的交易机会。在付出未得到回报之时，他们往往会选择隐忍①，而选择隐忍的根本动因就是期盼着出现“东方不亮西方亮”的局面。然而，对权力拥有者而言，惩罚不守信的合作者的情形则完全不同。他们对那些不守信的合作者，哪怕是这些人无心犯错，都可能招致权力拥有者严厉的惩罚。究其原因是一个合作者的出局，对他们以后的以权谋利并不会产生质的影响。他们相信，只要在权力存续期间就会有交易机会，自然就会有源源不断的、相互竞争的潜在合作者涌现。

---

① 对于付出代价但未有收获的潜在合作者而言，他们选择隐忍固然有对以后获取交易机会的期待。但当权者失去权力，这种期待落空，按道理他们可使用相关策略，不再隐忍。但现实中的情形却非总是如此。究其原因，是他们出于对关系网络和社会负面评价的恐惧。虽然，权力总有终止之时，但关系网却不会因权力的丧失而立马消失。中国社会中，个人社会关系是决定个人社会地位的重要因素之一，人们在评估他人时，不仅会依据被评估对象的权力，也会进一步考虑他所属的关系网络。放在一个时间段内观察，个人丧失权力固然会降低他在关系网内的地位，但这种降低是个渐进过程。在这种情形下，丧失权力，意味着他可能失去左右某件事项的决定权，但这并不代表他丧失否定权。只是，这种否决权并非属于权力正常行使的状态，而是在自己的关系网络内，通过给予合作者以负面评价，来影响其他当权者的决定；另外，在现实生活中虽然大家知道“人走茶凉”的道理，但每个人都希望自己是个例外，尤其是那些在掌权阶段对自己培养的“友谊”非常自信的人们，一旦体会到“人走茶凉”，巨大的心理落差会让他们产生更大的怨气。于是，内心的抱怨与指责化作了他们贬低他人的动力。随时随地，甚至是捕风捉影的贬低无疑会让被贬低对象的社会形象受损。此时，无论圈内还是圈外的人会以上述两者之间关系的变化为衡量是否值得交往的标杆，在他们得出那些被贬低的人属于“过河拆桥”的人的结论时，他们会选择敬而远之。

3. 独特的补偿与依赖

累积的义务会产生权力，但这种权力会通过别人要求清偿其债务而被消耗掉，因为这样做至少在部分上将权力关系变为交换关系，而交换关系假定地位相对平等①。反过来看，合同中隐含的社会交换虽发生的原因不同，但无论是基于权力，还是人情，其中都涉及补偿机制。无论在交换中有着多少看似不平等的现象，但一方给予回报后，双方将回复到平等地位②。

权力拥有者 A 在之前曾亏欠 B 一个人情，那么 A 对 B 有着回报义务，B 在理论上处于命令者的地位。在持续的交往中，B 发现 A 可为自己提供交易机会，便向 A 提出请求。A 为了归还 B 的人情，利用职务便利，让 B 取得了这次交易机会。至此，A 与 B 的交换闭环。在 A 与 B 的交换中，双方的地位发生着转变：第一阶段，即交换前，A 与 B 的地位平等；第二阶段，即 B 为 A 提

① ［美］彼得 · M. 布劳：《社会生活中的交换与权力》，李国武译，商务印书馆 2012 年版，第 214 页。

② 严格地讲，社会交换依然属于交换的范畴，在交换双方获取各自的报酬后，应归于平等。但现实生活中的情形却并非如此。比如，某权力拥有者利用职权给予了合作伙伴一次参与交易的机会，合作伙伴给予了回报。按上述说法，双方在以后的交往中应处于平等地位。但事实上，在以后的交往中，当权者仍然处于强势地位。究其原因在于：如果人与人之间的交换是一次性的，那么，在义务方给予对方补偿后，双方回归平等。然而，现实社会中，人与人之间既有一次性的短期博弈，也有多次性的重复博弈。在社会交换中，人们有着将一次性博弈转化为长期博弈的动因。因博弈重复多次，参与人关心的不仅仅是现阶段的收益，还包括未来的收益。正是这一点，是他们有积极性作出不同于一次性博弈是的最优选择。参见张维迎：《博弈与社会》，北京大学出版社 2013 年版，第 129 页。

供帮助后，双方完成半次交换，结果是：A 获取 B 提供帮助带来的收益，而亏欠 B 的人情；故而，B 处于命令地位，双方地位出现分化；第三阶段，A 为 B 提供了交易机会，再次完成半次交换，最终使社会交换闭环。最终的结果是双方互不亏欠，地位回归平等。

通过上述分析，我们发现一次完整的社会交换是由两个半次交换构成。第一个半次交换，使交换的主体从平等变为命令—被命令；而第二个半次交换，又从命令—被命令①回复到平等。然而，如果在第一个半次交换完成后，处于被命令地位的一方如没有能力完成第二个半次交换，那么，其将始终处于被命令地位。此时，正常的补偿机制无法再起作用，而导致地位的分化。久而久之，没有能力尽回报义务的一方如不能找到可替代的方案，就会形成依赖。他们为获得必要的服务或帮助，就必须维持这种依赖关系，在别无选择的情况下，他们只能以自身的顺从作为报酬给予对方，来免除正常的回报义务。从另一侧面讲，将平等的交换关系变更为垂直的权力关系也是给予一方的一种救济手段。因

① 被命令状态或称为被请求状态，是指一方当事人处于被相对方请求给付，或请求实施某种行为或不是某种行为的状态。参见李杰、李宗胜：《合同审查的思维与方法：风险控制与动态监管解决之道》，法律出版社 2016 年版，第 345 页。在社会交换中，命令的来源有二：一是，交换双方约定，使一方当事人有权请求另一方当事人作为或不作为，比如，一方请求另外一方帮忙获取某项目的交易机会，且被请求帮忙者答应了请求方的要求；二是，因一方当事人获取了相应的帮助或服务后，基于道德约束或双方约定而负有相对应的义务。

依赖关系为他们获取更大的权力提供了间接来源；基于依赖关系，他们威胁减少或拒绝为对方提供服务或帮助，则为他们获得更大的权力提供了直接来源。

第四节 经济与社会交换的形式及报酬转化

一、社会交换的形式：直接交换与间接交换

（一）直接交换和间接交换概述

社会交换中有直接交换和间接交换之分。直接交换是指交换行为直接在参与者之间发生。A 付出的成本正是 B 获得的报酬，B 付出的成本是 A 的报酬。比如，A 为获交易机会，宴请并送礼给 B；B 接受宴请和礼物后，将自己具有决定权的交易机会交给 A。本次交换中，A 获取的交易机会是其最终目的；B 获取宴请和礼物也是他的最终目的。间接交换，是指交换虽在 A 与 B 之间发生，但 A 付出成本，从 B 那里获得报酬并不是他的终极目的，而仅仅是用作它途的手段，A 的最终目的是想与那些受 B 影响的人进行交换并获取报酬。因 A 获得 B 的信任，意味着有了与 B 关联的关系资源，A 变相用 B 的影响寻找交易机会。A 搜寻的目标群体是那些试图从 B 获得交易机会，或那些深受 B 的影响的群体。实践中 A 合理利用 B 的影响的方式分为两类：一是，B 掌握交易机会，C 或 D 试图获得交易机会，但由于 C 或 D 得不到 B

的信赖，故而求助于 A，并向 A 支付报酬；二是，C 或 D 掌握交易机会，A 试图从他们那里获取交易机会，但 A 自己无法直接影响C 或 D。他于是利用 B 对 C 或 D 施加影响，从而获取交易机会。

其实，间接交换的最终目的也是利益。正如行动者在经济行为中会关注短期利益和长期利益一样，人们在参与社会交换时，依然会区分长期和短期利益。然而，对交换主体而言，立足长远利益来满足他人的短期利益，意味着需在当下付出成本。此时，他们获取的类似于信任、赞同等非物质性报酬并非是其最终目的，而仅仅是手段，因在实务中将获取非物质性报酬作为最终目的者，并非是社会交换的常态。故而，类似赞同、信任等报酬往往是实现放长线钓大鱼的目的的手段。在当下付出成本的交换者眼中，由于自己在支付的物质性成本未获得物质性回报，他们会因此自认交换尚未完成。接下来，他们不但会在较长时期内获得物质性利益来弥补成本，而且还要获取更多的回报。

（二）物质利益实现的渠道

既然间接交换立足于利益，尤其是物质性利益，那么，与掌权者进行社会交换的最理想模式是与他们进行直接交换，即除去获得信任、赞同等非物质性报酬，还获得交易机会等物质性报酬。如上述目的不能同时实现，便退而求其次，寻求与他们建立一种类似于僧和佛的关系①，即试图通过与“佛”的间接交换而最终从其他“施主”那里获取物质性报酬。掌权者因握有交易机会和稀缺资源的分配权，他们的信任与赞同对别人显得非常重要，且因他的信任与赞同具备高含金量而有着广泛的需求②。但他们出于综合因素的考量③，自然不会轻易地信任别人，也会十

① 中国有句俗语：不看僧面看佛面。僧与施主的直接交换中，蕴含了佛与施主的间接交换。僧化缘时，无论施主是否情愿，怕受到佛的惩戒，他们往往会选择与僧进行交换。无疑，在这种交换中，僧的利益得以满足。在僧与佛的关系中：僧因可利用佛门弟子的身份获取利益，因而即使他们不能直接从佛那里获得报酬也无所谓。交换中，僧需要付出赞美、诚心、尊重，但他们至少可以获取身份的认同。基于佛门弟子的身份认可，僧能充当施主与佛之间交换的媒介。在施主、僧、佛三者之间的交换中，施主的付出是对佛的礼敬；他们渴望得到的报酬是佛对他们的保佑；僧充当了佛与施主的媒介，与施主进行了直接的交换，而施主与佛之间形成间接交换。

② 需求广泛主要来源于人们对于位高权重者的认识隐含的假设，即假定位高权重者一样是看重人情的，且人们对这种假设是充满自信的。一般而言，人都或多或少地有一种自传式回应的倾向，因此，人们对与他们建立关系总是充满自信，且坚信心诚则灵。在交往中，他们即使受挫，也不放弃，反而会认为自己做得不到位而加大力度或改变方式，直至达到目的。实践证明，当一个位高权重者被别有用心的人确定为“目标”后，他们的“缺陷”会遭受反复敲打；他们的“偏好”会受到反复诱惑。结果是，许多原来非常自律的人，因放弃了抵抗而成为别人的猎物。

③ 首先，位高权重者握有交易机会和稀缺资源的分配权本身就赋予了他们给予他人的信任和赞同的高含金量。就像一个乞丐赞美一个人时，被赞美的人可能没有什么太过喜悦的感觉；但如是顶头上司的赞同，情形可能会大不相同。其次，位高权重者为保持自己信任和赞同的高价值，也会尽量减少对他人表达信任或赞同，且越惜字如金，价值就越高。最后，在社会交换中，交换并非总是符合道德规范和法律的。这样，交换中就存在风险，而风险一旦出现，则会给他们打来毁灭性伤害，轻则丢官罢职，重者锒铛入狱，且不说谁都无法承受失去自由的代价。即使失去高位，也意味着失去价值，会被许多人弃之如敝屣。因此，出于自我的保护，他们也不能轻易对别人表达信任和赞同；退一步讲，即使交换不是反道德和违法的，但现实中不乏擅长“扯虎皮做大旗”之流。

分吝啬自己的赞美之言。也正因稀缺，反过来又增加了他们的信任和赞同的含金量；同样是因为稀缺，加剧了信息不对称的程度。对掌权者而言，他们不完全了解自己信任的人会如何利用自己的信任，因受信任者即使利用他们的影响为自己牟利，也不会主动披露这些；即使披露，也只能犹抱琵琶半遮面，尤其在打着掌权者的旗号牟取非法或反道德的利益时，他们会千方百计地隐瞒；而那些声誉被利用的掌权者，在享受追随者无微不至的礼敬时，总会有意或无意的失聪或失明；至于那些对权力趋之若鹜的旁观者，即使得不到掌权者的直接信任和欣赏，但这并不会改变他们对权力的追求。于是，他们会采取曲线救国的方式，心甘情愿地充当权力追随者的追随者。在他们获得有利的分配后，他们会像权力追随者孝敬掌权者那样孝敬追随者。

此时，权力追随者的地位类似于“僧”，他们可以根据自己的理解和需求，随意但必须艺术地向其他施主暗示或传达“佛”的期待和要求，深谙此道的人知道，“佛”并没有了解真相的机会和愿望；而“施主”却没有机会和胆量到“佛”那里印证“僧”所传达的信息是否真实。就这样，权力的影响在当局者朦

信息不对称，让与之打交道的人无法核实真相，这类似于和尚借佛祖的名义行事，施主却无法在佛祖那里得到答案一样。在无法分辨真假时，有些人宁愿选择相信，也不愿冒犯佛祖。久之，位高权重者的声誉会受到影响。然而，同样由于信息不对称，让他们长期被蒙于鼓中而浑然不知。不过，即使他们有所察觉，也没有好的办法制止，因澄清本身就会被解读为欲盖弥彰。因此，为避免出现有口难言的局面，他们只能吝于表达对他人的信任和赞同。

胧的状态中被放大。毫无疑问，无论是权力的追随者，还是权力追随者的追随者，他们委身于权力的目的都是为“利”，但羊毛只能出在羊身上，在层层叠叠的交换中，每个环节的每个交换主体都有自己的算计和成本支出。这样，一层一层叠加的成本构成了一座金字塔，越往下层，成本越高。就像在现实生活中，一个工程项目，越靠近权力金字塔顶尖的人，越容易获得交易机会，成本也越低；层层转包，层层获利，获取交易机会的成本也越高；自然，那些本来应用于项目施工的款项在这种一层一层的交换中被消耗而改变了用于保证施工质量的资金的用途①。

（三）利益实现的其他途径

凡事都有例外。在现实生活中，并不是所有参与交换的主体都存有获利的期待。也就是说，从最终的结果看，有些人获取长期利益是处心积虑谋划的结果，而有些则是无心插柳之作。但严酷的事实是，无心插柳亦有真假之分。有些无心插柳者往往不知自己所帮主体的真实情况，也不具备未卜先知的能力，故而，他们除收获心安理得的感觉之外，未存获得回报的奢望。此时，参与交换的主体不论出于什么目的，但他们所提供的帮助是相对真

---

① 任何企业和个人实施经营行为均以获利为目的，毫无疑问，转包、违法分包、挂靠都会或多或少发生管理费。众所周知，收取管理费的企业并不参与工程实施。此消彼长，这些因转包、违法分包、挂靠而多出来的环节所产生的费用必定来源于工程资金。

诚，且并未过多考虑回报的。试想，如人们知道朱重八日后能够成为一代帝王，许多人一定会恭恭敬敬地箪食壶浆跪迎将来的帝王，而那个仅能拿出珍珠翡翠白玉汤的人怎么会有接近他的机会?

不过，有些看似无心插柳的行为有时却是更加深谋远虑的结果，其大致的情形有两种：

一是，试图以时间换空间的伪装者。一些人内心明明十分渴望接近那些能给自己带来利益的人，且他们恨不得当天种下种子，当天就能获得丰收，但从策略考虑，他们并不表现出急功近利，不显焦急状。反而，他们会不露痕迹地提供帮助，大有一副不图回报的姿态。实质上，这仅是一种相对高明的策略。究其实质，他们是通过伪装，让相对方放松警惕，目的是让他们接受自己的帮助而背负道义上的回报义务。毕竟，过于急切地抱佛脚总会引起别人的警惕而导致他人拒绝接受帮助。同时，显示轻松的另一个意图是为保持自尊，试图通过加重对方回报的道德义务来力求使交换的地位处于平等。如前所述，在交换中，期望从对方获取的利益越大，自己所表现出来的实力就越小，等级秩序越明显。在权力体系下的交换是不平等的交换，弱势方即使付出了成本，也不会改变这种不平等。一般而言，有欲望的人习惯在权力面前表现出顺从，但无论如何，这都是不得已而为之。因此，故作轻松的姿态会在一定程度上会彰显出自己的实力，而试图在相对平等的状态下完成交换。

二是，试图获取超额收益的“黑马”投资者。黑马是指在赛马场上本来不被看好的马匹，却能在比赛中让绝大多数人跌破眼镜，成为出人意料的获胜者。相对而言，权力是恒定的，而掌握权力的人却是不断更迭变化的。处心积虑式的“无心插柳”的另一种方式就是投资“黑马”。固然，依附于现在的掌权者，一旦成功就可收到立竿见影的效果，但由于竞争者众，成本高昂，且因这种投资属锦上添花，而致关系不具稳定性；而投资“黑马”，虽存有“黑马”变“瘟马”的风险，但一旦成功，势必会收到超额的收益。因此，在现实中，一些并非是位高权重的人会受到一些善于长线投资人的关照。由于这种关照存有雪中送炭的性质，所以被关照者因怀有感激之情而会对提供帮助的人形成充分信任。同时，由于被关照者人微言轻无法回报，致其背负了沉重的道义上的义务，且会因日积月累而加重负疚感。在此情形下形成的信任关系相对单纯且稳定。他们一旦掌握了交易机会和稀缺资源的分配权时，为缓解心中的亏欠之情，势必会放下戒心，加大回报的力度。

二、交换中的主被动关系及把握

现代社会关系中，无论是在合同领域还是在非合同领域，人们无疑会经常将别人卷入，同时自己也会经常被他人卷入社会交换之中。在交换中，我们要接受别人的馈赠，接受了馈赠就必须要在适当的时候回礼，同时，我们也要主动给别人以馈赠。故而，交换中不仅包括了回礼的义务，而且还意味着另外两个同样重要的义务：送礼义务和收礼义务。拒绝赠与、不做邀请，就像拒绝接受一样，无异于宣战；因为这便是拒绝联盟与共享①。虽然，在关系取向型的社会中，人情世故、礼尚往来已深入每个人的骨髓，在人的意识中已经形成因应的本能而无须刻意区分是自己将别人卷入，还是自己被别人卷入社会交换之中，但客观上，参与社会交换的当事人确实可区分为两类：一类是，积极主动地选定交换的目标人群，并及时把握交换的机会；另一类是，被动地卷入交换。在合同领域，主动进行社会交换者，实质是为了能对那些手握决定权的人造成影响，希望他们在做决定时能"对人不对事"，以期排除公正法则的适用，进而排斥其他竞争者。同样，接受馈赠的一方所表示出的含义是一种对相对方的信任，这对给予馈赠一方而言，他人的接受行为本身就是一种有效承诺②。

在简单社会中，不信任等于敌视；而在我们的社会中，不信

① ［法］马赛尔·莫斯：《礼物——古代社会中交换的形式与理由》，汲喆译，商务印书馆2016年版，第20～21页。

② 中国有句俗语："拿人钱财，替人消灾。"对送出馈赠的一方而言，对方接受馈赠，是给予自己的承诺；相反，如对方不接受馈赠，则意味着拒绝，或是不对自己提供帮助予以承诺。实质上，承诺人因接受了对方馈赠，而背负回报义务，这让他限制了自己的选择范围。接受馈赠物的价值越高，选择的范围越小，对提供馈赠者的承诺越可信。在现实生活中，如一方请求另一方帮忙，只有被请求方收取了请求方的馈赠，请求方才感到踏实；如被请求方不接受馈赠，无论其在言语上如何承诺，请求方都感到忐忑不安。因此，在实务中，被请求方是否接受馈赠往往成为衡量一件事情能否成功的标志。

任虽是预料之中的事情，但这无疑直接地表示出了一种不友好，而这会让那些主动表示友好的人有一种被侮辱的感觉。中国的传统智慧讲究“如欲取之，必先予之”。这是一种关于“取”的艺术，“先予”在表明对另一个人的信任的同时，也巧妙地实现了对相对方在道德上的束缚，且这种束缚会让相对方在双重欣喜①中浑然不知；被束缚者的回报，实现了“欲取”的目的，也证实了自己给予信任的正当性。因此，主动性地接受馈赠，或接受他人提供的帮助，或者主动地、试探性地给予他人馈赠，往往是交换关系的起点，随着时间推移，在礼尚往来机制的激励下，这种关系也可能演化为持久的“朋友”关系。而在相互信任的朋友关系中，社会交换的报酬和经济交换的报酬可自然地完成相互转化。

实质上，“如欲取之，必先予之”与“如须予之，必先取之”两种观念的核心都是“取”，但在权利义务体系中，两者颠倒的不是顺序，而是主被动关系。如前所述，掌握交易机会和稀缺资源分配的掌权者，无论是否热衷于交换，但出于稳妥和其他因素考虑，他们一般不会主动出击，且也无主动出击的必要。在社会交换中，掌权者取得的主动权具有先天性。他们可根据自己的意愿和客观情形，自主决定采用“先予后取”，还是“先取后予”。不过，无论他们使用哪一种方式，其因交换而获取的“权利”在

① 双重欣喜是指获取对方的信任并收获对方的馈赠。

常态下都能实现。但经济交换中的情形却并非如此。“先取后予”中，“先取”的权利是实实在在的权利；而“先予后取”中，因“先予”之后收获的是期待的权利。期待的权利与实实在在的权利有着质的差异，因期待的权利要成为实实在在的权利还需要借助外部条件。未来是不可知的，外部条件的成就会因此处于不确定状态。因此，在经济交换中，当事人为确保掌握主动权，应本着先收获，再付出的“先取后予”的理念构建权利义务体系。当然，既然合同是经济与社会交换的复合体，那么，合同中显性的权利义务体系，无疑会受到隐性的社会交换中的权利义务的影响。因此，“先取后予”仅是一种权利义务体系的设置理念，具体运用要根据现实条件灵活掌握。

三、经济与社会交换报酬的转化：以律师收费为例

（一）律师常用的营销策略

合同中包含了经济交换和社会交换，且经济交换的报酬和社会交换的报酬可以相互转换，相互抵销。在客户与律师之间的关系中，客户是为实现某一目标，如赢得诉讼，或在签署合同时需要律师协助把控风险。但由于客户对法律知识的陌生而缺乏必要的技术和手段，因此他尽量寻找具有相当技术与能力的其他行动者，律师恰恰符合上述要求。于是，客户与律师建立代理关系后，客户通过律师的代理为自己提供了一种手段，使自己可以追求仅仅依靠自身能力无法实现的目标，这一手段的实质是客户把

控制的资源转化为能力，进而实现自身的利益；对律师而言，其从事活动的目的是实现客户的利益，然后获得客户支付的额外补偿，即收取代理费用。上述是代理合同中关于经济交换的描述。既然涉及经济交换，势必会涉及律师代理费。

在律师行业有一种观点，认为律师取得执照所花费的成本巨大，故而律师应该高收费。其实，无论从经济学的角度，还是从经济交换中混杂有社会交换这一事实看，上述观点都是一种误解。单纯从经济交换的立场观察，在经济学中，供给和需求是最基本的两个概念，它们在市场中见面，有了交易也决定了价格。一种商品已经发生的成本并不能决定商品的价格，决定律师报酬的是现在的供给与需求，而需求由人们想要拥有某种商品的渴望程度，以及人们用来交换的东西所决定。这就意味着，律师的收费高低是由供需关系决定，其之前的高投入并不必然带来高收费。

关键问题是，在律师与客户之间形成的代理合同中，除去经济交换还包括了社会交换。律师是一门需要学问的行当，但外行根本不知道律师是否真正具备专业技能。所以，律师为展示自己的技能，通常会采取三种手段：

一是，适度的包装。在经济学中，我们可以根据产品质量信息在买卖双方之间的不对称程度，把产品划分为三大类。第一类叫搜寻品：尽管买方事先不知道它的好坏，但是通过付出一定的搜寻成本，就大概可以知道其质量如何，如桌椅板凳之类的东西。第二类叫经验品：该产品只有用过之后，你才知道它的好坏，事先无法通过付出搜寻成本就可以了解。比如，汽车，只有开了一段时间之后才知道它的好坏。第三类叫信任品：这类产品不仅你买之前不知道其质量如何，买来用了之后仍不知道它的质量好坏。比如，现在好多保健品就属于这一类①。律师提供的服务产品同时具有经验品和信任品的特性②。适度的包装相当于广告，目的是向市场传递信号。一般而言，在律师专业群体未能自成一体时，广告在一定程度上具有区分好律师和差律师的功能，因客户会有一个理性的预期，如果律师敢于支付大手笔的费用进行包装，意味着该律师是成功的律师，且只有专业水平高的律师才能成功，反之则相反。

二是，标杆性营销。标杆性营销是指律师寻求一种知名度高的标签行为的营销方式。所谓标杆是为众人皆知的，能够让他人快速识别的事物。律师在受托接受具有标杆性案件的时候看重的

① 张维迎：《博弈与社会》，北京大学出版社 2013 年版，第 213 页。

② 律师提供的服务产品有着一定的特殊性。有时，其具有经验品的特征，而有时却又具备信任品的特征。比如，律师接受当事人的委托参与诉讼。在事前，当事人无法通过搜寻了解到律师的水平，即使当事人进行了搜寻，也无法获得真实的信息。因大多数人在制作资料对外传递信息时，都会将自己的优点作夸张式描述，而对自己的缺点只字不提。故而，人们即使付出搜寻成本也难以辨别律师的好坏。之所以说律师产品具有经验品特性，是因为人们在选聘律师后，可从最终的结果作出判断。比如，在诉讼中，律师因自己水平有限，输掉了不该输的官司，则可以判断出该律师水平有限。之所以说律师提供的产品有信任品的特性，是因为在一些法律事务中，难以判断律师的作用。比如，在非诉讼中，律师起草的合同得以顺利执行，但由于事物往往具备多因一果的特征，即使律师在合同条款中存有失误，也会被最后相对良好的结果所掩盖。

并非是短期利益，而是长期利益，因此其考虑的并非是金钱而是名气。

在聂树斌案件中，其母亲张××老人讲，她家从来不缺律师登门拜访，有时候一拨拨来，那院子都快成斗法逗秀的舞台，但是问她为什么还是重聘李律师时，她很快回答："他肯干活。"聂树斌案经过媒体热炒致使全国人民关注，具有典型的标杆性特征，而拟与聂树斌母亲建立代理关系的律师当然不会放弃这个营销出名的机会，因事后该案一旦取得良好的效果，参与的律师无疑将会增添具有标志性的成功案例，且会被媒体大肆炒作而达到蹭热点的目的。此时，我们不能排除确实有以伸张正义为目的的律师，但大多数律师，尤其是建立了代理关系之后就置之不理的律师，其考量建立代理关系的因素并非金钱，而是通过"名案"来追求"名人效应"。

三是，攀附权贵。在某些人眼中，依附于权力是通往成功的捷径，这是一个不需要做深入探讨，仅从可观察的社会现象就可以得出的结论。

（二）社会交换与经济交换的报酬转化路径

毋庸置疑，无论是适度包装、追求标杆性案件还是攀附权贵都需要支付一定的成本。这三类行为都涉及社会交换，且律师在直接交换中获得的非物质性报酬都会成为其在日后获取物质性报酬的资本。在追求标杆性案件中，有些律师所谓的免费，实质是将投入的费用当作广告费。因在代理标杆性案件中，律师除能获得当事人的赞同和感激外，还会因案件广受社会关注，其行为自然会受到同行和社会的赞同，而社会赞同无疑将成为这些律师的金字招牌，这会为其日后扩展案源提供巨大的帮助。正是基于这一点，有些律师的目的非常单纯：他们为蹭热点，为成为人们心目中的正义之神的化身，会想尽各种办法取得当事人的委托手续。我们假设，那些具有较大社会影响案件的当事人在寻求律师的过程中，如宣布自己不但不支付律师费，反而要向律师收费，且定下价高者才能得的规则会是多么的荒诞无稽，但即使如此，谁又敢肯定地得出没有律师愿意倒贴钱代理的结论?！正因如此，在一些社会影响较大的案件中，我们不难发现同行之间相互贬低、相互攻击、相互声讨的情形。毫无疑问，这些律师一旦取得代理手续，就会衍生出名人效应。因理性大众的预期是，这类关注度高的复杂案件，只有那些业务能力、责任心强，且富有正义感的律师才会代理。

其实，有些律师在代理标杆性营销案件时的目的并非像他们自己宣称的那样：是为了公平正义，是为推动法治进步，是为维护当事人的合法权益。尤其是那些取得炒作题材后就不再开展实质性工作的律师，他们的目的非常纯粹，就是为获得社会赞同。此时，在当事人、律师和社会大众之间便形成了直接的社会交换和间接的社会交换。直接交换是律师与当事人之间的交换，交换中，当事人获得的报酬是律师免费的服务；律师支付的成本是时间和金钱，得到的报酬是当事人的感激和赞同。间接交换中，律师成本还是在直接交换中付出的时间和金钱，而获得的报酬变成了社会赞同。当然，在那些将自己的投入当成广告费的律师心目中，当事人内心的赞同与感激是“廉价”的，也就是说，这些律师所关注的并非是与当事人之间的直接交换，在他们的心目中，直接交换仅是一种手段，且这种手段是正当的、适当的，即使他们的目的是打广告，他们也可以找出充分的理由，义正词严地来掩盖真实目的。故而，严格地讲，他们在直接交换中并不在意当事人给予的感激和赞同，而是注重如何通过当事人之口向社会传递信号来塑造他们高大上的形象。

攀附权贵，成为权力追随者所带来的便利和便捷会让人们食髓知味，因此，我们无须再过多地阐述人们为什么要攀附权贵。在现实社会中，律师由于掌握着法律专业技术，因此，人们在遇到法律问题时难免会找律师帮忙。事实上，有些律师在面对求助的人时并不能做到一视同仁。对无权无势者，他们会振振有词地强调高收费；会以职业尊严为借口，反复地声明律师不应，亦不能提供免费咨询；但如果免费求助的人是领导，或是领导的朋友、家人等，有些律师便油然而生一种受宠若惊的感觉，且领导的求助会成为他们对外炫耀的资本。这样的情形之所以会出现的根源并不复杂，因领导留给人们的印象是：与之交往将有所报酬。他们期待：经领导金口玉言式的推荐，可快速扩展自己的客户范围；或者，他们觉得被人看见或知道与领导关系亲密，是一件无比荣耀的事情。

无疑，领导的求助中隐含对律师的信任。信任虽仅是领导在交换中提供的非物质性报酬，但信任本身会变相带给律师源源不断的物质性报酬。律师接受领导交办的事项后，他们不会因没有经济报酬而怠于履行代理职责，恰恰相反，他们会不遗余力地完成委托事项，而且领导职务越高、对案件越重视，律师的服务越到位。在服务过程中，求助者不会给予律师符合行业收费标准的物质性报酬，事实上，律师还可能会倒贴费用；至于时间成本，更会被忽略不计。但即使如此，向领导示好的竞争依然存在。因权力带来的荣耀与交易机会，会让那些未取得领导信任的律师产生一种被剥夺的感觉①。究其根本，律师往往是打着不辜负领导信任的幌子，实现让领导赏识，进而拉进与领导关系的目的。从结果来看，提供免费服务与宴请、送礼给领导并无质的区别，唯

① 在特定群体中，由于个体之间相互作为行动参考，当把自己的行为与别人相比时，常常会产生一种失落感或满足感。比如，受领导赏识的甲律师获取了一个交易机会；而乙律师，认为自己能力、水平和甲律师不相上下，但由于领导更赏识甲律师，故而自己未取得交易机会。于是，乙律师有了不满情绪；相反，甲律师因自己取得了交易机会而乙律师却未取得，通过与乙律师相比，他会产生一种满足感。相对剥夺这一概念主要是用来对那些不满情绪进行解释，尤其是解释那些初看起来并不会激起这种不满情绪的客观情境。“剥夺”是相对剥夺概念中附加性和特殊化的组成部分，而这一概念更富有核心意义的部分就是强调“相对”的社会体验和心理体验。参见［美］罗伯特·K.默顿：《社会理论和社会结构》，唐少杰、齐心等译，译林出版社 2015 年版，第 398～399 页。

不同的是形式和出发点有所不同①。

实际上，从成本和收益的角度观察，可以更加清晰地发现社会交换中的非物质性报酬与经济交换中的物质性报酬相互转化并保持相对平衡的轨迹。如前所述，宴请和送礼是拉近关系的重要方式。宴请和送礼，都意味着付出时间和金钱。日常生活中朋友的宴请和送礼，各方处于相对平等的地位，且基本遵循礼尚往来的规则，但在等级秩序下，提供宴请和送礼的一方往往处于弱势地位，且宴请和送礼往往是单向流动的。也就是说，他们不仅需付出时间和金钱成本，在受到不平等待遇时，还要表现出十分乐于接受这种不平等，且处于强势地位的权力拥有者即使接受了宴请和礼物，他们也不一定对宴请和送礼的人形成信任；即使不遵循礼尚往来的规则，他们也不会感觉有人情的亏欠，因在有些人的心目中，出席宴请、接受礼物本身就是一种恩赐。在领导委托律师处理法律事务时，无论双方是否签订合同，都不能抹杀双方已构建了委托代理合同的事实。在代理合同中，关于经济交换的部分，领导只有权利，即他们享受了律师提供的服务，但未支付律师费用；相反，律师只有义务而没有权利，他们需要付出时间成本和金钱成本，但在办理完毕委托事项后，却未获与之匹配的

① 从因果关系上看，送礼宴请与提供服务之间存在一些差异。宴请和送礼的目的是试图取得对方的信任和赞同。故而，宴请和送礼是因，给予宴请送礼者信任是果；而在“求助”律师为自己服务时，信任是因，求助是果。有些律师之所以愿意接受这种委托，其目的是强化与领导之间的信任。从目的上看，宴请和送礼与提供服务并无质上的差异，所不同的是程度上的区别。

经济报酬。然而，再观察代理合同中关于社会交换的部分，律师因给领导提供了免费服务，在委托事项取得相对较好的结果后，律师的能力会得到认可，且领导会因律师的帮助而形成人情亏欠。自然而然，律师拉近了与领导之间的关系，这就意味着拉进了与权力之间的关系。

对比宴请、送礼与律师免费提供服务中的成本和收益可以发现，两者之间虽在形式上存在差异，但在实质上，他们所期待的报酬是一致的。宴请和送礼时付出的成本包括：时间成本、金钱成本和尊严成本；宴请和送礼方期待得到的报酬是取得对方对自己的信任和赞同，并奢望对方能做到礼尚往来。在免费服务中，律师付出的成本包括：时间成本、金钱成本；期待的报酬是领导的信任和赞同。相比较而言，两者在成本构成上略有差异，因宴请和送礼中，宴请和送礼方需付出尊严成本，而在免费提供服务时，律师虽也会小心翼翼，但毕竟领导会因有求于人，而给予律师以适当的尊重；从获得的报酬来看：宴请和送礼可能会达到如宴请和送礼者预期的效果，但也有不能得偿所愿的可能，尤其那种临时抱佛脚式的宴请和送礼，效果会更加不确定；律师免费提供服务的方式，如委托事项的办理取得既定的良好效果，领导会进一步认可律师的能力而加深信任程度，相反，如办理的委托事项未取得良好的效果，律师的能力会受到质疑，信任关系则有崩溃的风险。

由此观之，律师提供免费服务时所支付的成本欲达到的效果与宴请、送礼物并无实质性差异，该支出完全可以看作律师间接支付的营销费用。但即使如此，两者之间还是存在一定差异。一般而言，宴请和送礼可以视为一种单纯的交换，支付的成本与期待的报酬是一种直接的对应关系，而免费代理的形式是寓社会交换于经济交换之中，在互动双方之间，达成的是一种失之东隅收之桑榆的平衡：在经济交换中，律师处于亏本状态；而在社会交换中，免费的服务替代了类似于宴请和送礼的成本。

第四章

合同博弈真相

第一节 合同博弈概述

一、合同博弈的基本概念

合同是一门博弈的艺术。博弈通常是指两个或两个以上博弈方根据特定的博弈规则企图达到某种目的的一种对抗性活动①。毫无疑问，合同博弈中，“试图”达到的目的是获取权利或利益。需注意的是，正如当事人的合同目的并非总是为获取经济利益一样，博弈主体所追求的权利或利益不但包括货币形态的经济利益，也包括非货币形态的人格利益。博弈论是分析存在相互依赖情况下理性人如何决策的理论工具。博弈论包括参与人、行动、信息战略、支付均衡和结果②。所谓参与人，是指博弈当中决策的主体，他在博弈中有一些行动要选择最大化的效用或收益（支付）。参与人可以是生活中的自然人，也可以是一个企业或组织，还可以是一个国家或国家之间的一种组织。在一个博弈中，只要决策对结果有着重要影响的主体，我们都把它当作是一个参与

① 熊明辉：《诉讼论证》，中国政法大学出版社 2010 年版，第 77 页。
② 张维迎：《博弈与社会》，北京大学出版社 2013 年版，第 32 页。

人。除了一般意义上的参与人，当一个博弈涉及随机因素时，我们往往还引入一个“自然”的虚拟参与人[①]。比如，在履行合同过程中，当事人是否实现合同目的，除去当事人自己的选择外，其他一些诸如不可抗力等不受当事人控制的因素也可能决定着事情的成败。虽然，这些虚拟的参与主体，在一定程度上起着决定作用，但它们并没有自己的行动目的。

行动，是指博弈方在博弈进程中轮到自己选择时所做的某个具体决策行为。行动是博弈的必要环节。没有行动，就没有真正的博弈[②]。每一个参与人，在轮到他们采取行动时，都有可能有多种选择。比如，建设项目施工合同招标过程中，承包方可以将项目交付给施工能力强但人际关系相对较弱的施工单位实施；也可以交给人际关系好，但施工能力较弱的施工单位实施。所有参与人在博弈中所选择的行动集合就构成一个行动组合。不同的行动组合导致了博弈的不同结果。所以在博弈中，要想知道博弈的结果如何，除去清晰自己的行动，还应了解对手的选择。与行动相关的另外一个重要的问题是行动的顺序，即谁先行动，谁后行动。现实生活中，许多博弈的行动顺序是由技术、制度、历史等外生因素决定的[③]。在合同领域，对于行动顺序，当事人可在合

① 张维迎：《博弈与社会》，北京大学出版社2013年版，第33页。
② 熊明辉：《诉讼论证》，中国政法大学出版社2010年版，第78页。
③ 张维迎：《博弈与社会》，北京大学出版社2013年版，第33页。

同中予以约定；合同未约定，或约定不明的，按法律之规定①；一般来说，参与人的行动顺序不同，结果也往往不同。于具体合同中，行动顺序决定了当事人之间的主被动关系，这在一定程度上决定了结果的不同。

信息是指在博弈中，参与人对自己和对手的了解，其中包括对各自特征、行动、规则、习惯、报酬等的了解。在博弈中，如果参与人对相对人行动的信息掌握得非常充分，完全了解对方葫芦里卖的什么药，我们将这种信息称为完美信息；在博弈中，如果对相对方的类型和特征的信息掌握得比较充分，我们把这类信息称为完全信息。在合同中，信息的范围是非常广泛的，规则、文化、习惯、特征、类型、人际关系、合同目的、合同心态、宏微观环境、交易的急迫程度都会影响到合同的签订与履行，任何当事人都无法全面了解这些信息，故而，常态下，在合同博弈中，当事人只能在信息不对称的情形中进行。

战略可以理解为一个相机行动计划，它规定了参与人在什么情况下该如何行动②。战略的这种相机性实际上是为参与人在选择行动上提供了一种前置条件和规则。比如，不安抗辩权赋予了后履行合同义务的一方在履约中的防御权。《合同法》以履行顺

① 法律规定的行动顺序如关于同时履行抗辩权的规定。同时履行抗辩权的观念基础是“一手交钱，一手交货”这一朴素交易观念。《合同法》第 66 条规定：当事人互负债务，没有先后履行顺序的，应当同时履行。一方在对方履行之前有权拒绝其履行要求。一方在对方履行债务不符合约定时，有权拒绝其相应的履行要求。

② 张维迎：《博弈与社会》，北京大学出版社 2013 年版，第 34 页。

序为基础，建构了双务合同的履行抗辩体系：双方应同时履行的，适用同时履行抗辩权；异时履行的，适用先履行抗辩权和不安抗辩权。在时间交易中，异时履行的合同数量相当多，为保护先履行方的利益，《合同法》规定了不安抗辩权，赋予当事人以自助权①。不安抗辩权实际上是赋予了负有先履行义务的一方以相机行动的前置条件和规则②，规定了行动的方式③和行动的后果④。但对于负有先履行义务的一方，在相对方的信用处于不安时，也可以选择不行使不安抗辩权，这也是一种战略选择，只是，结果可能会与选择使用不安抗辩权有质的差异。战略要具备完备性，就需要针对各种情况制订出相应的行动计划，但在合同实务中，这是不可能完成的任务，因未来是未知的，合同主体心态和合同目的的变化、宏观与微观环境的变化、制度规范和市场环境的变化等都是我们无法准确预料的。再者，合同是当事人协商一致的结果，即使一方当事人能做到料事如神，但对方如不同意，则无法达成一致载入合同。此时，即使一方能做到“准确的

① 谢鸿飞：《合同法学的新发展》，中国社会科学出版社 2014 年版，第 297 页。

② 不安抗辩权行使的前置条件和规则是：有确切证据证明，后履行合同义务一方的信用处于不安状态，即相对方丧失给付能力或丧失其他履行债务的能力。《合同法》第 68 条作了较为详细的规定。

③ 行动的方式：行使不安抗辩权的一方可中止履行；信用处于不安的一方应恢复履行能力、提供担保。

④ 行动的后果是：如当事人没有确切证据，滥用不安抗辩权中止履行的，应当承担违约责任；如有确切证据中止履行的，处于信用不安的一方未恢复履行能力、提供担保，相对方可以解除合同；如其恢复了履行能力，提供了担保，不安抗辩权消灭。

预料”也无济于事。但对当事人而言，即使是这样，追求战略的完备仍然是非常重要的。

支付，或称报酬、得益，是指每个参与主体在给定战略组合[①]下得到的收益。报酬是每个参与主体最为关心的事项。报酬既包括货币形态的报酬，如利润；也包括非货币形态的报酬，如商誉。在合同领域，对于参与主体所期待的报酬的理解出现失误，预测自然就难以做到准确，这一点，对合同的条款设置，以及在履约中调整策略都十分关键。比如，在政治色彩浓厚的建设项目中，项目业主不仅关心项目建设的经济成本，也会关心项目能否顺利实施所带来的政治影响。因此，在合同签订和履行过程中，如将报酬仅仅限定于追求成本的最小化，那么预测就难免出现失误，因项目业主追求的不仅是成本最小化，还包括了政治的影响。

均衡是最优的战略组合，是博弈中的一种稳定状态，在这一状态下，所有参与人都不愿意单方面改变自己的战略。一般来说，在同一个博弈中，参与人都会有很多个战略可供选择，最优战略是给定其他人的战略能够给他带来最大支付的战略[②]。报酬是博弈主体参与博弈的起点和终点，常态下，参与博弈的主体会

① 在合同领域，没有买方就不会有卖方，反之一样。因此，自己战略的成功是建立在对方战略成功的基础之上。在博弈中，每一个参与人得到的支付不仅依赖于自己选择的战略，也依赖于其他人选择的战略。所有参与人选择的战略的集合称为战略组合。

② 张维迎：《博弈与社会》，北京大学出版社 2013 年版，第 35 页。

基于自己的利益最大化①设定自己的战略。然而，每个人生来都有权利虚伪地行动，并且违背他的承诺。除非他被某种更伟大的善的希望或者更可怕的恐惧所约束②。签约时，利益最大化是达成交易的动力。经讨价还价后所签的合同文本，是面向未来确定当事人各方所期待的稳定状态；履约中，当事人拟实施的行为依然是基于利益的算计，利益的最大化既是保证合同顺利履行的动力，同时又是让一方怠于履行的根源。合同顺利履行各方皆大欢喜；但因情势的变化，当一方认为自己利益受损或未能获得足够利益时，他们便有了怠于履约的动因。此时，他们无论是采取“虚伪的行动”，还是“违背之前的承诺”，都无疑会改变合同文本中所规划的稳定状态。因而，所谓的均衡状态是相对的、可变

① 利益最大化首先是基于人的自利特质，对参与主体的一种假定，即假定他们在参与社会活动中，总试图获取最大的利益。无疑，这种假设会遭受无情的批判，且持批判态度的人会举出相关例子佐证自己的观点。其实，世事并无绝对，通则之外总会有例外，尤其在经济活动中，这种假设是必须且必要的，因如不假定交易主体是基于追求利益最大化的目的，那么又能以何种标准作为出发点来界定他们的行为？如找不到一个大多数都可以接受的标准，又如何建构理论体系？因此，将利益最大化作为通则构建理论体系；将不追求利益最大化作为例外置于个案中处理可能是最优选择。其次，最大化利益中的“最大化”是相比较而言的一个主观概念。比如，在买卖合同中，出卖方总试图将售价提高，因售价越高，他们的报酬越丰厚；买受方恰恰相反，价格压的越低，他们的报酬越高。但事实上，无论买方，还是卖方，他们都有一个底线，底线一旦被突破意味着交易失败，而交易一旦失败，双方的利益都化为泡影。因此，讨价还价的过程，是相互挤压并试图无限接近对方底线，但不突破底线的过程。只有这样，交易主体才会在“胡萝卜”的诱惑，保持着接触的耐心。当双方都觉得对方已接近崩溃的边缘时，各自都会形成自己获得了最大化利益的判断。

② ［英］肯·宾默尔：《博弈论与社会契约》（下），潘春阳、陈雅静、陈琳译，上海财经大学出版社 2016 年版，第 314 页。

的。认识到这一点非常关键，这关系到合同文本中条款的设置原则①和履约中动态管理的理念②。

二、合同博弈③中的非常态变化及根源

（一）零和博弈抑或正和博弈

零和博弈，又称零和游戏，与非零和博弈相对，是博弈论的一个概念，属非合作博弈。指参与博弈的各方，在严格竞争下，一方的收益必然意味着另一方的损失，博弈各方的收益和损失相加总和永远为“零”，双方不存在合作的可能。正和博弈，是指博弈双方的利益都有所增加，或者至少是一方的利益增加，而另一方的利益不受损害，因而整个社会的利益有所增加的。表面上来看，合同行为本身是当事人之间的合作行为，因合同诞生于当

① 合同规划的是未来的交换关系。因此，合同条款实质是当事人的预测行为在文本中的体现。合同顺利履行依托于当事人之间的相互信任并坚守承诺，但利益会让当事人实施违背承诺的行为。因此，合同中必须设计一个信任的机制来保证当事人依承诺行事，即给予他们伟大的善的希望，或更可怕的恐惧。

② 当事人签约的目的是互蒙其利，而签订合同仅是取得期待利益的第一步。在履约过程中，预测的偏差、当事人主观认识的变化以及客观环境的改变等都会对合同的履行产生影响，进而影响到当事人的利益。因此，履约的动态管理十分关键。这就像在足球比赛时，优秀的教练员赛前应作出预判，但在比赛进行中，他们会根据场上的变化，包括己方的变化，如某主力队员状态不好；或对方的变化，如对方球队改变了经常使用的阵型，来进行调整。

③ 合同规划的虽是交易关系，或者说合同虽是实现交易的手段，但合同并不等于交易。从功能实现看，交易会带来社会效率的提高、社会财富的创造和积累，而合同本身却不具备这种功能。换句话说，合同自身不能创造或贬损价值。因此，这里所指的合同可以理解为合同行为，或交易行为。

事人都认为自己能获取利益的时候，且签署的合同文本由法律的强制力作为履行后盾。故而，从合同行为的特征观察，其应该属于典型的正和博弈。然而，事实并不像看起来那么简单，这主要源于两方面：一是，多元的合同角色所致利益的多元化；二是，在合同中既存在经济交换，也存在社会交换，而它们之间，无论是参与交换的主体、规则、报酬等都存在明显的差异。

多元的主体、多元的利益、多元的规则、多元的价值观交织混杂在当事人对未来交易关系规划的合同之中，使合同具备了利益的统一性、冲突性和均衡性。统一性迫使合同各方不得不求同存异[①]。“同”是参与人实现利益的大前提，因没有合作，一切免谈；“异”是因各利益主体的利益相互独立，故而他们要谋求别人承认自己的利益，作为交换，参与人在谋求别人承认自己的利益时又不得不承认他人利益。“异”可能导致相互争执，争执目的是获取最大化的利益；“同”意味着相互妥协，妥协的目的也是实现最大化的利益。求同存异下的局面就犹如在看似一条朝同一方向流动的水流之下，隐藏着无数个方向各异的暗流。利益主体在实现求同存异的过程时，总希望花费最小的成本，获取最大收益，而欲取得这样的效果，就需将“好钢用在刀刃”上。也就是说，对于那些必须支付的成本，支付的针对性越强，效用越大，效果越好。

什么是“刀刃”？显而易见，“刀刃”是指关键部位。在合同

① 李杰、李宗胜：《合同审查的思维与方法：风险控制与动态监管解决之道》，法律出版社 2016 年版，第 398 页。

领域，“刀刃”是控制权，掌握控制权的主体决定着自己是否要达成交易，并在一定程度上可以决定交易的具体内容。如前所述，法人并没有思维和行动能力。无论是决策，还是执行决策都要由自然人完成。显然，处于决策和执行决策机构的特定人群在一定意义上更具有决定权。在法人主体的经营活动中，我们虽不能得出结论说具有决定权的人都有私利，但我们同样也不能得出结论说具有决定权的人都是大公无私的。

从揭露的邓崎琳贪腐案看出，在武钢与武宝联公司的矿石买卖合同中，载明的合同主体是武钢和武宝联公司。然而，从事后的结果看，合同文本载明的主体并非是利益主体的全部，至少，邓崎琳和与之具有特定关系的人同样也是利益主体；武宝联公司在矿石价格大幅下跌后，武钢又原价回购，致使武钢损失1500余万元。在这个案例中，武钢原价回购损失1500余万元，其所失的应正好是武宝联公司的所得，两者相加正好为零。此时，武宝联与武钢之间的合同肯定已不是正和博弈。然而，在这次交易中，武宝联公司、邓崎琳、邓崎琳的特定关系人获取了利益，从这个角度看，他们之间的博弈更像是正和博弈。然而，不要说武钢是一个大型国企，本应有健全的管理制度和采购流程，哪怕就是一个管理相对散漫的小企业，在信息如此发达的社会，了解矿石的市场价格也并不困难，更何况武钢。正常情况下，无论是谁，都不会以过分高于市场价格购买商品，否则，它们必然会被市场淘汰。不过令人大跌眼镜的是，本应更了解市场价格，且管理本应更加规范的武钢却在回购时的出价远远高于市场价格。此时，如没有邓崎琳手中的权力，而按照市场规律，在矿石价格大跌后，武钢是否会原价回购武宝联公司的矿石呢？或者，换一种问法，即如果经营主体与邓崎琳没有特定关系，武钢是否也会以这样的价格购买矿石呢？无须深入思考就能得出否定的答案。因此，我们断定：在武宝联与武钢的博弈中，除了武宝联和武钢，还有其他的博弈参与人。无疑，其他的博弈参与人就是在交易中获得报酬的人；在社会交换中，那些具体签署、执行买卖合同的人员①可能会得到邓崎琳的肯定性评价；或者，他们因有不被权力“合法祸害”② 的顾虑而轻易将武宝联公司与武钢签署的买卖合同放行。这就是他们在交换中获得的报酬，这报酬以武钢遭受经济损失为代价，为他们自己的升迁调动，或免遭“合法祸害”铺筑了“成功”之路。

---

① 一般而言，国有企业在涉及物资买卖时都有一套管理流程。即使在具体的管理过程中，制度形同虚设，也不妨碍“已经设了制度”这一前提的存在，因只有公司存在管理制度，才能谈得上“虚设”或“实设”。虽从结果看，形同虚设与缺乏管理制度所取得的效果类似，但它们两者之间还是有实质性的差异。形同虚设是指负责实施制度的人不作实质性把关，但这仅指制度执行层面，其并不能否定制度存在的必要性；而缺乏制度，则存在两种可能：一是，没有必要制定制度；二是，有必要制定，但还未制定。当然，缺乏制度自然就谈不上配备人员负责实施。据此，我们假定了武钢有关于物资采购的管理制度，只是在执行过程中形同虚设；故而，我们进一步假定了在与武宝联的买卖合同中，除邓崎琳之外，还有其他参与人员。

② 张居正总结说：人们怕那些吏，一定要贿赂那些吏，并不是指望从他们手里捞点儿好处，而是怕他们祸害自己。合法地祸害别人的能力，乃是官吏们的看家本领。这是一门真正的艺术，种种资源和财富正要据此分肥并重新调整。参见吴思：《潜规则——中国历史中的真实游戏》，复旦大学出版社 2016 年版，第 3 页。

（二）合同博弈非常态化变异的根源及方式

邓崎琳及其特定关系人在结成联盟获取非法利益的时候，实质上引入了一个博弈的对手，即引进了制定法律制度的国家作为博弈对手。有博弈就有规则，规则是人们每次博弈的前提，其决定着博弈中每个人的战略空间、可使用的信息、支付、均衡结果等。国家制定的法律无疑应属于博弈各方必须遵守的规则。严格地讲，在博弈中，规则应是中立地存在，他对博弈参与人都一视同仁；同时，在博弈中，规则是相对消极地存在，它用自己本身具备的消极功能，即震慑功能规范行动者的行动。只要博弈参与人在规则的范围内行动，它们就不会被激活而一直消极地存在下去；但如参与人违背了规则，规则的积极功能被激活，违背规则的人将会受到规则的制裁。比如，一个人无论基于何种原因，只要在禁止吸烟的地方不抽烟，就不会受到任何干涉；相反，如在禁止吸烟的地方吸烟，禁烟制度就会被激活，违反规则的人就会受到制裁。法律制度由于是以国家的暴力为后盾，它必须要被遵守，且要被不折不扣地执行。只有这样，社会和经济秩序的稳定才有保障；人们在行动前，也才能对自己的行动结果有合理的预判。当然，这同时意味着，博弈参与人一旦挑战法律规定，就站在了刚性规则的对立面，站在了国家暴力的对立面。此时，本来处于中立地位的“规则”背后的国家成了挑战规则一方的博弈对手。

在我国，国有企业在经济结构中占有较大比重，对国企资产的保护也非常严格，仅仅在刑法（包括刑法修正案）中，与国有资产流失相关的罪名就有20多个①。在邓崎琳的贪腐案例中，如没有他的权力影响，武宝联公司与武钢之间的博弈本应是平等主体之间的博弈，它们理应按市场规律，在法律的框架内商谈矿石的买卖合同。但由于权力的影响，平等、公平的原则被扭曲，法律的规定被破坏。这同时意味着邓崎琳以及特定关系人在与制定法律制度的国家进行博弈。故而，在反腐大幕拉开后，他们落马也在情理之中。至此可以看出，武宝联公司与武钢的博弈是零和博弈；武宝联公司、邓崎琳以及邓崎琳的特定关系人与武钢、国家的博弈也属于零和博弈。因此，在我们表面看到的合同博弈中，我们不能想当然地认为合同博弈就应属正和博弈。因一旦将参与博弈的主体范围适当放大或缩小②，或将观察的角度作适当

---

① 国有资产流失犯罪是刑法理论和司法实践对一类犯罪的统称，泛指国家机关工作人员或国有财产的管理者、占有者、使用者主观上有罪过，客观上造成了国有财产直接或间接的损失且数额较大的行为。我国现行刑法中尚无“国有资产流失罪”这一罪名规定，但刑法条文（包括刑法修正案）涉及国有资产流失犯罪的共有20多个罪名，大致可以分为妨害对公司、企业的管理秩序类国有资产流失犯罪，贪污贿赂类国有资产流失犯罪，渎职类国有资产流失犯罪三类。

② 现实生活中，对参与博弈主体的范围界定不同，影响着行动策略的制定。事实上，界定合理的博弈主体范围是非常重要的。比如，对于足球比赛，人们往往将双方的教练员、队员界定为博弈的主体，而把裁判看成是规则的执行者。人们之所以形成这样的看法是基于一种假设，即假设裁判是公正的，是不会出现失误的。然而，众所周知，在足球的比赛场上，裁判的因素往往是至关重要的，甚至在有些大赛中，裁判起了决定性影响。赛场上真实的裁判，并非像人们假设的那样，他们有自己的利益诉求，会出现失误。当他们决定或被授意偏袒一方，或自己对一方带有偏见时，他们自然也是事实上的博弈主体。

的调整，得出的结论可能是截然相反的。

实务中，除了武钢与武宝联公司这样的合同，还有另外一类合同，即合同当事人履约后虽都获得了期待的利益，但他们却都没有支付足够的直接成本，而是将部分成本转嫁给那些被排除在本次交易活动之外的其他主体承担。也就是说，参与合同博弈的人都取得了各自期待的利益，但却损害了其他主体的利益。比如，某公司在开发房地产项目中发现施工单位使用的设备不符合设计标准。严格地讲，施工单位应当负责更换并承担损失，但开发商考虑到修建好的房屋反正要出售给购房者，故而，它采取的处理方式是不要求施工单位予以更换，而是将设备不合格作为要挟的把柄，要求它在价格上作适当让步。如此一来，房地产公司因少支付了工程价款而减少了开发成本，施工单位因未更换设备、未因延误工期承担违约金，也未因重新采购造成“浪费”。结局是双方皆大欢喜，但成本却相当于转嫁给了购房者。从房地产公司和施工单位的立场观察，他们都因合作而取得收益，看起来属典型的正和博弈。但是，对购房者而言，他们支付了足够的价款，却未获得与付出的价款相匹配的房子，这时，很难说购房者与房地产公司的博弈是正和博弈。然而，在房地产公司交付房屋后，如因用电负荷增大而引发事故，造成损失，有关部门对造成事故原因进行排查时，若发现使用的电缆不符合设计标准，房地产公司和施工单位势必会承担赔偿责任。事故的性质如非常严重，相关人员则会面临牢狱之灾。那么，再回过头来看，我们又很难将房地产公司与施工单位之间的博弈看成是正和博弈了。因此，在实务中，我们不能断章取义式地单从一个具体合同来推断当事人之间的博弈是正和博弈还是零和博弈。因对当事人而言，合同行为不是孤立的行为，在当事人的经济链条甚至是生活链条中，其拟实现的合同目的可能是作为“终极性目的”存在，也可能是作为实现其目的的“手段”而存在。① 上述案例中，房地产公司与施工单位签署的施工合同仅是其经济链条中的一个环节，它与施工单位的博弈结果无疑会对它与购房者之间的博弈结果产生影响。如果房地产公司不顾及整体的经营行为而局限于施工合同，对短期利益的追求势必会让它忽略，甚至会伤害购房者的利益诉求，这种一叶障目式的观察视野很可能给自己留下无谓的风险②。

---

① 李杰、李宗胜：《合同审查的思维与方法：风险控制与动态监管解决之道》，法律出版社 2016 年版，第 39 页。

② 无谓的风险是指由于自己的策略失误，致使本应可排除的风险未能排除；或使本与自己无关的风险却因自己失误而与自己产生关联的风险。比如，在本案例中，施工单位因使用了不合格的电缆可能会引起连锁反应，包括：因更换电缆而造成工期延误；进而影响房地产公司按约定时间交房，致使向购房者承担赔偿责任等。但上述损失都因施工单位未完全履约所致，房地产公司可按合同约定以及法律规定请求施工单位承担赔偿所有损失的责任。如按这种方式处理，房地产公司因电缆不合格所致的风险基本可得以排除。然而，房地产公司为降低工程成本，以施工单位的过错为要挟理由，迫使其降低价款后继续使用该不合格的电缆。这样，那些本应由施工单位自己承担的风险变成了由它们双方一起承担。对房地产公司而言，这类风险就是因策略失误而承担的无谓风险。

三、观察的视野与策略的完备

无疑，观察视野的受限势必会制约策略制定的完备性。实践证明，鼠目寸光的弊病不但会持续影响整个合同过程，而且，即使在合同履行完毕，它所产生的后遗症也会给当事人带来巨大的风险。因此，为不使当事人承担无谓的风险，律师在审定合同、进行履约控制时必须保持一个相对宽阔的视野。这就要求律师的策略安排，不仅要顾及当下具体的合同，还要顾及当事人的整个经济链条。也就是说，律师在做策略安排时不应“顾头不顾尾”，其必须确保当下的策略安排不会给当事人和自己留下后遗症①。

---

① 在实务中，当事人和律师合作的常态是：当事人只有在自认为有急迫的需求时才寻求律师帮助，且当他们认为那些迫在眉睫的事项解决后就不再需要律师的服务。这就形成以下局面：当事人“头疼”时想到要找律师，并和律师签订委托合同，合同中载明的委托事项往往是要求律师医治“头疼”，费用也是按治疗“头疼”的方案计算。律师接受委托后，本着拿多少钱办多少事的原则，便“头疼医头，脚疼医脚”，而不过多地考虑自己的治疗方案是否能去除病根，是否会给当事人留下后遗症。对缺乏专业知识的当事人而言，当他们的“头”在律师的治疗下不再疼时，就认为自己找对了神医。短期的结果是双方皆大欢喜。然而，如律师的策略安排留下了后遗症，那么，在后遗症爆发给当事人造成损害，他们在追根溯源寻找病根时，就会发现律师所提供的方案存在的问题。此时，他们会将怒火喷向律师。正所谓好事不出门恶事传千里。在信息传播渠道如此多元的今天，当事人的指责无疑会累及律师的声誉。因此，为防范该类风险，律师在完成具体委托事项时应适当将视野放宽，尽量使自己的方案与当事人的整体经济活动合拍，哪怕这超越了委托范围。当然，律师会说，我们又未收取这部分工作的费用。再者，即使律师做了好事，当事人通常也不知律师的良苦用心，他们就算受益，也不会感激律师。事实确实如此，然而，委屈与声誉相比，孰重孰轻一目了然。因此，为爱惜自己的羽毛，律师在接受委托后的心态不得不保持为：但知行善事，莫求他人知；但知行善事，莫管他人费。

另外，律师的策略安排除要保持当事人的整体经济链条相协调外，还要顾虑到当事人的企业性质、管理规定、监督体制、经营层的利益诉求等因素，而对这些因素的考量实质上是扩大了审视博弈参与人的范围，这会让我们背离传统的审定合同的观念，然而，这种背离有时却是十分必要的。一般而言，律师在安排合同条款的时候为尽量排除风险，都力求严密，但如审定时未虑及上述因素，严密的条款往往会成为自己搬起来砸自己脚的石头。结果自然是：风险不但不会得到规避，且会引发新的风险。

某市有一项民生工程需要上马，甲公司作为政府平台公司负责实施，在项目中，有一项专项工程需发包给相应的施工单位。由于该专项工程的市场是充分竞争市场，施工单位在合同谈判时处于弱势地位。甲公司为加强管理，避免在履约中施工单位以各种借口要求增加费用，于是在签订的《建设工程施工合同》中明确工程价款为包干价，在确定的范围之内，乙方即施工方不得以任何理由请求甲公司调增工程价款。乙公司为达成交易只有接受甲公司的要求。在合同履行过程中，合同原材料发生大幅涨价，乙方之前期待的利润因涨价而消失殆尽。故而，施工活动受到影响，经常出现停工和农民工闹事的事件。

有鉴于此，乙方向甲方提出要求，拟调增合同价款。此时，合同中约定的“乙方不得以任何理由请求甲公司调增工程价款”这个非常“严密”条款在实际执行中给甲方及甲方经营层带来了两难选择。如甲方同意乙方提高工程价款的要求，好处是：乙方的履约积极性提高，工程会得以顺利实施，民生工程顺利交付，甲方经营层会得到上级领导的肯定，而经营层的能力一旦得到上级领导肯定，则意味着升迁调动有望；凡事有利则有弊，上述做法的弊端是：无论采用什么手段，如变相提高合同结算价款，意味着甲方与乙方之间签订的合同约定被突破。按照国家对国有企业的管理要求及惯例，政府平台公司随时应接受审计监督部门的审计：其中包括项目实施过程中的事中审计、项目实施完毕后的项目专项结算审计、甲方负责人的离任经济责任审计。审计单位在开展审计工作的时候，一般会抽查金额或影响较大的项目。审计的重点包括：项目决策程序是否符合法律规定、决策是否符合公司管理规定、项目合同的执行情况、审查是否存在非法利益输送的嫌疑等。如果甲方与乙方的最终结算，超过了合同约定，经营层将十分被动。审计单位在发现疑点后虽会听经营层的解释，但是否采纳他们的解释的主动权却不在经营层。一旦审计认为突破合同约定存有非法利益输送的嫌疑，给经营层带来的麻烦将不可估量。

如果甲方按照合同约定拒绝乙方增加施工价款的要求，好处是：甲方信守了合同，无论是事中、事后审计都能应对自如；但弊端是：在人工材料都涨价的时候，如甲方不能满足乙方提高结算款的要求，本身就有悖于公平。当然，这并非是甲方的过错，因作为平等主体的乙方应承担市场变化带来的风险[1]。但乙方期待的收益缩水，甚至会出现亏损，无疑会让乙方的履约积极性下降。乙方消极履约如导致工期延误，固然可以追究乙方的违约责任，但工期延误势必会影响到甲方上级领导对甲方经营层的评价[2]。如上级领导对甲方经营层一旦作出“能力不足”的评价，那他们升迁调动的希望将在很大程度上化为泡影，而这对甲方经营层来讲是不能承受之重。再者，合同中约定“不得以任何理由请求甲公司调增工程价款”的条款看似很严密，但如在合同履行过程中，材料设备大幅度降价，甲方要求调低工程价款，乙方当然也可以拒绝。如果真如此，甲方按照合同约定的包干价结算，在审计部门入场进行监督检查时，是不是也会得出非法利益输送的嫌疑呢？试想，如果合同中未有类似的约定，在履约中乙方提出变相调增工程价款的时候，甲方的经营层是不是就没有类似的

---

① 实务中，有观点认为，在建设施工合同履行过程中，如果材料、人工等出现大幅度涨价，施工单位可以依情势变更为由要求变更合同。但诉讼本身具有长周期性和不确定性，争议一旦涉诉，合同的履行无疑会受到影响。

② 在实务中，如果施工单位不按合同约定的工期履行施工合同，作为项目业主可以追究施工单位的违约责任。从项目业主获取的经济利益的角度观察，它的损失可以得到补偿，但需注意的是，经营层有着独立的利益诉求，且该诉求有时会与项目业主的利益相冲突，尤其在政治色彩相对浓厚的项目中，经营层的这种诉求与项目业主发生冲突的可能性就越大，因为政治色彩越浓厚，所受的关注度越高，升迁调动的机会也越好，当然，风险也越大。对经营层而言，一边是机会，一边是陷阱，而左右这一切的主要因素之一是项目能否顺利实施。在特定的时间段内，上级领导关注的重点有所差异：“节约成本—项目未顺利实施”与“成本增加—项目顺利实施”这两种结果给经营层带来的评价会截然不同。

烦恼？他们是不是可以根据实际情况来调增、调减工程价款而力争使其符合客观情况？再或者，如果合同中约定了包干价，同时明确价款的调整机制，类似约定一个比例范围，如约定 5%；约定一个确实市场价格的参考机制，如建设主管部门定期发布的建设市场信息；同时约定，无论涨价或跌价，在确定的比例范围之内双方要求调整，对于超出确定的比例范围之外的部分，按照实际的增幅或降幅予以调整。这样，不但在材料大幅涨价时可让经营层避免处于险境；也同时考虑了材料设备跌价时，甲方要求调低工程价款的权利。

由此看来，那些看似严密的条款，有时不但不会达到律师或当事人期待的效果，恰恰相反，其有可能取得适得其反的作用。究其原因，是律师在审定合同时遗漏了参与博弈的主体。在上述案例中，甲方与乙方自然是博弈的主体，但甲方的经营层，甚至是甲方的上级领导①因有着自己的利益诉求，同样是博弈主体。博弈中，他们期待通过项目的顺利实施获得上级领导的肯定性评价。在施工合同中，封堵施工方增加费用的路径的所谓严密条款看似是对公司负责、是对经营层负责，但在一定程度上，僵化与

① 处于权力的金字塔体系中的人，除去位于最底层和最上层的人，每个人都同时具有领导和下属，每个人都希望通过自己的努力获得上级的肯定性评价。因上级的评价在一定意义上是代表组织的评价。此处所举案例中，对民生项目关注度的大小决定着博弈主体的范围，项目影响越大，博弈主体的范围越广。

刚性的严密实质上也封堵了经营层获取报酬的路径①。

四、合同博弈结构与信息分配及相互影响

（一）合同博弈的结构与信息的价值

结构是指组成整体的各部分的搭配和安排。特定的结构有着独特的特质，结构之于结果往往存有直接的关联，如埃及金字塔、埃菲尔铁塔都以三角形形状建造，这是因为三角形具有稳定性，有着稳固、坚定、耐压的特点。试想，如果设计人员将埃及金字塔、埃菲尔铁塔都替换成平行四边形又会出现何种状况？合同博弈结构是指所有参与合同博弈的主体为争夺期待的利益而形成的敌对或合作的态势。合同博弈结构既是一种在特定时间点的静态存在，也是一种在特定时间段的动态运动。由于合同行为中利益主体的多元化，那些身在曹营心在汉的利益主体无疑会让合同博弈的结构并非如看起来那么单纯。博弈结构对于博弈结果的影响主要体现在对于博弈信息的分配与传递。

毋庸置疑，信息在合同博弈中有着极其重要的地位。这就犹如两军对垒时，负责刺探敌军情报的人员一旦获取了对手的准确

① 经营层的利益是以人格利益为主。人格利益主要表现为取得正面的社会综合评价。在社会综合评价中，上级机关、上级领导和企业员工的评价尤为重要，因为这关系到经营层的职务升迁、调动；而职务升迁和调动关系到经营层的社会地位、尊严、家庭、经济收入等各个方面。因此，经营层有着追求肯定性评价的强烈动因，当然，这种追求本身也无可厚非。

情报，这会在一定意义上决定整个战役的结局。博弈的结构决定了信息分配的渠道，信息分配渠道的变化也会实质性地改变博弈的结构。在市场经济活动中，由于主客观的限制，各类人员对相关信息的了解存有差异。无疑，掌握信息比较充分的人员，往往处于比较有利的地位；相反，信息贫乏的人员，则处于比较不利的地位。信息不对称有时会造成市场交易双方的利益失衡，影响公平、公正，而这恰恰是那些意图获取超额利润的主体自视可以利用的地方。正如曼德维尔所言：每个人的诚实都不发自内心，每个人都在将己所不欲施于他人。买主与卖主无不依靠无数诡计行事，用他们互相斗智；纵使在最光明正大的交易者中，每天都在允许并实行这种做法。这使我们看到：商人总能够发现自己货物的缺点，那些缺点降低了货物的价值；不，任何时候都不向买主拼命地掩盖货物的缺点，你能找到一个这样的商人吗？昧着良心，对自己的货物大吹大擂，将货物夸耀得超过其实际价值，以更快地将它们销售出去，你可曾见到过不是这样的商人吗？[①] 商人们因拥有信息优势而显得比买的人要精明，且总能取得超额收益。而他们之所以能做到这点，皆因信息是一种租金，就如同地

① ［荷］伯纳德·曼德维尔：《蜜蜂的寓言》，肖聿译，中国社会科学出版社 2002 年版，第 46 页。

租和资金的利息一样，信息也是一种能够产生孳息的资源①。既然信息可以衍生租金，那么，信息渠道之差异、信息量之多寡自然会左右风险与收益在经营主体之间的分配状态。北京市第二中级人民法院的一声槌响曾给整个律师业带来较大的震撼，因受委托的律师失职，导致客户被骗走 1 亿元资金，3 名律师事务所合伙人被法院一审判令赔偿客户 800 万元损失，并返还 100 万元律师费②。这是国内律师行业迄今为止遭遇的最为高昂的赔偿。这样一场灾难，罪魁祸首的元凶就是信息不对称所造成的一种畸形

---

① 这里描述的仅是一种客观情形，而无关法律规范的评价。即信息所带来的收益可能是合法收益；也可能是非法收益。就像资金与利息一样，有些会被界定为非法的高利贷，而有些则是合法的借贷。但不可否认的是，这些利息都属于因资金而衍生的利息。

② 2001 年 7 月，河北三河燕化公司准备与北京金晟房地产开发有限公司合作开发紫宸苑住宅小区项目。为查清对方底细，燕化公司聘请北京市某律师事务所作为法律顾问展开调查。在一番审查之后，律所作出了结论：项目确实在金晟公司名下。燕化公司这才放心地向金晟公司支付了 1 亿元项目转让费，买下了紫宸苑住宅小区项目。作为对法律顾问的回报，燕化公司向该律所支付了 100 万元的高额律师费。可到了 2002 年 5 月，燕化公司惊讶地发现在紫宸苑住宅小区项目的土地上，另一家公司已开始施工建设。燕化公司展开了紧急调查，结果让他们震惊不已：金晟公司根本不是紫宸苑项目的所有人，燕化公司拱手交出的 1 个亿被人凭空骗走！燕化公司报警后，这起惊天大骗局的真相被揭开：原来金晟公司的一个股东确实签订过紫宸苑项目的转让协议，还私自上报立项申请，骗取了北京市计委对该项目的批复。但因为一直没支付转让款，金晟公司的 3 个股东最终退出了项目。紫宸苑项目被转让给了别人。可在此情况下，金晟公司的股东刘某还打着紫宸苑项目的名义，凭借失效的规划文件，与蒙在鼓里的燕化公司签订继续开发紫宸苑项目的协议，诈骗燕化公司人民币 1 亿元。目前，刘某等人因涉嫌合同诈骗罪，已被北京市公安局立案侦查。警方发还了燕化公司 2140 余万元人民币，但仍有 8000 万元投资没追回。《案例警示：律师尽职调查失职被判赔 800 万》，载《北京晚报》2015 年 12 月 16 日。

的风险分配状态。对金晟公司而言，它企图利用信息不对称获取额外利益，结果涉嫌触犯刑律；燕化公司虽意识到获取信息的重要性，也支付了高额成本，但因所托非人，不但期待的利益化为泡影，还遭受了巨额的损失；至于受托的律师事务所，拿人巨额钱财后不但未替别人消灾，反而给委托人带来巨大损失，他们承担赔偿责任也在情理之中。

（二）解决信息不对称的手段及局限

为解决信息不对称而确保公平与公正，法律、司法审判和实务操作都做了巨大努力，但因获取信息需要付出成本，在考量成本与收益的性价比时，有些人甘愿于眼前的苟且，而不愿付收集信息的成本。当然，有些信息即使你支付成本也无法获得，而有些信息因代价太大，确实没有收集的必要。同时，由于信息租金能给掌握信息的人带来额外收益，他们自然会千方百计地隐瞒，或以此来获利。故而，在合同领域，解决该问题带来的弊端依然任重道远。在立法体系中，《招标投标法》规定了必须招标的情形和程序，并配套了相应的处罚措施，在刑事立法体系中，有大量的规范来遏制利用信息不对称获取非法利益的行为。如刑法中针对招投标规定了串通投标罪[1]；对于那些利用职务便利出卖信息、对评标专家施加影响、设置倾向性条款等情形，刑法也进行了相应的规范。原某央企物资有限公司招标工作部招标采购管理员任某某涉嫌受贿案，经最高人民检察院指定由宝鸡市渭滨区人民检察院侦查终结并提起公诉，被告人任某某被法院以受贿罪判处有期徒刑十五年的案例[2]，就是一个利用职务之便，在分配信息时倾向于向自己提供了非法利益的一方，而造成信息不对称，并牟取非法利益的典型案例。本来，招投标的目的之一就是以市场手段来解决信息的不对称，以期实现机会的均等，但串通投标，或以不当手段获取信息却是反其道而行之，其追求的恰恰是重新塑造信息不对称的局面，目的就是利用优势信息排挤其他潜在竞标人。

除刑法的规定，在民事法律体系中，解决信息不对称的规定也比比皆是。《民法总则》第 7 条规定："民事主体从事民事活

① 串通投标罪，是指投标者相互串通投标报价，损害招标人或者其他投标人利益，或者投标者与招标者串通投标，损害国家、集体、公民的合法权益，情节严重的行为。本罪主体是特殊主体，只能是投标人、招标人，包括个人和单位。本罪主观方面只能是故意。《刑法》第 223 条规定：投标人相互串通投标报价，损害招标人或者其他投标人利益，情节严重的，处三年以下有期徒刑或者拘役，并处或者单处罚金。

② 2011 年至 2014 年，被告人任某某在担任某央企国际发展有限公司招标事业部三级项目经理、某央企物资有限公司招标工作一部招标采购管理一级物资采购专责期间，利用组织该央企物资采购项目招标、评标、合同谈判等职务便利，先后二十九次收受三户中标企业负责人给予的现金共计 2794 万元，为该三户中标企业在其任职的单位招标工作中谋取利益。

动，应当遵循诚信原则，秉持诚实，恪守承诺”；《合同法》不但将诚信原则作为基本原则，在具体条款上也作了细化规定。《合同法》第 6 条规定：“当事人行使权利、履行义务应当遵循诚实信用原则”；第 42 条、第 60 条、第 92 条、第 125 条等都是将诚信原则具体化为强制性的诚信义务；另外，《消费者权益保护法》《保险法》《个人独资企业法》《劳动合同法》《合伙企业法》《证券法》都规定了诚信原则。在一定程度上讲，这些法律之所以将诚信原则作为基本原则，目的都是通过倡导诚信避免因信息不对称而产生的机会主义行为。

司法实践中，法院的判决导向也十分明显，通过加重隐瞒信息一方的责任，强化了掌握信息者分配信息的义务，以达到减少信息不对称给其他当事人带来损失的目的。比如，在建筑施工领域，大量存在挂靠的现象①。挂靠关系形成后，挂靠人可以利用被挂靠人的资质、名义对外承揽业务；被挂靠人收取一定金额的管理费。显而易见，挂靠人是因没有资质，或者是因资质等级不够高，或不符合条件才会用其他单位的资质和名义。同样，挂靠

① 挂靠是法律所禁止的行为。《建筑法》明确规定：禁止以任何形式用其他建筑施工企业的名义承揽工程，禁止建筑施工企业以任何形式让其他单位或者个人使用本企业资质证书、营业执照，以本企业名义承揽工程。

的危害也是显而易见的[1]。然而，相比较而言，在形成的挂靠关系中，只有挂靠人和被挂靠人更清楚双方之间的关系，项目业主难免会被蒙在鼓里而成为冤大头[2]。法院判决加重被挂靠人的责任，目的是通过加大其承担风险的成本来排除这类现象。类似的判决如最高人民法院（2015）民申字第 3402 号民事判决书就作出了即使是挂靠方伪造公章，其对外签订的合同，因构成表见代理，被挂靠方应承担责任的判决。该判决在客观上起到了震慑利用信息不对称牟取非法利益的作用。再如，经济活动中存在大量的法人主体。基于法定代表人在经营活动中面临的诸如刑事责任风险、被列入失信人员等风险，许多实际控制人为规避上述风险，往往找一个人作为挂名法定代表人，以达到“一箭双雕”的目的。但对那些与之交往的其他经营主体而言，他们虽可从工商行政管理机关查询到登记的法定代表人，但却无从区分其是否属

① 国家之所以对施工资质进行严格管理的初衷就是为确保建设施工质量。施工企业资质的颁发有着严格的程序和要求。挂靠，规避的就是国家对资质管理的规定。如果放任挂靠，那势必会让那些在技术、设备、施工经验、经济实力和组织能力难以满足工程要求的队伍混进施工市场。如此一来，工程质量必定难以保障。

② 实践中，并非是所有的挂靠业主都不知情，恰恰相反，有些挂靠是在业主的默许，甚至是主动安排下实施的。

于挂名。贵州省高级人民法院（2016）黔民再7号民事判决书①作出的挂名法定代表人擅自对外签字，其法律责任由公司承担的判决，封堵了这种试图利用信息不对称达到只享受权利而规避义务的行为。

在市场实际操作层面，为解决信息不对称的问题，基于法律法规的规定配套了很多好的措施。典型的如依据《招标投标法》等规定所设计的招投标配套制度。比如，在建设施工行业，业主和施工方拥有的信息是不对称的。对业主来说，他们更多地了解自己的需求，对承包商的诸如能力、素质、技术、装备、管理等信息的了解则不全面。相较而言，业主属于信息的劣势方，承包商则是信息的优势方；从另一方面观察，承包商对自身的能力了解较多，而对业主的具体意图、财务支付能力、项目手续等信息了解较少。此时，承包商又成为信息的劣势方，而业主则成为信息的优势方。针对这种不对称的信息场，招投标制度在理论上提供了相对完美的解决方案，它基本能完美地完成招标人和投标人

---

① 该案的基本案情是：李刚是博弈创投公司的挂名法定代表人，也是公司唯一登记股东，该公司的实际控制人和实际股东为杨治忠。2014年4月9日，李刚以博弈创投公司名义与魏玉嵘签订《承诺书》，指定魏玉嵘担任某项目经理，事成后给予魏玉嵘350万元服务费。项目成功后，博弈创投公司以李刚仅是挂名法定代表人，无权对外签订协议，且魏玉嵘作为公司员工，明知杨治忠才是公司董事长为由，主张二人恶意勾结，《承诺书》无效，拒绝给付魏玉嵘350万元。魏玉嵘诉至法院，历经一审、二审和再审，法院判决支持了魏玉嵘的诉请。该案裁判要旨：一人公司的挂名法定代表人既在法律上代表公司，又是公司法律意义上的权力机关，因此，其对外签订的协议就是公司意志。

的双向选择。一方面，招标人要综合考虑投标方的资质、业绩、报价等因素选择合作方；另一方面，潜在合作方也存在对招标人的选择问题，希望选择信誉高、有资金实力、手续齐全的招标人。同时，为减少信息不对称，招标人往往通过第三方即监理人员、造价人员、律师对建设工程项目进行监督和管理。监理、造价人员和律师具有专业上的优势，他们相当于以自身信誉为保证，以提供专业服务为主要活动内容，理论上可以协助招标人避免因信息不对称造成的损失。然而，不可否认的是，任何规则都存在漏洞①，且这些漏洞恰恰成为那些善于研究规则漏洞的人的牟利手段②。在《盘点！招投标的22个常见套路实则是违法违规行为!》③ 一文中，作者归纳了在招投标过程中的一些典型的套路，在这些套路中，牟利者大多都是利用信息上的不对称来达到获取信息租金的目的。

---

① 这里所指的规则漏洞包含两个方面：一是，规则本身的漏洞，该漏洞的形成原因相对复杂；二是，执行的漏洞，即行为主体不依规则行事，或主动寻找规则漏洞，获取额外利益。

② 规则可以让行为人预测自己和他人的行为和后果；如果甲假定乙遵守规则，则隐含了甲对乙欲实施行为的预测。那么，甲就会基于对乙欲实施行为的预测，作出最有利于自己的安排。然而，如果乙实际实施的行为未遵守规则（包括利用了规则漏洞），那么，乙实施的行为就会在甲的预料之外，甲之前作出的针对性安排就会落空。因此，乙便有可能因实施了出其不意的行为而获取额外的利益。

③ 作者总结的22个套路包括：串标，围标，陪标，故意流标，私开标书，泄露标的，化整为零，询标误导，封锁消息，标书不规范，评标漏洞，排他条款，设置障碍，提高门槛，拖延业务，低价竞标、高价签约，凑标，地方标，分标，特殊标，人情标。转引自《成功总在施工的道路上》，载今日头条，2018年2月10日访问。

（三）人为因素与信息不对称

在合同领域，我们既要认识到信息不对称性的客观性①，更不能忽略信息分配过程中的人为因素。因一些人为的因素会让我们在判断博弈结构时出现错误，而对博弈结构的误判会导致对信息分配的认识出现错误，最终使策略的安排出现失误而陷入被动。众所周知，在战争中，如敌友不分，会造成致命的结果，甚至会影响战争的最终结局。正常情况下，对参加战争的人来讲，如参战双方都明刀明枪地搏斗，任谁都能一眼辨清敌友。不过，季孙之忧并非没有道理，与自己站在同一个战壕的人并非都是战友，理论上的一致的立场会因个人的私利而让战友变为敌人，或让敌人成为战友，而恰恰是因在理论上的立场一致，才让这些“内奸”更具迷惑性，他们会因“战友”的疏于防范而更容易得手。合同博弈中一样，如敌友不分，一样会衍生致命的风险，且在合同博弈中，那些理论上的一致行动人却并非总是与“自己人”相向而行。比如，在招投标活动中，参与博弈的主体包括：招标人、招标人的员工、投标人、投标人的员工、中介代理机构、律师、评标专家等。看起来最单纯、最合理，且容易被大家

① 信息不完全性的客观存在包括两种情形：一是，无论行为人使用任何措施都无法搜寻到相应的信息；二是，由于搜寻成本的存在，因此从搜寻信息过程中所获得的边际收益呈递减趋势。故而，有些信息因获取代价太高而不具备经济性，致使行为人主动放弃对相关信息的搜寻。

接受的分类是将博弈参与人分为三大阵营：第一类是招标人阵营，包括招标人、招标人的员工、招标代理机构[①]、招标人委托的律师；第二类是投标人阵营，包括投标人、投标人的员工、投标人委托的律师；第三类是独立阵营，包括评标专家、监督机构。显而易见，在这样的观察视野下进行分类，立场一致的主体被归为一类，即立场一致的主体都被当成“友”。上述分类隐含了两个关键的假设：一是，参与主体应立场一致，故而利益一致，他们之间不应有利益冲突；二是，因参与主体利益一致，故而只应实施于己方有利的行为。毫无疑问，这种归类的正确与否是由上述的假设是否正确所决定。也就是说，如同一类型中的每个主体的利益在客观上确实是一致的，那么，这样分类就正确；反之，被划到同一阵营中的主体的利益不一致，那么，这种分类在实际操作中就会出现问题。

事实上，博弈参与人参与市场活动的目的就是追求各自的利益，寻求自己的主观效用的最大化，那些理论上应立场一致而被假定利益一致的主体往往有着独立的利益诉求，正是在独立的利益诉求驱动下，他们所实施的行为往往并非都是利于“己方”的。前文提及的某央企任某某利用职务便利获取非法利益的案例就是一个典型的证明。从披露的事实看，任某某作为该央企的员

---

① 实务中，招标代理机构都是由业主委托，但费用的承担方式不同，有些是由委托方直接支付费用；有些是由中标方承担费用。一般而言，招标代理费由谁承担、具体金额是多少等都会在招标文件中明示。

工，他和自己所在单位的立场在理论上被假设是一致的，如该隐含的假设成立，即他和自己所在单位的利益真的一致，那么，他实施的行为的目的就应是实现公司目的，即通过招投标的方式购买到质量、价格相对最匹配的产品。但事实上，任某某在以私利满足作为导向而实施的行为中，他彻底地将自己的职务演绎成为一种地道的“肥缺”。在这里任某某“肥”的是自己，因他以变相出卖公司利益的方式获得了巨额收益；同时，他“肥”的是自己所在公司的博弈对手，即提供产品的厂家，因他们以非正常的手段，排斥了公平原则的适用而获得了交易机会，进而获得了利润。

显然，被损害的主体是他自己所在的公司，因任某的行为让他们设计的采购产品的模式失去了应有的价值，造成了所倡导的公开、公正、公平原则的实质性缺失，这很可能让他们并未购买到与所付价款相匹配的产品；同时，受到损害的主体还包括其他未中标的产品供应商，因他们被淘汰并非是因自己的产品不如别人，而是从开始就丧失了均等的机会。这一结果的出现，源于任某某将自己掌握的信息做了不公平的分配。在招投标过程中，他向那些给予他非法利益的厂家介绍招标人将要开展的招标活动的具体情况、招标的业务流程、评标专家组的成员范围，并会提醒其制作标书的注意事项等；在评审过程中，任某某向评审组的专家介绍他所帮忙的公司产品；从结果来看，那些支付给任某某利益的厂家大幅度地提高了中标概率。由此观之，在招投标过程中，任某某实质成了博弈对手的代表，而自己所在公司的身份仅仅是他的掩体。博弈参与人的上述变化，改变了人们共识观念中博弈结构的本来面目，进而改变了信息的正常分布形态①，这无疑会影响到博弈的最终结果。

（四）博弈中的立场、利益、道德风险与合同设置

不同的市场参与主体有着独立的利益诉求，在市场活动中，只要存在信息不对称，利益驱动下的参与主体，就会衍生道德风险②，甚至是法律风险。如前所述，在合同实务中，我们不能想当然地认为参与合同博弈的主体立场一致，利益就应一致，而这直接关系到合同方案的制定、制度的设计和风险的分担。比如，在建设工程类合同的履行过程中会涉及竣工结算。实务操作中，有一种方式是由业主委托造价单位来审查施工方提交的结算报告。业主为了激励造价单位的积极性，在合同中往往将造价单位

① 在市场经济中，使用招投标方式确定合作方的目的是追求公开、公平、公正。所谓公开，是指招标人将自己可以公开的信息一视同仁地向所有投标人公开，以避免出现信息不对称情形。因此，正常的信息分布状态是所有投标人从招标人那里获得的信息是相同的、均等的。

② 道德风险是指人们将成本转嫁给他人，而使自己获得额外利益。比如，甲公司是一家销售企业，销售人员在推销产品的过程中，向公司汇报说要给潜在购买方的关键人员送一定金额的红包。由于是否送红包、送多少金额的红包只有销售人员知道，公司不知道，这就造成了信息的不对称。此时，便会产生道德风险，因对那些不需要送红包的，销售人员可以说需要送红包；那些本来只需要送100元红包的，销售人员可以说要送200元。这样，销售人员获取额外的收益，而成本被转嫁由公司承担。

的费用设置为两个部分：一部分是基础咨询费用；另一部分是奖励费用，奖励费用以审减金额①作为基数乘以一个百分比。正常情况下的博弈结构一方是业主，另一方是施工单位，造价单位因是受业主委托，而附属于业主一方。各方期待的博弈报酬：业主想尽量减少支付工程款的金额，施工单位的诉求正好相反；造价单位获得的报酬随审减金额而变化，审减金额越高，报酬越高。在博弈信息的掌握上：业主不知道施工单位提交的结算报告是否合理，但从常情推断，他们会认为报告中有水分，但由于自己欠缺造价审计知识故委托造价单位挤压水分；施工单位在编制结算报告时，知道业主会通过他们委托的造价审计来挤压水分，故在编制报告时会隐蔽地增加一些。同时，他们也知道，业主因缺乏造价审计知识而只能依赖于造价单位。造价单位，精通造价审计知识、知道业主和施工单位的诉求、知道业主结算的主要依据是自己出具的审定报告。正常的博弈策略是：业主委托造价单位审定工程价款，并将审计结论作为支付依据；造价单位按行业规则开展工作；施工单位配合造价单位，对有争议的部分双方进行沟通协调；博弈的结果是：业主按照造价审计的结果向施工单位支付施工费用，且经专业单位审定的施工费用无论对业主还是对施工单位都相对公平。

然而，在业主与施工单位的博弈中，如果施工单位改变行动

① 审减金额 = 施工单位竣工结算报告上载明的金额 − 造价单位审定的金额。

策略，博弈的结构是否会发生实质性的改变呢？博弈结构如发生改变是否会影响博弈的结果？根据不同的主体，施工单位改变行动策略的方式可分为两类：一是，针对造价单位；二是，针对造价人员。如针对造价单位，施工单位可实施的行动策略是以业主之道还治业主之身，即提高审增金额的奖励比例。如前所述，审计单位在业主处获得的报酬包括基础费用和奖励费用。此时，施工单位可如法炮制，即承诺在造价单位达到自己的要求后可给予他们一定的报酬。报酬同样可以设计为两部分：一是，基础费用；二是，奖励费用。基础费用以基本基数计算①，即只要造价单位出具的审计报告中确定的金额达到施工单位的最低要求，施工单位就向造价单位支付一定金额的报酬；奖励费用 =（审计报告中确定的金额 - 基数）× 一个相对较高的百分比②。假如，造价单位受到施工单位的利益诱惑而与之达成默契，博弈的结构无疑会发生变化。这时的博弈参与人实质已变更为：一方是业

① 实务中，施工单位确定基数的标准是：只要业主认可的结算金额达到该金额，施工单位就会取得预期的利润。施工单位之所以承诺在达到基数之后就同意支付造价单位一定的费用皆因存在经造价单位审定的金额达不到施工单位最低限要求的可能。

② 相对较高的比例是与业主给予造价单位的奖励比例而言。假如，业主给予的奖励是审减金额的 3%，施工单位可以给审增金额的 10% 或 20%，甚至更高。从心态分析，施工单位更具有提高奖励百分比的积极性。因对业主而言，造价单位审减的金额本身就属于不该支付的部分，给予造价单位的奖励就算再低，也是从自己的身上割肉；而对施工单位而言，在基数以上审增的金额相当于白捡钱，如未审增，自己一分都得不到。故而，他们更有动力提高奖励的比例。当然，施工单位也只有给出更高的奖励费用，造价单位也才有冒着道德贬损的风险来帮助施工单位的动力。

主，另一方是施工单位 + 造价单位。结构一旦发生变换，报酬、结果、行动策略就都会发生变化。在新的结构中，造价单位与业主之间仅是名义和形式上的合作，实质上，他们之间是一种对立的关系；与施工单位的关系从形式上的对立变更为实质上的勾结。如此一来，造价单位利用专业上的优势，在满足施工单位要求的前提下，获取了除业主支付的报酬之外的额外报酬，而这部分额外报酬加上施工单位多得的价款业主虽已承担却浑然不知。

施工单位针对造价人员的行动策略依然是以利益诱惑为出发点。只是，博弈结构的变化比第一种更加复杂。一般而言，造价人员的报酬与项目的复杂程度和造价单位在业主处获得的报酬相关联，即造价单位收费高，造价人员的报酬高，反之则相反。但无论如何，造价单位作为一个经营单位，其不可能将在业主那里获得的报酬都支付给造价人员。在工程款结算中，如施工单位承诺给造价人员以较高的报酬，即承诺给造价人员的报酬 = 基础费用 + 审增金额 × 一个较高的百分比 。如造价人员与施工单位达成默契，那么，博弈结构会出现下列的变化：博弈参与人一方是业主 + 造价单位，另一方是施工单位 + 造价人员。由于造价单位作为一个法人主体并无思维和行动能力，实质上博弈参与人会变成：一方是业主；另一方是施工单位 + 造价人员①。在新的结构中，包含了两个博弈：第一个是业主与施工单位的博弈；第二个是造价单位与造价人员的博弈。第一个博弈的结果依赖于第二个博弈中造价人员的具体行为②。在新的博弈结构中，博弈的报酬是：施工单位和造价人员获得了额外报酬；业主和造价单位承担了损失③。

---

① 我们注意到，在施工单位与造价单位达成一致后的博弈参与人：一方是业主；另一方是施工单位 + 造价单位。而在施工单位与造价人员达成默契后的实质博弈参与人：一方是业主；另一方是施工单位 + 造价人员。之所以进行区别描述是因为在第一种情形下，我们默认了造价单位与造价人员的立场一致、利益一致；而第二种类型中，由于施工单位的行动针对的是造价人员的独立利益诉求，故而第二种类型中需要观察造价单位与造价人员之间的博弈。

② 这种依赖关系源于两个因素：一是，业主因缺乏造价审计的知识，他们与施工单位结算的主要依据是造价单位出具的审计报告；二是，造价单位作为法人主体，并无思维和行动能力，造价单位出具的报告实质上是由造价人员作出。故而，业主与施工单位的博弈结果由造价人员的行为决定。

③ 业主的损失是显而易见的，因施工单位和造价人员达成默契后，业主需向施工单位支付那些本应审减但未审减，或未全部审减的金额。也就是说，施工单位在造价人员的协助下，其所得正是业主所失；而造价单位的损失是因为从业主那里获得的奖励会减少。依据造价单位与业主签订的委托合同，造价单位获得的奖励 = 审减金额 × 确定的百分比。如造价人员与施工单位相互勾结，降低“审减金额”，那么，计算奖励的基数会降低，奖励自然会减少。但需注意的是，业主的损失和施工单位获得的额外利益是直接的对应关系，即施工单位取得的额外利益就是业主所损失的；但造价人员获得的额外利益与造价单位的损失并非是直接对应关系，他们获取额外利益源于业主和造价单位承担了间接的成本。

第二节 显性博弈

一、显性博弈概述

合同博弈是一方当事人与相对方之间的博弈，显性博弈与隐性博弈相对应。我们区分显性博弈与隐性博弈主要是以参与博弈的博弈参与人不同作为分类标准。显性博弈指在可以被直接观察、被预料且已形成共识的博弈参与人之间进行的博弈。在显性博弈中，博弈的主体是当事人一方与相对方。如当事人委托律师参与博弈，则在当事人、相对方、律师之间形成四方两两的博弈关系①：四方，是指当事人一方与自己委托的律师，相对方与自己委托的律师；两两，是指虽然在博弈中有四个主体，但博弈参与人只有两方，即当事人一方与他委托的律师自行合为一个博弈参与人②，相对方与他委托的律师作为另一个博弈参与人。理论

① 实务中，有些合同由几方当事人签订，且并非是所有的当事人都会委托律师。四方两两只是为了表述方便，而假定了签约的合同主体只有两方，且每一方都委托了律师。

② 当事人与律师之间虽分属独立的主体，但从委托关系的外部观察，代理人因和第三方之间不存在任何涉及双方利益的交换，故而在这个结构系统中，律师的利益集中在他与客户的关系之间，在与外部世界的联系中，客户和律师便自行合为一个行动者。

上，当事人利用自己掌握的优势，包括信息、技术、资金、人才、人脉等优势，追求期待的合同利益[①]；在博弈中，他们虽力图实现最大化利益，但合同毕竟是双方协商一致的结果，达成交易是当事人获取期待利益的前提。然而，达成交易仅是万里长征的第一步，当事人能否取得利益，取决于合同是否能得以顺利履行。故而，对当事人而言，无论是签约前的谈判，还是在履约过程中的讨价还价，它们往往需要相互妥协，在利益不能最大化时，它们只能选择退而求其次[②]，以保持合同各方当事人权利义务均衡的策略[③]，来保持当事人履约的积极性；这样，博弈的结

① 在合同领域，当事人经过对自己掌握资源和机会进行评估，然后理性地签订合同，试图追求期待的利益，但结果并不总是像他们规划的那样，甚至会出现严重的损失。因此，在博弈结果确定前，当事人拟通过合同实现的利益在一定程度上仅停留在理论层面。

② 肯·宾默尔曾言：所有稳定的人类关系毫无例外地表现为一种妥协。合同也概莫能外，在合同中，哪怕双方的实力极不均衡，但即使是再弱势的当事人也有着自己的权利，否则，合同将不复存在。茅于轼先生指出，市场经济是建立在协商妥协以谋取共同利益的基础上。合同的谈判、签订、履行，争议的和解、调解无一不是当事人之间协商与妥协的典型反应。妥协，意味着在底线之上的让步；而让步则意味着所谓的“最大化利益”仅能处于一种理想状态，实务中，当事人为确保核心利益的实现，常常会采用退而求其次的策略。

③ 均衡性是基于合同正义原则出发，综合社会环境、经济状况、价值观念等，对合同各方当事人的利害关系作出比较与衡量，判断其是否契合正义的价值追求。参见李杰、李宗胜：《合同审查的思维与方法：风险控制与动态监管解决之道》，法律出版社2016年版，第399页。在合同实务中，保持合同各方当事人的权利义务的均衡性是非常重要的。因获取期待利益是当事人签约的根本动因，也是保持他们履约积极性的根本驱动力。权利义务的失衡，虽并不必然代表弱势方不能获利，但权利义务的失衡却常令弱势方产生相对剥夺感，从而丧失履约的积极性。甚至不排除有些当事人抱着“玉石俱焚”的心态，乐见出现“宁愿自损八百，也要杀敌三千”的局面。

果常常是合同各方互蒙其利①。

在显性博弈中，博弈的规则是法律、法规的规定，企业管理制度和其他的社会规范等显性规则②。规则的功能是增强人们的行动预期，协调人们之间的行为，实现一定的社会秩序和社会共识，并维护主流的社会价值。梳理关于合同的立法体系，我们会发现合同法的规定围绕的主体能且只能针对显性博弈参与人。在总则中，合同的订立、合同的履行、合同的变更与转让、合同权利义务的终止、违约责任等规定，针对的都是那些可以被观察到的博弈参与人，即我们通常所称的合同当事人；在分则中，情形就更加明显，如买卖合同中，可被观察到的、具备对应关系的博弈参与人是出卖人和买受人；以此类推，赠与合同中的博弈主体是赠与人与受赠人；借款合同中是借款人和贷款人；租赁合同

① 在相对封闭的合同关系中，利益常处于此消彼长的态势。常态下，追求利益的最大化是当事人正常的心态。因此，当事人并非总是出于追求双赢的结果而签订合同、履行合同。合同博弈中，之所以会出现双赢，主要原因是各方当事人为确保交易达成，或为避免交易失败，有时不得不向相对方妥协而形成的客观结果。当然，在实务中，“追求双赢的结果”往往也是当事人规劝相对方妥协的一种说辞，即通过分析利害关系，以利益诱使相对方接受自己的建议。

② 就功能而言，社会规范和法律都是制度的主要表现形式，即在本质上它们都属于规范。社会规范和法律的区别在于：第一，它们的执行机制不同。法律是由第三方的政府、法院或者专门的执行机构来执行的，故而，法律具有强制执行力。社会规范是社会中普遍认可和遵守的行为准则，它的执行是多元的，且社会规范的执行不具有强制性。第二，它们产生的方式不同。社会规范在很大程度上是“自发衍生的秩序”，是自下而上形成并演进的，没有一个机关明确地制定、颁布、实施这些规则。而法律是由专门的机构制定并颁布，且是由专门的机构执行的。参见张维迎：《博弈与社会》，北京大学出版社 2013 年版，第 333 ~ 335 页。

中，承租人和出租人相互对应……由此观之，无论是有名合同，还是无名合同，无论是法律规定，还是实务中人们形成的惯性思维，焦点都集中在显性的博弈参与人身上，好像合同就是在这些显性的博弈主体之间展开一样，权利义务体系的构建也多围绕上述主体进行。此时的博弈类似于体育运动中的拔河，一头是甲方，一头是乙方，且无论是甲方还是乙方都能被大家直观地观察到，同时，参赛选手在比赛中的状态也非常直观。沉迷于眼见为实观念中的人们自然会认为甲方与自己的经营层、律师合三为一，共同攘外而无任何安内的顾忌，乙方亦然。在博弈中，作为规则之一部分的法律被他们顺理成章地认为是一种中立的存在，一视同仁地规范着博弈参与人的行为。我们明知，单纯地将合同看作是一种呈线性分布状态的博弈虽在一定程度上存有问题，尤其在实务中问题更加突出，但该种认识之所以被广泛地认可，皆因其有着特有的逻辑和理论基础。

二、显性博弈中律师与客户的博弈

（一）代理关系建立前的博弈

客户在与律师正式建立代理关系前，博弈就已开始。律师服务有时和救护车服务相类似，即有“解救危难”的特征。对于急需法律服务的客户而言，他们遇事往往会惊慌失措；而对于律师而言，这种解救危难却是司空见惯的事情。因此，一方是心急如焚，另一方是冷眼旁观。当急迫的需求碰上从容的供给时，高下立判。乘人之危的定价，虽不稳定，且常会出现巨大波动，但其却常常容易被满足。例如，犯罪嫌疑人的家属委托律师提供法律服务时，尤其是通过各种渠道寻找到一个小有名气的律师时，嫌疑人家属担心的是律师是否会接受委托，而不是律师开出的价码；对名律师而言，既然已经出名，在朋友圈子里的信任度自然会提高，慕名而来或主动寻求帮助的人自然也会增加。人的精力是有限的，案件增多时，律师的选择余地增大，在合同地位上便会变得强势。站在律师的角度观察，除去对公平、正义等价值理念的追求之外，决定以什么价格接受委托是基于双方实力的考量，考量的因素包括三个：一是，情感因素；二是，金钱因素；三是，诸如取得良好的社会效应等其他因素。以犯罪嫌疑人家属委托律师为例，情感因素主要考虑两点，且情感越浓厚，工具性的成分越少，反之相反：一是，介绍案件的人在人际交往的圈子中所处的位置和影响。如介绍案件的是领导，在这种混合性关系中，律师可能会抛弃公平法则而适用人情法则，究其原因是基于"报"的考虑。二是，犯罪嫌疑人的家属表达的感情。家属表达的感情可以从三个方面考虑：第一，人并非是孤立地存在，律师也一样是被镶嵌在诸多的社会关系网络之中。犯罪嫌疑人或家属本身和律师之间是否具有一定的关系，如同学、朋友、朋友的朋友等。第二，同情弱者的怜悯之心人皆有之。犯罪嫌疑人家属利用悲情引发律师的同情心。第三，临时构建的情感，这种相对比较复杂，甚至会出现匪夷所思的极端案例。

律师以金钱因素作为衡量是否建立委托关系主要体现在工具性关系之中。工具性关系是一种普遍性而非个人化的法则，当个人以公平法则和他人交往时，双方都会根据一定的比较水准来衡量：自己可以从对方获得多少酬劳？为获取这些酬劳，自己必须付出多少代价？律师在与犯罪嫌疑人家属建立代理关系前，律师处于相对强势的合同地位，有着乘人之危开出较高酬劳的机会。当然，律师在追求社会效应时，他们会容忍以较低的酬劳接受委托。例如，许多律师热衷于担任政府或其他权力机构的法律顾问。在其他人眼中，担任政府或其他权力机构的法律顾问，除去意味着有较强的业务能力外，还意味着律师有政府或权力机构的关系资源，这同时就意味着他们有更大的间接寻租的机会。其他的客户难免会抱着聘请该律师可能分享租金的目的愿意与其建立代理关系。因此，律师在与政府或权力机构的代理关系中，因少收顾问费所遭受的经济利益损失，可间接从客户中予以弥补。

（二）代理关系建立后的博弈

委托关系建立后，客户的纯收益等于事件结果的价值减去用于监督代理人的管理费用，再减去支付给代理人的报酬。代理人的利益与他所获得的报酬成正比，与他付出的劳动成反比。也就是说，律师的利益取决于获得报酬的数量以及为客户工作付出的代价。此外，如同客户想方设法任意扩大对律师的控制范围，可以获得更多的利益一样，律师可以限制客户在一定范围内对自己的控制，甚至缩小客户的控制范围，也可以获得更多的利益。

首先，代理人的努力是由代理人控制的变量，而委托人无法观测到代理人的努力。努力会引起代理人的心理或者生理成本①。比如，律师在为客户服务时，既可以认真地干，也可以敷衍。尤其在非诉领域，律师可以对客户提交审查的合同性文件予以仔细研究，结合客户的具体交易境地提出自己切实可行的意见。然而，这会给律师带来风险，因当律师主动把注意力放在实现客户目标上时，他们需对企业家的思维和冒险精神报以理解和宽容的心态，而不会对每个行动细节是否符合规则都斤斤计较。有时，为配合客户追求较好的结果，他们不锱铢必较于自己的风险而同意那些有适度风险的方案，哪怕自己早已看到了潜在的风险。这样，律师实质上是为实现客户的目标而自愿赌进去了自己的声誉，因一旦交易失败，他们的执业能力会被怀疑，客户也可能会挥泪斩马谡，甚至要求赔偿经济损失。

同样，律师对那些不得不冒且冒了也无大碍的风险可以振振有辞地敷衍。敷衍可使用两种方法：一是，类官僚主义式敷衍。此时的律师宁愿把注意力集中于照章办事，而不注意客户目标。他们不顾及客户欲达成交易的意愿，不顾及交易的具体情况，通常会轻易地以法律规定或存在风险的名义否决客户的意见，且不主动提出任何会给自己带来哪怕是一丝风险的变通方案。二是，

① 张维迎：《博弈与社会》，北京大学出版社 2013 年版，第 273 页。

得过且过的敷衍。此时的律师对客户提交的合同性文件不作仔细斟酌，凭感觉，或者凭所谓的经验出具能迎合当事人需求的意见。我们知道，一个结果的出现可能是多种原因引发。有时，律师即使用了得过且过的方式来敷衍客户，也并非总会直接导致交易失败，或让合同履行出现障碍或产生争议纠纷，皆大欢喜的结局有“一白遮百丑”的客观效果，这自然让当事人无暇思考律师的工作方式是否合适的问题。因此，得过且过的敷衍会因客户不具备法律专业知识、没有甄别能力、缺少判断机会而让敷衍有了天然的生存空间和隐蔽功能，实务中，有些客户即使被敷衍，他们往往也不会察觉。

其次，律师可以用向客户传递虚假信息来获利。对客户需要的信息，律师握有部分控制权。律师可以掩盖出现在最终成果中隐含的问题，还可以向客户提供虚假信息。例如，某律师接受客户委托后代理一起借款纠纷。客户与律师签订合同缴纳律师费后，律师一直未立案，之后客户多次催促。该律师为暂时满足客户的需求，将其他案件的受理通知书涂改拍照后传给客户。本来，律师是想以此争取点时间，谁知被客户知晓而投诉。实践中，律师伪造法院文书的事件屡见不鲜，究其原因，是律师利用信息不对称，企图以传递虚假信息获利。

最后，律师还有一种最大限度追求个人利益的方法，即利用客户为完成委托事项而交给自己使用的资源获利。客户为达到既定目标，不得不把使用特定资源的权利交给律师。律师在使用客户资源时可以获得一次性和持续性的利益。一次性的利益主要体现为货币形态的利益，如让客户报销个人开支、利用客户的工具办私事等。持续性的利益主要体现为非货币形态的利益。中国社会是一个关系取向型社会，关系伴随着我们从摇篮到坟墓，而关系具有极强的人身依附性，其一旦建立便会成为个人的私有财产而来源如何便不再重要。客户为完成委托事项，有时会将必要的社会资源交给律师，而律师可以名正言顺地利用。如此，容易衍生两类风险：一是，资源浪费现象难以避免；二是，道德风险。用别人的钱来培育自己的关系，人们往往不太会计较成本。道德风险同样源于信息的不对称，利用别人的金钱维系关系的律师，在浪费客户金钱的同时，有着单独或伙同他人侵吞客户利益的便利，且侵吞会在神不知鬼不觉的情境中完成。以上的情形为律师提供了利用工作资源谋取个人私利的机会，其结果无论是否伤害客户的利益，都会使律师从中获利。

（三）客户对律师控制的误区及正确策略

客户最大的兴趣在于通过律师的行动实现自己的特定目标。简单地看，在委托代理关系中，客户向律师支付报酬是整个交易的部分，而且客户有着控制律师行动的权利。实践中，客户往往通过两种方法让自己的利益在律师的行动中得以满足：一种方法是行使控制权指导律师的行动；另一种方法是依据律师的行动结果决定给律师多少报酬，如签订风险性的代理合同。上述两种方法中，第一种注重行动，第二种注重结果，当然在实践中也有两者兼而有之的情形，如与律师形成的代理合同中，约定支付一部分基本的费用，同时根据结果支付一定比例的费用。然而，不论是哪种方式都有缺陷，控制或指导律师的行动意味着承担一笔监督费用，而更为致命的是这种监督未必完全有效。如前所述，客户之所以和律师达成交易的根本动因是其缺乏法律专业技能，如此，客户对律师行动的监督和指导无疑会陷入“外行指导内行”的境地。实践中不乏一类客户，其在委托律师后对律师的工作指手画脚，殊不知，如客户自己有实现自己行动目标的能力，何必又多此一举支付报酬聘请律师呢？注重结果的方法是根据行动后果酬劳律师，但后果未必充分反映代理人的行动。原因在于，任何一种结果都是多种因素作用所致，律师的行动只是其中之一的因素。尤其在非诉领域，律师提供的产品类似于信任品和经验品。客户使用前不知道质量如何，即使客户在体验后也难以判断质量的好坏，此时如以无法分辨好坏的最后结果确定报酬则与无源之水无异。

既然客户寄希望于通过律师实现自己的目标，那么处理好与律师的关系显得至关重要，而平衡好律师与客户之间的关系需要先找出致使他们之间出现问题的症结，之后再对症下药。委托代理结构中出现问题主要源于两个原因：一是，律师和客户之间的利益冲突。如果没有利益冲突所有的问题都不会出现；二是，由于存在利益冲突，信息不对称就成了委托代理结构出现的第二个原因。毫无疑问，对客户和律师而言，上述两个症结他们都无法彻底消除，唯一可行的是想办法试图纾解，这可从两个方面考虑：

首先，在实践中，我们可以非常直观地看到，亲近的代理关系对客户非常有利。关系亲近的律师与普通的律师相比，能够为客户提供更多的服务。为什么会出现这种情形呢？这需要从联结客户与律师的联动装置入手。利益的驱动使客户与律师建立代理关系，律师获取律师费是他们建立代理关系的驱动力。同时，利益的冲突又使客户与律师处于分离状态，因委托事项下确定的行动目标所指向的利益是客户的，而非是律师的，故而，代理关系建立后，行动所指向的利益往往与律师无关。

现在，回到之前的问题，为什么关系亲近的代理人会比普通代理人付出更多的努力呢？答案是显而易见的，因客户与律师之间的相互认同和情感联系已经实质改变了他们之间的利益结构。律师付出更多努力本身就意味着自身利益结构的改变，他们越努力，因努力而给自己造成的损失就越大，而客户的认同意识以及律师对客户的认同意识恰恰可弥补律师的上述损失。实践证明，得到客户认同且认同客户的律师，在主观上的感受要比普通律师好一些，所谓“士为知己者死，女为悦己者容”即是这个道理。当然，客户与律师之间的相互认同与律师的努力是互为因果的，有时律师因认同客户而努力，最终使客户认同律师；有时律师因努力得到客户认同，进而使律师认同客户。律师在认同客户后，其在努力追求客户的利益的同时，自己的利益也得到了满足，只是这种利益从单纯的货币形态的利益，演变为货币形态的利益加上诸如感激与尊重等非货币的利益形态，而那些得不到客户认同或不认同客户的律师则体会不到这种双重满足。

其次，与律师保持合作的连续性，以长远利益激励律师是另外一条较好的途径。一锤子买卖，让律师看不到长远的利益，看不到声誉积累的益处。这时，短期的利益诱惑可能会成为他们关注的焦点，律师行动的耐心程度也大打折扣。而保持合作的连续性会转移律师关注的视野，即从对短期利益的关注转而变成对长期利益的关注，长期利益越大，未来越重要，律师努力的程度越高。之所以如此，是因为保持连续的合作扩大了律师的战略空间。律师为了给客户留下好的印象，势必会努力让客户形成有选择性的记忆，即他们会尽量向客户展示好的一面，这其中无疑包含了尽心尽力地为客户工作。换一个角度，从律师的成本与收益来观察也会发现长期的合作会改变律师计算成本与收益的方式。营销是律师的一个重要课题，律师在营销过程中要付出时间成本和机会成本。连续的合作无疑会节约律师的时间成本，这对律师而言是非常重要的。根据成本与收益的关系，律师既然节约了成本，那么，就算他们付出更多的努力，甚至收费的绝对值有所降低，也不会使他们的纯收益有实质性的降低。问题是，律师对于持续服务的客户适当降低收费的绝对值，甚至提供部分的免费服务，是否应看成是他们支付的营销成本呢？在律师行业，流行一种观点认为，律师因成本较大，不愿意接受免费咨询。然而，这个观点并不全面，其原因在于：律师最好的营销是让客户远离思考，甚至放弃思考。因只有这样，他们在遇到法律问题时才会条件反射式地想到律师，才会增加律师和客户的黏度，进而让律师节约时间成本。众所周知，无论谁思考，都要付出成本。律师如意图让客户远离、放弃关于法律方面的思考，那思考的成本该由谁支付呢？不言自明，肯定是潜在的受益者——律师来承担。因此，在看待免费提供咨询时，律师应该看到硬币的另外一面，即律师今天免除的咨询费，实质应归入应支出的营销成本。由此看来，客户与律师保持长期、连续的合作会出现双赢的局面，对客户而言，长期的合作是一种有效的激励方式，在这种激励下，律师不但会努力工作，也会逐步形成对客户的认同感；对律师而言，长期合作会节约时间成本，在取得更好的经济收益的同时，还会收获客户的尊重与感激。

第三节 隐性博弈

一、隐性的博弈主体：以法定代表人为例

（一）法定代表人不被视为博弈主体的逻辑

法定代表人不被视为独立的博弈主体，源于我国关于法定代表人学说中将法人与法定代表人合二为一的逻辑。法人为社会组织体，其本身不能自为行为，必须经由自然人代为其行之。此代法人为法律行为的自然人，称为法人之代表人①。关于法人代表人的学说有代表人说、代理说。中国民法基于对法人本质采法人实在说中的组织体说的立场，则关于法人与其代表人的关系，当持代表说②。对于法定代表人的学说之所以存有差异，实质是源于对法人本质认识的差异。法人的本质，即法人何以得与自然人同样具有民事权利能力，成为可以享有权利负担义务之民事主体。关于法人本质的学说有法人拟制说、否认说和实在说。

法人拟制说认为，权利义务之主体，应以自然人为限。非自

---

① 梁慧星：《民法总论》，法律出版社 2017 年版，第 132 页。

② 梁慧星：《民法总论》，法律出版社 2017 年版，第 133 页。

然人而得为权利义务之主体者，是以法律之力拟制为其自然人。质言之，所谓法人，即法律所拟制之人[①]。德国、日本[②]采用法人拟制说；英美放弃“越权规则”后，转而使用普通法上的代理理论解决越权行为问题，此等转向，实际上是回到德国法立场[③]。法人否认说认为，社会生活中除个人财产而外，别无所谓法人之存在。否认说又分为三种见解，包括：目的财产说、受益人主体说和管理人主体说。但归根结底，它之所以能够出现，仅仅是为了实现自然人的某些特定目的。对于自然人而言，法人永远只是一个工具性概念。法人并无自身独立存在的价值，不过是为自然人的需要而设[④]。法人实在说针对拟制说与否认说，而认为法人有其独立实在之存在。法人实在说又分为两说：其一，有机体说。该学说认为人类社会生活中，团体有其固有的生命。自然人为自然有机体，有其个人意思，而团体则为社会的有机体，有其团体意思。其二，法人组织体。该学说认为法人之所以能够成为民事主体，是因为其是适宜作为权利能力者的组织体，具有适合成为民事主体的组织机构、意思机关等。

---

① 梁慧星：《民法总论》，法律出版社 2017 年版，第 119 页。

② 《德国民法典》第 26 条规定，董事会在裁判上与裁判外代表社团，具有法定代理人身份。《日本民法典》虽在第 53 条规定“董事就法人一切事务，代表法人”，但第 44 条第 1 款规定“法人就董事、其他代理人执行其职务加于他人的损害，负赔偿责任”，其《民事诉讼法》第 58 条更明文规定，该法关于法定代理及法定代理人的规定，于法人之代表人准用之。参见梁慧星：《民法总论》，法律出版社 2017 年版，第 119 页。

③ 朱庆育：《民法总论》，北京大学出版社 2013 年版，第 459 页。

④ 朱庆育：《民法总论》，北京大学出版社 2013 年版，第 407 页。

中国民法历来对于法人本质采取实在说中的组织体说[①]。我国《民法总则》关于法人本质采何种学说，虽无立法理由予以明示，但从法律条文[②]可以判定，我国《民法总则》关于法人本质，系采法人实在说中的组织体说[③]。探讨法人的本质归根结底是论证法律为什么会将法人规定得像自然人一样，可以成为民事主体，可以享有民事权利承担民事义务。权利能力之享有是成为独立法律主体的标志。因此，无论持何种法人本质学说，只要不否认法人的存在，都不会否认法人的权利能力[④]。法人有无行为能力的问题则与法人本质学说紧密相连。依拟制说，法人主体无民事行为能力，其法律行为需由他人代理方得实施，由此产生了法人行为的代理说。此时，法定代表人实质上是法人的代理人；实在说则持截然不同的观点，认为法人主体不但具备权利能力，也具备民事行为能力。代表人的行为，即是法人自身的行为。代表人为法人之机关，法人与其代表人是同一人格，虽名二而实一[⑤]。虽然，不同的学说对法人本质所持见解相互对立，进而对法定代

---

① 王利明：《民法》，中国人民大学出版社 2015 年版，第 69 页。

② 《民法总则》第 57 条规定："法人是具有民事权利能力和民事行为能力，依法独立享有民事权利和承担民事义务的组织。"第 58 条第 2 款规定："法人应当有自己的名称、组织机构、住所、财产或者经费。法人成立的具体条件和程序，依照法律行政法规的规定。"第 61 条第 2 款规定："法定代表人以法人名义从事的民事活动，其法律后果由法人承受。"

③ 梁慧星：《民法总论》，法律出版社 2017 年版，第 121 页。

④ 朱庆育：《民法总论》，北京大学出版社 2013 年版，第 448 页。

⑤ 梁慧星：《民法总论》，法律出版社 2017 年版，第 132 页。

表人与法人之间关系界定出现了不同的见解，但关于法人代表的法律行为，两种学说的差异仅表现为某些方面的解释不同，在纠纷处理的实际效果上并无实质区别①。

（二）将法定代表人视为隐性博弈主体的逻辑

1. 法定代表人的双重属性和双重思维

法定代表人应被作为博弈主体对待是因其有着独立的利益诉求，且其可以通过隐蔽的手段来实现自己期待的利益。法人主体及法定代表人一旦为法律所创造，在法律世界便获得其真实的存在。在实务领域，真正构成法律思维核心的，恰恰是需要关注法定代表人在以法人主体的名义实施行为的过程中，是否有夹带私利的动机和机会；如其夹带私利，通常会以什么方式完成。在合同领域，夹带私利会对合同的签订、履行造成何种影响。从风险防范的角度出发，法定代表人违法夹带私利会给法人主体和自己带来何种风险，该如何防范这些风险。毋庸置疑，任何归属于法人的行动都必须由自然人实施，自然人通过法人机关将自己的意志附着于没有思维和行动能力的法人主体身上。虽“机关说”将此时自然人的意思认定为法人意思，但归根结底，法人表示出来的意思，呈现出来的行为还是出自于自然人。

故而，作为法人组织机构的自然人同时具有了双重属性：一

① 陈甦、谢鸿飞、朱广新等主编：《民法总则评注》，法律出版社 2017 年版，第 37～38 页。

是，组织属性；二是，自我属性。自然人即使成为法人机构组织的要素，也不会泯灭其作为自然人的自我属性，其一样存有作为自然人的偏好和特质。人都具备理性和自利的特质，自利的特质与一个人接受的教育，拥有的职位、经历、经验有一定的关联，但却不能从质上改变，法定代表人也概莫能外。从心理层面看，法定代表人因职责所在，他们思维的中心理应心无旁骛地聚焦于法人利益；而作为自然人，随时处于“待命”状态的自利特质会被那些能满足自己私利的顺手牵羊式的机会激活，思维的聚焦点也常会因受到强力冲击而使人性受到两种力量的撕扯。无疑，以法人利益为行动中心的思维被认为是正确的，反之，则是错误的。

理论上讲，法定代表人无疑应选择正确的思维，但显而易见，这是一件“皇帝的新衣”，现实中披露的案例，就像那个喊出真相的孩子，让我们意识到法定代表人同时具备的相互矛盾的双重思维并非个例，且不同的激励因素会让他们的思维处于摇摆不定之间。双重思维意味着一个人同时持有并接受两种矛盾观念的能力。法定代表人明知自己应选择正确的行为方式，但在私利可被满足的机会来临时，他们可能会因此产生失落的感觉，且他们的观念中认为“付出与回报失衡感”越强，失落感就越强。当他们一旦有了鱼与熊掌兼得的念头，就意味着迟早会开启“潘多拉的魔盒”。而当他们无论因为何故付诸行动，亲自将自己的底线突破后，相互矛盾的思维则会同时集于一人。但最开始，法定代表人不会有奥威尔笔下主人公的幸运[①]，他们不能自欺欺人地将法人的利益轻松地抹去，内心中，他们会感觉到撕裂，伴随着来自私利满足的快感的同时也对因损害法人利益所面临的惩罚有着深深的恐惧。一般而言，一个人的底线被自己突破后，对他而言就再无底线可言。底线的彻底丧失，快感减少之时，恐惧感也会减少。当满足私利演变成一种惯性而麻木时，在客观上会弥补这两种矛盾的思维给他们带来的撕裂，从而真正做到法人与法定代表人的合二为一，但遗憾的是，这里的合二为一与法学理论中所指的合二为一却是截然相反的概念。在这里，法人成了法定代表人谋取私利的工具。

2. 对法定代表人的限制

实践中，为克服摇摆不定的思维而使之保持在正确的状态之下，作为法定代表人的自然人会受着自我和外部的限制与制约。这源于以下两方面：

---

① 乔治·奥威尔在《一九四八》中对“双重思维”进行了解释：双重思维意味着一个人同时持有并接受两种矛盾观念的能力。党的知识分子知道他的记忆必须朝哪个方向转变，他因此知道自己是在与现实要花招；但是通过双重思维的训练，他满意地发现自己并没有违背现实。这个过程必须是直觉的，否则就无法足够准确地完成它；同时它必须是无意识的，否则就会产生一种虚伪感，乃至犯罪感……甚至在使用双重思维这个词的时候，也有必要进行双重思考。因为使用这个词意味着你在愚弄现实；你每采取一项双重思维的新行动，就意味着你抹去了这一知识。参见［英］乔治·奥威尔：《一九四八》，马颖译，吉林大学出版社 2015 年版。

一是，自我限制①。一个人的经历、经验、是非观念通常会内化为指导自己行动的道德标准而对自我的行为形成限制，但这也仅仅只能停留在限制层面，而不能使之彻底消灭。一个人，当他（她）当上法定代表人时可能会以更高的标准要求自己，但这不会让自利特质自动地灰飞烟灭。

二是，外部限制。从一定程度上讲，法律法规、公司管理制度、监督机制都是一种外部限制，当然，也正是由于这些外部限制机制的存在，足以反证了法定代表人的意思和行为与法人的意思和行为之间存在差别。否则，又有何必要限制法定代表人的行为？

那么，对法定代表人的意思和行为进行限制的目的又是什么呢？毫无疑问，是利益。限制的目的是让法定代表人附加于法人的意志能最大限度地符合法人的利益。然而，这亦是一厢情愿。在法人与法定代表人的利益相一致的情形下，他们无须在法人与自己的利益之间作出选择，自然而然地，他们的行动都会围绕着法人的利益展开。法学理论和立法体系，正是基于此点才认定法定代表人与法人的行为应合二为一。但在法定代表人与法人的利

① 实质上，以不同的视角观察，人之所以会对自我的行为设限是源于外部的压力。比如，一个人在成长过程中会逐渐形成是非观念，而这种观念的形成主要是赖于在社会化过程中，人们逐渐知道哪些行为会获得社会的肯定性评价，而哪些又会受到人们的指责，久而久之，内心会形成指导自己行为的准则，并在实施公开行为时主动遵守。当然，一些外部限制，如法律法规，也会内化成一个人的行为准则，而让其主动对自己的行为设限。故而，本段中对于自我限制和外部限制的区分仅仅是为表述方便。

益发生冲突，甚至在面临非此即彼的选择时，“利益”就成了撕裂“职责”与“自利”的工具。此时的客观态势是，没有思维和行动能力的法人是“鱼肉”，而能左右法人意志和行动的法定代表人则是“刀俎”。法定代表人如忠于职责，就会选择因公废私满足法人的利益；反之，就选择因私废公来满足自己的私利。从最终效果看，前者诠释了法定代表人与法人合二为一的理念，而后者却与法学理论的立论点有着天壤之别。

3. 法定代表人作出选择时的衡量因素

法人与法定代表人的利益发生冲突，掌握主动权的法定代表人在选择是满足私利，还是满足法人利益时，势必会权衡轻重，而权衡轻重无非就是将得与失置于天平两端。考量得失的因素大致包括以下三类：

一是，利益。利益包括物质利益和人格利益。法定代表人忠于职守的愿望可能会与其他动机发生冲突，在所谓的其他动机中，首当其冲的就是利益。实践中，人们常常会有收买对手的想法，自己也可能成为他人收买的对象。是否符合收买与被收买的资格在于自身能够给他人带来多少利益，被收买者也会因此被滚滚而来的金钱所腐蚀。于是，在利益的驱动下，在那些看起来唾手可得的“机会”面前，一些人往往抑制不住见猎心喜的冲动，自我的设限在伴随着一次次试探中逐步放松，最终变得不堪一击；甚至在利益的诱惑下，他们会因私欲膨胀而主动出击，变相地让私欲成为自己行事的主宰。至于那些外部限制，在“政策”

与“对策”较量中，上面制定的政策，往往被下面隐蔽实施的对策轻松化解。

二是，从众的社会压力。人都不是孤立、抽象的人，而是与所有环境联系在一起，所以人有着适应环境的压力的从众动机。从众是出于被他人接受、喜欢、尊重、承认等社会压力，而有时不得不实施满足于他人评价而有悖于自己初衷的行为。从众可能会遏制人性中的恶，而引导人性向善；但从众也可能会让人性中的恶发挥得淋漓尽致，而渐渐使人的良知泯灭。这一切是由“众”的导向决定。在一个风气清明的环境中，热捧自利的观点，热衷实施满足私利的行为，会受到人们的鄙视和排挤；相反，在一个乱象横生的环境中，倡导大公无私和奉献精神的观念，别人即使不公开反对，但常常也会被他人从内心认定为不合时宜。从众包括实施符合社会主流价值判断的行为，但也并非仅限于此。在一个犯罪集团中，成员被允许实施的必须是符合犯罪集团利益的行为；在一个潜规则流行的行业或圈子内，抗争者往往无法实现自己的目的。中国自古以来是一个立足于集体的文明，在这里，个人不大可能独立于其他人以外；在这里，人际关系是个人身份认同的固有要素；在这里，个人只有同其他人结合起来才能变得完整①。中国人的这一突出特点，就是把人的个体价值归结

① 清华大学国学研究院主编：《现代世界的诞生》，上海人民出版社 2013 年版，第 7 页。

于人的社会价值，用社会的尺度标示个人的价值①。一般而言，人都渴望成功，没有人愿意自己成为一个不受欢迎、不受尊重的人，更没有人愿意成为社会的弃儿。然而，当以“社会标尺”作为衡量人们是否成功的刻度时，自我的评价往往变得无足轻重，且过分地强调自我的评价反而会招致他人的嘲笑；相反，在他人眼中的自己，即别人的评价却显得尤为重要，因别人的评价往往是一个人的立足之本，其意味着个人是否能与整体环境相适应。需注意的是，社会标尺作为衡量刻度具有天生的不完全性，这更多的是源于人们的“面子”，他们通常愿意主动向他人展示自己光鲜的一面，而千方百计地将自己龌龊或卑鄙的一面隐藏起来。就像贼一样，他们更愿意让人们看到自己吃肉，而绝不愿意告诉人们自己所挨的打。无疑，在社会标尺的衡量中，将权力和财富等同于成功更能获得人们的普遍认可。权力和财富带来的荣耀成了人们去战胜竞争对手的驱动力。同时，别人眼中的“成功”反过来又会对自己形成自我绑架，时常让人在内心中产生“人在江湖身不由己”的感觉。这时，“社会标尺”事实上成了一个无形的，但却是强有力的指挥棒，它随时随地地左右着人们的意志和行为。慢慢地，在自己将焦点集中于“社会标尺的刻度”时，那些公开的、正当的手段和自视隐蔽的、不正当的手段都可能成为自己取得“他人眼中成功”的选项。

① 韩健：《功能语言学视阈下的法律文本对比分析》，上海交通大学出版社 2013 年版，第 172 页。

三是，个体复杂的认知动机。在人们的心目中，获取成功，并配套相应的策略有时仅仅是行动者的目标之一，但这不是我们脑子里的唯一目标。在很多问题上，有一种立场是更加让人愉悦、飘飘然或者兴奋的，这增加了这样一种危险，即我们的判断不是被金钱或社会认同所腐蚀，而是被我们自己的激情所腐蚀①。社会尺度衡量的只能是一个人相对外在的部分，行为人之所以让自己的行为符合社会尺度的刻度的目的是寻求社会的承认。然而，在人的复杂的认识动机中，自我的肯定，即寻求自我的承认有时也占着举足轻重的地位。任何人，即便不被他人认同，甚至在他人眼中一无是处，但在自己的观念中，有时仍会自我感觉良好。从众的压力会让他们主动改变去适应环境。然而，被动地改变会让人性产生撕裂而招致内心的苦楚。随着“成功”光环的增加，权力与财富往往会让人膨胀而产生自大幻想，甚至，“成功”会让人产生抹杀其他因素而过分看重自己的才能。比如，在某些垄断行业，有些人并不认可企业所取得超额利润是受益于行业政策，而自认自己是那头率领“绵羊”取得战争胜利的“雄狮”。这些，会促使他们形成改变环境的冲动。不可否认，权力和财富的增长赋予了他们立身的利器，但同时，权力与财富的增长会让他们慢慢陷入孤立与闭塞。因权力与财富，尤其是权力，它本身所具备的巨大杀伤力和拥有着那些可被观察的偏好会逐渐让那些

① ［美］布赖恩·卡普兰：《为何民主制度选择不良政策》，刘艳红译，上海人民出版社2016年版，第141页。

持不同意见的人远离，从而形成一种看似热闹的孤立景象；而竞争性献媚者对他们偏好的针对性研究和奉迎，加之报喜不报忧的信息传递方式，又会让他们陷入封闭而不自知；孤立与闭塞反过来又会进一步强化他们自大的倾向，直至让他们产生无所不能的幻觉。其实，幻想之所以存在是因为幻想是几乎所有人的一种需要，一种人们认为不会次于物资需求的需要[①]。但个人的幻想影响的仅仅是自己，即使影响他人，范围也相当有限；而一个法人组织中的主要负责人的幻想则不同，它可能会让法人面临万劫不复的深渊。

利益、从众、膨胀后的激情实质上会让法定代表人充当“合二为一”理论的破坏者的角色。一般而言，在破坏者的眼里，没有什么恒常之物。也恰恰因为如此，他在任何地方都能发现道路。在别人因墙壁或山脉而阻隔的地方，他却看到了一条道路。但是，因为他处处都看到道路，就不得不处处清除这条道路上的障碍[②]。在那些私欲膨胀、从众或自我膨胀的法定代表人眼中，法律、法规、公司制度就是阻碍他们满足私利的障碍物。慑于制度的威慑，他们不敢明目张胆地对抗制度，于是他们就会设法借助于最精巧、最优雅的力量力争让这些约束性的制度成为摆设。

---

① ［美］布赖恩·卡普兰：《为何民主制度选择不良政策》，刘艳红译，上海人民出版社2016年版，第141页。

② ［英］戴维·弗里斯比：《现代性的碎片》，卢晖临、周怡、李林艳译，商务印书馆2013年版，第4页。

致命的是，法定代表人的身份被某些“狼”当成了可将自己装扮成温顺、可爱的“绵羊”的道具，他们在将自己的意思隐蔽地遁入法人，在实现自己的利益时可以理所当然地打着法人的旗号；可以大张旗鼓地宣称自己是为了法人的利益；可以理直气壮地将自己的行为定性为职务行为。如此一来，法定代表人就有了以牺牲法人的利益为代价来满足自己利益的契机，以及通过移花接木的方式为自己创造“搭便车”① 的便利。也许，有观点认为，法定代表人损害法人利益的行为会受到纪律甚至是刑事法律的制裁。然而，亡羊补牢，虽犹未为晚，但对羊主人来说，那些已被狼叼走的羊，岂能又失而复得？狼的伤害给羊的主人所造成的心理阴影又岂能忽略不计？同理，法定代表人的行为在对法人造成既定损害后，即使对他们进行严肃的处理，对法人而言又有何补？他们给社会造成的恶劣影响岂是所谓的牢狱之灾就能得以救赎？因此，以法定代表人与法人的行为应合二为一为由，在实务中忽略法定代表人的利益，进而将其排除在博弈参与人之外是一种非常错误的观点。

（三）将法定代表人视为隐性博弈主体的目的

在利益的博弈中，知道有哪些属于参与博弈的主体是一个无须讨论的基本前提，否则身涉其中的人们将与盲人瞎马、夜半临

---

① “搭便车”的基本含义是不付成本而坐享他人之利。

渊无异。故而，强调法定代表人并非总能与法人的行为合二为一并非无的放矢，也并非是主张代理说而放弃代表人说。实质上，强调法人行为的独立性的目的是指出一个在实践中可以观察到的真相，即法定代表人的行为并非总是会以法人的利益最大化为行为圭臬，且由于法定代表人的特殊地位，他们能够悄无声息地影响到法人的行动，实现自己的诉求，而这会毫无疑问地影响到合同的签订和履行。因当法定代表人在合同博弈中存有自己的利益诉求时，甲方与乙方两两博弈的线性分布状态无疑会发生实质性的改变。

当法定代表人不惜牺牲法人的利益为代价来满足自己的私利时，理论上本应团结一致的主体就会发生分化和对抗，这样，他们就成为自己所“代表”的法人的博弈对手。由此，因利益而诱发参与人立场改变，进而使博弈结构发生改变。这样，合同表面上所显示出来的逐利主体、逐利模式就会与实质的逐利主体、逐利模式相去甚远。此时，如我们还按照本来已变得面目全非的模式来安排策略，那么，策略就会缺乏针对性，更谈不上策略的完备。“失之毫厘谬以千里”，从最终结果来看这样的安排，除却瞎猫偶然能碰到死耗子之外，大多只能收获南辕北辙的效果。引申来看，在法人因职位设置而形成的代理[①]链条上，每一个与合同博弈相关的职位占有者都会因自己的私利，而可能成为他们所在法人单位的博弈对手。故而，合同权利义务体系的安排就必须考虑到每个环节的负责人是否都能做到恪尽职守，紧密配合，这就犹如考量一辆汽车能否安全运行，除去要确认发动机能正常工作外，其他的部件，如刹车、油门等都必须能发挥正常的功能才能达到安全行驶的目的。

二、隐性博弈主体之规则制定者

（一）规则制定者成为隐性博弈参与人的成因

1. 规则制定者被动地成为博弈参与人

合同博弈中，法律属于博弈参与人应遵守的规则。市场的存在是因为它的法律基础，以及隐藏在交易中的业务规则、运行中的机构和政府背后的法律基础。正是这种法律基础决定了私人机会的机构，从而决定了人们如何计算经济中的利益[②]。理论上讲，

---

① 从经济学意义上讲的委托代理概念比法律上要宽泛得多。经济学上，只要任何一种关系中，由一方的行为影响到另一方的利益，都可以把它叫作委托代理关系。公司内部的委托代理关系，是经济学中研究最多的问题之一。所有权和经营权分开了，股东就是委托人，他们选举出的董事，相对于股东，董事就是代理人。然后董事会再任命总经理和 CEO，总经理和 CEO 就变成了董事会的代理人。总经理提名的副总经理、任命的部门负责人，相对于总经理而言，他们就是总经理的代理人。参见张维迎：《博弈与社会》，北京大学出版社 2013 年版，第 270～272 页。

② ［美］约翰·R. 康芒斯：《资本主义的法律基础》，寿勉成译，商务印书馆 2003 年版，第 16 页。

在交易中法律是一个关键因素，因其在很大程度上决定着交易结果。每一个当事人在交易中都要考虑法律对他们拟实施的行为作出什么样的反应，而且当事人也会按照这种预期采取行动。然而，这永远不是问题的关键。问题的关键在于应遵守规则的博弈参与人经过精确计算，发现自己可从违法行为中获得期待利益时，这是否就会成为他们实施违法行为的动力。如他们经过计算认定实施违法行为能够获利时，则意味着他们实质上已将规则制定者置于博弈参与主体的地位。

法律规范按照强制性程度的不同可分为强制性和任意性规范。强制性规范的规定明确且必须履行，不允许以任何方式加以变更或违反。任意性规范，是指允许法律关系的参加者自行确定权利和义务的规范。《合同法》中的规范多属于任意性规范，或称示范性规范①。只有当任意性规范成为合同内容时②，其拘束力才受到国家强制力的保障。在合同领域，成立的合同是否有效是当事人关注的一个重要焦点，而既已成立的合同是否有效是一个

① 任意性规范是为当事人签订、履行合同提供一个示范，指导当事人的合同行为。但在具体合同中，如果当事人约定的内容与法律规定不同，甚至相冲突，只要该约定不违反《合同法》的强制性条款，法律并不禁止，且会优先适用当事人的约定，即所谓“有约定从约定，无约定按法律规定”。

② 任意性规定成为合同内容的途径：（1）在当事人没有特别约定的情况下，法律的某些任意性规定可以成为合同条款，如《合同法》第 133 条规定：“标的物的所有权自标的物交付时起转移，但法律另有规定或当事人另有约定的除外。”（2）法律填补合同漏洞的规则，即使是任意性的规定也可以成为合同的内容。参见王利明：《合同法研究》（第 1 卷），中国人民大学出版社 2015 年版，第 392 页。

法律评价问题。作为合同效力评价的结果，在我国法上具体分为合同有效、无效、可撤销以及效力待定诸种情形。合同无效是法律对合同效力作的最严厉的否定性评价。大多数情况下，法律被当作规范所有参与人的游戏规则，规则制定者被定位为一个拥有强制力的中立者，而非博弈参与人。故而，在实务中广泛存在一种误解：认为合同的合法性是一个刚性原则，不得逾越。尤其有些律师，在审定合同时，会有意无意地将合法性作为重中之重。当他们发现合同条款有违法律规定时，就会敏锐地感觉到自己的价值将得到体现，理所当然地将之视为律师职业的独特优势和自己执业能力的价值体现。

然而，合法性是否真的属于合同中不可动摇的原则？或者说，在合同领域，规则的制定者就真的不能成为博弈参与人吗？答案显然是否定的，这源于两方面：一是，合同的本质；二是，规则制定者之间，以及制定者与执行者之间留下的空隙。当事人签订并履行合同的目的是取得期待的利益，而非追求让自己的行为符合法律规范。合同在本质是一种交易关系，是当事人围绕着“预设的”“期待的”利益来规划自己和相对方拟实施的行为。当事人之所以委托审查人员审查合同，其目的是排除影响实现“预设期待利益”的风险，确保交易的顺利进行。毫无疑问，法律的否定性评价的风险会影响交易的顺利进行，会影响当事人“预设期待利益”的实现，但这种影响并不是完全的、绝对的。也就是说，法律的否定性评价并非总是会阻碍当事人实现“预设期待利益”[①]。合同虽违法，但如能满足当事人期待的利益，且违法的风险在当事人可接受的范围之内时，当事人是否会因自己的合同行为涉嫌违法就轻易地放弃交易呢？显然，有的当事人会放弃，但有的却不然。

例如，在实务中，项目招投标中比比皆是的案例足以说明了当事人在判断自己的利益诉求能否得到满足时，行为是否违法并不是他们决定是否交易的关键因素。《招标投标法》第 4 条、第 49 条等条款对应招标而未招标的情形及后果作出了规定；最高人民法院的司法解释也明确了违反招投标规定的合同效力。从法律和司法解释的规定看，法律对应招标而未招标所签订的施工合同给出了否定性评价，即认定该类合同“无效”。但由于立场不同，否定性评价与当事人预期的效果具有一致性[②]，但并非完全一致[③]。对项目业主而言，一般情况下，合同无效不是其主动追求的结果，毕竟这牵涉企业的经济责任和相关责任人员的个人责

---

① 李杰、李宗胜：《合同审查的思维与方法：风险控制与动态监管解决之道》，法律出版社 2016 年版，第 68 页。

② 当事人追求的最理想效果是：通过签订并履行合同能取得期待的利益，且该合同行为是合法有效的。当事人之所以委托律师审定合同，目的就是获得这样的效果。但在当事人的视野里，如将利益与规范进行比较，利益所占的地位永远在规范之上。故而，在实务中，当事人可能会签违法但可获利的合同，而绝不会签合法但没有预期利益的合同。

③ 李杰、李宗胜：《合同审查的思维与方法：风险控制与动态监管解决之道》，法律出版社 2016 年版，第 67 页。

任；但站在施工方的角度看，法律的否定性评价对其并无实质性影响，因按照最高人民法院司法解释的规定[①]，他们可以按照合同约定的计价方式取得工程款。如此一来，他们在赚取施工利润时却可省略投标带来的麻烦。换个角度观察，法律对合同的否定性评价也并非就必然背离项目方的初衷。在实务中，常有一些所谓的“时间紧，任务重”的工程，这些工程往往没有招投标时间，即使招投标也只是走走过场；而有些工程，尤其是一些政治色彩浓厚的工程，业主为了抢工期，常常在未取得立项手续、未落实资金时就早已开工。毫无疑问，这样的情形都不符合《招标投标法》的规定，但这样的结果都不背离当事人的预期，实务中大量存在的这类现象足以证明了它们有着坚实的存在基础和理由。

由此观之，当事人在能实现最理想的预期时，法律规范在客观上发挥着游戏规则的功能。这时的规则制定者，处于中立而非博弈参与人的地位。它按部就班地通过国家强制力形成的威慑，规范、指导着各方当事人的行为。然而，当事人在无法取得最理想的预期效果时，即为了实现预期利益，明目张胆地违反法律规定时，作为游戏规则的法律规范无疑会遭到破坏。这时，规则的制定者从一个中立的角色，变成了一方博弈参与人。规则制定者博弈的报酬是法律的尊严和公平、正义的社会秩序，使用的策略

---

① 《最高人民法院关于审理建设工程施工合同纠纷案件适用法律问题的解释》第2条规定：“建设施工合同无效，但建设工程经竣工验收合格，承包人请求参照合同约定支付工程价款的，应予支持。”

自然是国家暴力。

2. 法律与执行的冲突让制定者被动成为博弈参与人

规则制定者被动成为博弈参与人的另外一个重要因素是规则制定者之间，以及规则制定者与执行者之间因相互冲突而留有的空隙，给了当事人与之博弈的空间。当他们能从这种博弈中获取报酬时，便有了与规则制定者进行博弈的驱动力。这就犹如苍蝇和鸡蛋之间的关系。苍蝇之所以不叮无缝的蛋，是因为它们一样厌恶那些徒劳无功的事情。鸡蛋有裂缝才会给苍蝇以空间，付出努力之后可以品尝鸡蛋的滋味自然是苍蝇寻找裂缝的驱动力。法律的制定者之间，制定者与执行者之间虽试图寻找一种丝丝入扣的无缝衔接，但这仅是一种理想。法律之间、法律规定与执行之间难免会留有缝隙，而这，给了善于研究规则漏洞者以与之博弈的空间。

一般而言，法律的有效性依赖于当事人对法律是否能得到严格执行的预期，这可从两个方面进行观察：一是，当事人实施符合法律规定的行为时，是否能取得法律规定的预期效果。如通过事实的验证，能取得预期效果，他们便会依照法律的规定规划并实施自己的行为。二是，当事人在实施了违反法律规定的行为时，是否会受到有效的惩罚。有效的处罚通常使制裁者付出的代价很小，而对被制裁者的利益造成很大影响[1]。如通过事实验证，违法者体会不到有效的处罚，当事人可选择实施的策略空间则因

[1] ［美］詹姆斯·S. 科尔曼：《社会理论的基础》，邓方译，社会科学文献出版社 2008 年版，第 254 页。

其不需要再过多地顾及法律规定而变得相对宽阔。故而，在当事人实施违法行为更符合自己的利益，或实施合法行为的成本过分大于实施违法行为的成本时，他们往往就会毫无顾忌，且乐此不疲地选择实施违法行为。

比如，在实践中，无资质、超越资质、转包和非法分包一直是扰乱建筑市场建的几大顽疾。这些顽疾无疑严重地影响工程质量，危及国计民生，法律也作了禁止性的规定。然而，上述现象之所以会成为久治不愈的顽疾，根源之一就在于法律之间以及法律规定与执行之间留有的空隙在实质上给了当事人以与规则制定者进行博弈的空间，他们在博弈中获取的报酬，反过来又给了他们实施违法行为的动力。《建筑法》第 26 条、第 28 条、第 29 条规定建筑施工企业不能无资质、超越资质承揽工程，不得转包、违法分包；《建设工程质量管理条例》第 78 条详细阐释了转包和违法分包的具体情形；而《最高人民法院关于审理建设工程施工合同纠纷案件适用法律问题的解释》的规定，从操作层面上把法律规定和实务处理进行了撕裂，这恰恰是某些当事人敢于和规则制定者进行博弈的底气所在。该司法解释第 1 条虽明确规定施工企业未取得资质、超越资质所签订的施工合同无效，但第 2 条关于结算的规定所形成的实质效果①，足以让那些参与博弈的当事

① 《最高人民法院关于审理建设工程施工合同纠纷案件适用法律问题的解释》第 2 条的规定所形成的实质效果是：只要工程验收合格，即使合同无效，照样可以按照合同约定的条款结算。

人不再关注合同的效力。这就意味着，即使他们忽略或违反法律的禁止性规定，也不会对他们获取期待的报酬产生实质性的影响。这源于当事人签约的目的。对他们而言，签约是为了获取利益，而非迎合法律规定。如无资质、超越资质、转包，或违法分包能实现合同目的，又何必拘泥于法律的禁止性规定？固然，司法解释第4条对非法转包、违法分包、借用资质超越资质的行为作出了收缴当事人非法所得的规定，但在实践中，该规定的执行会受到诸如民工工资、社会稳定等因素的制约而形同虚设，这就会变相纵容当事人实施违法行为。

（二）律师与规则制定者博弈的选择与策略

1. 律师与规则制定者博弈的理念与选择

在合同关系中，当事人所拥有的权利是因和相对方达成共识而产生。取得共识的人们可能会以法律秩序为取向，且会实施符合法律秩序取向的行为，但不可否认的是，有些当事人虽以法律秩序为取向，但他们隐蔽实施的行为却是反法律秩序的。这就犹如窃贼的行动，他们一定是以法律秩序为取向，只是他们实施的行动是反法律秩序，且为了逃避法律的制裁，他们只能采取隐蔽的方式进行。正如我们反复强调的一样，当事人委托律师的目的不是单纯地寻求一种使自己的行为符合法律规定的方式，而是为确保自己顺利地实现合同利益。这就不能排除当事人以隐蔽地实施反法律秩序的行为获利的可能。

在客观上，可将当事人在经济活动中开展的交易区分为两种类型：一是，不违反法律规定的交易类型；二是，违反了法律规定的交易类型。对律师而言，第一种类型的工作相对简单。他们的工作可相对集中于确保合同执行的确切性和有效性上，即通过合同谈判、合同制定和履约控制，防止发生交易失败的风险，因通过获利共识而临时结合在一起的人们，在情形发生改变后有可能会蓄意地破坏这种共识。正如有些当事人，在客观环境或心态发生变化后，可能会无视它们与相对方之间签署的协议。

第二类交易类型则显得相对复杂。以交易违法是否影响当事人的预期为标准可以将这种交易分成两类处理：一是，对那些可绝对影响当事人的预期，或会给当事人带来其他致命性风险，且无法通过变通处理的交易，律师应毫不犹豫地出具否定性意见；二是，对于违法行为不会对当事人的预期形成致命影响，且不会带来后续致命风险的，律师则不应轻易地以法律的名义否定当事人的交易。

需要注意的是，在当事人将规则制定者作为博弈对手，试图以隐蔽的手段对抗法律规定时，对当事人拟实施的行为评估则不应仅立足于具体的合同。因当事人在以合法形式掩盖非法目的时，被参与博弈主体假定的每个人都应遵守的规则已经成为潜在的被破坏对象，形成的合同往往是一件披在非法交易上的外衣，其目的是想把水搅浑，而趁机摸鱼。如仅仅审视这层外衣，则很难发现隐藏其中的非法因素。这种案件可信手拈来，比如，权力被一些贪婪的掌权者赋予利益而成为他们敛财的交换标的。实践中，他们之中有些喜欢赤裸裸的交易，办事收钱，直来直去，不讲究任何“技术含量”；而有些自恃聪明的人会作一些技术处理，而进行“技术”处理的目的是增强隐蔽性。他们通常采用的手段是将权力资源劳务化，或是将权力资源资本化。权力资源劳务化，是指掌权者在将自己手中的权力与他人交换时，并不直接从相对方收取利益，而是通过由指定的关联人提供劳务，以获取所谓的“劳务报酬”的方式获取非法利益。实践中常见的如利用中介服务、咨询服务、建立形式上的聘用关系、指定分包或物资供应商等不一而足；权力资源资本化，是指掌权者在将自己手中的权力与他人交换时，不直接从相对方收取利益，而是采用由指定的关联人投资入股、高利借贷等方式，以获取投资收益来掩盖非法获利的事实。毋庸置疑，无论是权力劳务化，还是权力资本化，往往都是试图以合法的“合同”形式让非法获利的性质完成空中转体。显然，如忽略交易背景、交易目的、交易性质和交易的合理性而单纯地审核合同内容，则很难发现隐藏在合法外衣之内的非法交易。

固然，律师审定合同的职责之一是审查当事人交易行为的合规性。即使如此，律师也不能罔顾交易的本质。这就犹如当人们迫切地需要衣服、牛奶时，生产者不应以他们有能力做好鞋子作为理由而一味地去生产鞋子，因这种不顾需求的做法显然是愚蠢至极的。律师如不顾及当事人拟实施的违法行为与合同预期之间的关系，而一味地以法律的名义否定当事人的行为，那和那些不顾需求而只专注生产鞋子的人又有何种差异？但在实践中，需要注意的是，律师对违反法律规定的合同行为不应轻易否定并不意味着可轻易肯定。“轻易肯定”和“轻易否定”分属于片面性幻觉的两个极端，他们核心的错误在于只看到了合同行为所引发效果的一个方面。正确的做法是：在研究任何合同行为的效果时，不仅要考察合同带来的即时结果，也要探究长期结果；不仅要探讨其主要后果，也要探讨其次要后果；不仅要看其对某些特殊群体的影响，还要看其对所有人的影响。也就是说，把注意力只集中在特别的某一点的做法不过是自欺欺人①。

2. 律师与规则制定者博弈的策略

在实务中，律师从法律规定的角度考量当事人的行为应同时关注到三个方面：

一是，事物的轻重缓急。正如鲁滨孙刚到荒岛时，急需的不是诗和远方，而是饮水、食物和防止野兽袭击的武器。对当事人而言，“轻重缓急”亦是取舍的一个重要标准，即当拟实施的合同行为与法律规定相冲突时，交易的急迫性会成为当事人评估的一个主要砝码。当然，在这里，我们描述的仅仅是一种现状，而并非鼓吹“急迫的交易”就可以成为实施违法行为的理由。毋庸置疑，合同行为是一种经济行为，但经济行为并非是一种纯粹

① ［美］亨利·黑兹利特：《一课经济学》，蒲定东译，中信出版集团2015年版，第102页。

的、独立的行为类型[①]。从某一个方面来说，经济体现了人与大自然的关系；另一方面它又体现了人与人之间的关系[②]。这其中不仅包括物性，也涉及人性；不仅涉及财富生产、交换和消费，还混杂了政治、道德、伦理、法律、心理等因素。偏废任何一面而人为形成智识隔离，都会形成一种盲人摸象式错觉。而人们之所以区分轻重缓急，无非是在评估一项事物时将每个因素的权重进行衡量所得出的结论。比如，在政治色彩相对浓厚的项目中，政治因素被赋予较大权重；相反，政治色彩淡的交易中，利润可能被赋予较高权重。交易中，经济利益小，人们会顾及道德的衡量标准；相反，在巨大利益面前，信誉与道德两者皆可抛。那么，我们是否能够得出结论，在政治色彩浓厚的交易中，当事人因重视政治影响，而不重视利润？或者，在政治色彩淡的交易中，当事人因重视利润，而不讲政治？在涉及利益与道德、伦理的交易关系中，是不是当事人因重视道德约束，而忽视利益？或是当事人为了利益就罔顾道德约束？同理，在法律规定与当事人的预期利益发生冲突时，是不是当事人放弃交易就意味着他们遵纪守法？相反，是不是他们置法律规定于不顾，而坚持实施违法行为就

① 在心理学家眼里，经济行为研究的是人的感觉、指挥和意志，人的劝说和强迫，人的命令和服从；在伦理学家眼里，经济行为的研究对象是人的好坏、善恶、正确或错误；在法学家眼里，则变成了财产的权利、义务和责任，以及统治阶级的权力和职责；而在政治家的眼里，群众运动和群众心理又成为其重点关注的对象。

② ［美］约翰·R. 康芒斯，《资本主义的法律基础》，寿勉成译，商务印书馆2003年版，第5页。

是不重视法律？在律师眼中，也许法律的作用被大大高估了。

在社会经济实践中，不同的当事人，在评估利益与法律规定的冲突时，并非是所有的人都会放弃那些所谓违法的交易，即使你告诉他，这样的行为会违反法律规定，他们可能依然会选择坚持交易。因在以利益实现为导向的交易中，当事人总试图选择那条阻力最小的路径来达到目的。不幸的是，法律规定有时会成为他们眼中可跨越的最小阻力要素。对律师而言，并无站在道德的或法律的制高点，以法律的名义审定当事人合同行为的必要①。务实的态度是，对那些虽招致法律的否定性评价，但不影响当事人预期，且不会带来致命性风险的交易，在别无选择的情形下，律师不应极力否定当事人的交易，而是在提示风险前提下，通过履约控制尽量弥补交易中存在的瑕疵②。

---

① 在经济行为中，规则要素仅是诸多构成要素的一部分。当事人在自己的行为符合法律规定，且能实现合同预期利益时，他们可顺水推舟式地强调规则在博弈中所应拥有的较高地位；但如果法律规定成为实现合同目的的阻力，且当他们自己认为这是一种可克服、可忍受不利结果的阻力时，他们的选择往往是忽略不计法律的规定。

② 本书的观点容易招致批评。批评者会认为律师放任当事人实施违反法律规定的行为有悖于律师的职责，是变相唆使当事人成为麻烦制造者。从某些方面讲，尤其从理论和他们占据的制高点上讲，批评者所持的这种观点无疑是正确的、完美的。但遗憾的是，上述观点恰恰反映出他们纯粹化和理想化了当事人实施的经济行为，忽略了交易的本质和规则演化的路径。究其根本，上述批评观点产生的核心因素是他们采用了静态立场来观察合同和法律的规定。然而，交易是动态的，规则的演进也是动态的；理想化的完美合同、纯粹化的经济行为都是不存在的。试想，如实践中没有超越资质、无资质承揽建设工程的现象，又何来建设工程这一司法解释的出台。再试想，在司法解释出台前，如当事人正在升级自己的资质，但还未获批准。那么，当事人如在这期间比照升级但还未获批的资质来承揽工程，无疑属于超越资质承揽工程。对此，批评者又会出具何种法律意见？

二是，评估溢出的负面效应对当事人的影响。合同行为不是孤立的行为，单就每一个具体合同载明的权利义务看，它反映的也许就是一锤子买卖，但从当事人赖以生存和发展的经济链条和经济环境观察，当事人实施的每一次行为往往与其之前已实施，或之后拟实施的行为存有高度的关联性。纵然，每个具体的合同都寄予了当事人期待的利益，但该利益并非总能符合当事人的长期利益。合同行为是一种法律行为，它应接受法律的评价，但合同行为并非仅是法律行为，它除了接受法律评价之外，还受到来自诸如道德、政治、党纪政纪、管理程序和要求等其他方面的评价。因此，如当事人拟实施的合同行为违反了法律规定，律师为给当事人提供建议而评估违法行为的后果时，不应就事论事，仅局限于这一具体合同所对应的直接效果，而是应跳开具体合同，将视野适度放大，在评估违法的合同行为所带来的直接效果的同时，还要关注该具体合同行为是否会引发负面的连锁效应；在关注具体合同所带来的短期利益时，还应关注具体的合同行为是否会给当事人的长远利益造成损害。下述案例即是对因审定合同人员的视野狭窄而带来致命危害的最佳诠释。

某施工单位承接了一国企线路迁改工程，按法律规定，项目业主应该通过招投标确定施工单位，但由于项目工期紧，业主直接与施工单位签订了《迁改施工合同》。然而，在日后的审计监察中，审计人员就项目应招标而未招标事宜提出了质疑，经调查提出了对相关责任人员的处理意见。结果是，业主单位的责任人员被追究管理责任，而施工单位被列入黑名单，在一年内禁止其承接系统内施工项目①。

就本案例中所涉《迁改施工合同》这一具体合同来看，虽业主未经招投标就签合同是违法行为，但对施工单位而言，他们实现了预期的施工利润，也就是说，施工单位的短期利益并未受到违反法律规定的影响；而从长远利益看，它们虽被禁入的时间只有一年，但这可能意味着永远丧失合作的机会。市场营销犹如逆水行舟，剥夺合作机会的期间看似短暂，但对商誉和竞争力的影响却是致命的。人都有趋利避害的本能，竞争对手为贬低别人，会有意无意地故意放大他人的污点；业主单位，负责选定施工单位的人为避免惹火上身，在有其他替代选项时，任谁都会对有过污点的单位敬而远之；施工单位，由于它们无法在被禁的一年内承接工程，为避免浪费，它们会调减人力资源、施工机具等生产要素的配置。这样，即使被禁期满，它们也会因施工能力、业绩下降而导致竞争力下降。

三是，评估溢出的效应给经营层带来的负面影响。如前文所述，在法人这一组织系统中，经营层具有双重属性。人的自利本质决定了人们即使在组织系统中担任领导也不可能做到彻底地放

① 实践中，某些单位以规范管理为由，制定了供应商管理制度，并依据制度建立了合格供应商库。对建库单位而言，它们只能在库中选定供应商；对供应商而言，是否入库意味着它们是否有参与竞争的资格。固然，实践中对建库行为和性质一直存有争议，但本书所举案例的目的是为诠释律师在审定那些可能招致法律的否定性评价，但可能不影响当事人预期的合同时应适当扩大视野，而无意涉及对建库的合法性和合理性的讨论。

弃私利，经营层亦不例外。唯一区别是由于私利与法人利益在他们心目中所占的比重不同，故而决定了实现私利的方式存在的差异①。但方式的差异不能抹杀一个事实，即经营层的利益诉求总是与当事人的利益诉求有着显著的区别②。这样，在合同博弈中，当事人的利益诉求得到满足并不等于经营层的利益诉求也得到了满足。哪怕经营层确实是以法人利益为重，情形依然如此。试想，如合同行为能让当事人名利双收，但却不能让经营层一荣俱荣，或者可能会给经营层带来否定性评价风险时，他们的自利本质是否会容忍这样的事情发生？答案显然是否定的。经营层不愿成为苦肉计中的黄盖，他们不会主动让自己身犯险境，即使这样做对组织有利，绝大多数人也不甘愿自冒风险。这是因为经营层不但对制裁有一种直接的切肤之痛，而且制裁的结果也可能会让他们离开组织，从而丧失翻盘的机会。对风险的厌恶，使他们不得不提高自我保护的本能。在法人组织系统中，有一种人被称作

---

① 经营层实现自己的方式包括消极的方式和积极的方式。消极方式是一种正常的理想方式，即经营层的行为以法人利益为主导，在经营活动中，当事人获得期待的收益，经营层则在无形中积累了诸如能力强、有事业心、责任心重、大公无私等肯定性评价；积极的方式是一种非正常的方式，是指主导经营层实施行为的因素是自己的私利，法人的经营活动被他们当成满足私利的手段和掩护。使用消极方式的结果是经营层在法人的利益得以满足的同时顺带实现自己的利益；而使用积极方式的结果是经营层在自己的私利被满足的同时顺带实现法人的利益，但在私利与法人利益不能两全时，他们会不惜伤害法人的利益。

② 实务中有例外的情形存在。比如，在一人公司中，经营层既是股东，又是经营者时，公司的利益与经营层的利益有着高度一致性。

官僚主义者，他们宁愿把注意力集中于照章办事，而不注意组织目标。事实上，这类刻板的官僚是在保护自己，无论行动后果如何，他都因遵守规则而无懈可击。如果他们将注意力放在组织目标上，就不会对每个行动是否符合规则斤斤计较。为了取得更好的结果，有时允许出现某些违反规则的行动。但是，在这种情况下工作人员得承担风险，一旦努力失败，他们有可能丢掉职位或接受纪律制裁①。其实，在实践中，经营层丢掉职位或遭受纪律制裁并非仅限于努力失败。有时，即使你努力成功，一样会出现上述结果。不同的是，努力失败遭受制裁的概率相对大一些而已。因此，在当事人拟实施的合同行为违反法律规定时，律师评估的视角不应无视经营层独立的利益诉求，尤其应评估溢出的负面效应可能给他们带来的风险。

三、隐性博弈规则之潜规则

（一）潜规则概述

博弈参与人将规则制定者作为博弈对手时的出发点，在于通过破坏规则获取额外利益或将自己的损失降到最小，且能逃避规则的制裁。众所周知，显性规则制定的初衷之一是维护社会生活秩序，那问题是，当人们以破坏显性规则作为获利或降低损失手

① ［美］詹姆斯·S. 科尔曼：《社会理论的基础》，邓方译，社会科学文献出版社 2008 年版，第 76 页。

段时，社会生活是否会因实质上缺失了规则的规制而陷入完全的混乱状态呢？当国家制定的规则不再充当博弈参与人的博弈规则时，又是什么来充当他们之间的博弈规则呢？在现实世界中，固然违反法律的现象随时、随地可见，但社会却并未完全陷入混乱，因人们在破坏显性规则的同时被一种称为暗规则或潜规则的规则所指引，他们在只可意会的心照不宣中进行着交易。

潜规则是特定社会经济、政治、文化条件下的人们进行利益博弈的一种均衡，这种均衡源于对人们私下行为的认可和约束。这种行为约束，依据当事各方的造福或损害能力，在社会行为主体的互动中自发生成，可以使互动各方的冲突减少，交易成本降低。所谓约束，就是行为越界必招致报复，对这种厉害后果的共识，强化了互动各方对彼此行为的预期的稳定。这种在实际上得到尊崇的规矩，背离了正义观念或正式制度的规定，侵犯了主流意识形态或正式制度所维护的利益，因此不得不以隐蔽的形式存在，当事人对隐蔽形式本身也有明确的认可。通过这种隐蔽，当事人将正式规则的代表屏蔽于局部互动之外，或者，将代表拉入私下交易之中，凭借这种私下的规则替代，获取正式规则所不能提供的利益。在潜规则的生成过程中，当事人实际并不是两方，而是三方：交易双方再加上更高层次的正式制度代表。双方进行私下交易的时候确实是两个主体，但是，当他们隐蔽这种交易的时候，就变成以正式制度为对手的一个联盟。隐蔽本身就是一种策略，这种策略的存在，反映了更高层次的正式制度代表的存在①。

（二）潜规则的成因及文化基因中的天然张力

吴思先生自提出潜规则的概念后，人们便开始从人性、政治、文化、经济等各方面开始探讨潜规则的成因。有人认为，潜规则源于人的自利性；有学者认为，追逐利益是潜规则产生的根源；人情伦理文化为潜规则的产生提供了环境；制度缺陷是潜规则盛行的直接原因②。其实，历史本身就是个谜团，虽然，有人自信通过观察、反思能解开这个谜团，但解释与推论难免会受到推论者自身局限和偏好的影响而具有浓厚的主观色彩。因此，我们无法确定潜规则始于何处，同样也无法确定其终于何方，但可以确定的是，人的社会生命③起源于与他人的交流④。在交流与交往中，人们经过综合周边所有人的观点，在总结经验和吸取教训的基础上，逐步推论出与他人交流和交往的规则，并慢慢培养出将自己的行为导向规则的能力。故而，社会化的本质过程包含着行为规范的内在化，而那些行为规范又产生于对全体社会成员的

① 吴思：《潜规则——中国历史中的真实游戏》，复旦大学出版社 2016 年版，第 193～194 页。

② 马洁：《社会领域内的潜规则现象及其根源探究》，载《苏州科技学院学报》（社会科学版）2012 年第 6 期。

③ 按照进化论的观点，生命的两个渠道：一个是遗传的生物种质，另一个是社会交流和传递。

④ ［美］查尔斯·霍顿·库利：《人类本性与社会秩序》，包凡一、王湲译，华夏出版社 2015 年版，第 3 页。

行为期待的普遍化。在为了获得对社会行为规范的认识而将大量的互动伙伴普遍化的过程中，主体获得了参与规范统治的交往活动的抽象能力。那些内在化的规范告诉我们从他者那里可以期待什么，而我们又必须为他者做些什么①。无疑，合同法学理论和立法体系所确定的规则就是自己对他者预期的来源，也是自己需为他者应做什么的依据，但遗憾的是，在现实中，如仅凭这些规则行事往往会让行为人的预期处于不确定的状态。之所以会出现这样情形的根源在于传统文化基因中天然存在一股与现代理念相背而行的力量。

19 世纪以来，中国在别无选择时开始“被命定地现代化”。虽然，我们舶来、借鉴了现代国家的法学理论和立法体系，将正义、平等、公平等确定为了合同法的基本原则，但是，这些理念与价值并未彻底毁灭传统的伦理和价值。现在来看，传统的理念和价值之中，有一部分恰恰是与现代的价值追求相背而行的。致命的是，这些传统的理念和价值虽已被“现代人”在形式上予以了否定，但实质上，“现代人”却依然遵照这些规范来实施隐蔽的行为。比如，关于正义。西方社会心理学者通常将人类社会的正义分为两大类：程序的正义是群体中的成员认为应当用何种程序来决定资源分配的方式；分配的正义是群体中的成员认为应当

① ［德］阿克塞尔·霍耐特：《为承认而斗争》，胡继华译，上海人民出版社 2005 年版，第 84 页。

用何种方式来分配资源[①]。然而，在我们文化的基因中，正义被赋予的内涵是截然不同的。也就是说，传统文化中并未缺失对“正义”的界定，只是它的内涵与现代意义的正义的内涵有着天壤之别。依据传统文化的仁道，个人与任何其他人交往时，往往遵循两个认知维度，一个是亲疏，另一个是尊卑。在人际互动场合，其程序正义方面应该根据尊尊原则，由占有较尊贵地位的人扮演资源支配者的角色，来选择资源分配或交易的方式。他在做决策的时候，则必须根据亲亲原则来分配资源[②]。显然，两者的差别是一目了然的，比如一视同仁是现代意义上正义的要求，然而，一视同仁却不符合传统的仁道。也许，有人会提出质疑，认为制度化儒学早已寿终正寝，传统文化中的仁道等早已是明日黄花，如现在还要虑及这些理念的影响显然是不合时宜的。的确，时至今日，制度化儒学在形式上早已烟消云散，但不能忽视的是，儒家的伦理和价值仍不失为一种活生生的文化势力[③]，且无论我们是抗拒，还是顺从，这种势力都会在不知不觉中成为我们性情、倾向和潜在能力的一个渊源。

其实，对质疑者最强有力的回应在于观察、剖析人们在生活和工作时的行为方式。中国在进入城市—工业社会以后，原来以

---

① 转引自黄光国：《儒家关系主义——文化反思与典范重建》，台湾大学出版中心 2005 年版，第 186 页。

② 黄光国：《儒家关系主义——文化反思与典范重建》，台湾大学出版中心 2005 年版，第 188 页。

③ 金耀基：《中国文明的现代转型》，广东人民出版社 2016 年版，第 133 页。

血缘和地缘为纽带而形成的差序格局[①]因人口的高度流动被打破，但是，维系这种格局的纽带，即血缘、亲属、地域等依然坚不可摧，它们依然是人们建立、维系人际关系的有效利器。只是，在新的环境下出现了一些变化。这主要体现在联结纽带的多元化。在传统的农业社会，亲属关系、地缘关系是维系差序格局的纽带，而在工业化过程中，只要是利于人际关系建立和维系的都会被人当作是联结纽带，血缘、婚姻、战友、同学、师生、地域、基于共同爱好组建的团体等形形色色的圈子不一而足，战友会、同学会、老乡会等成了装入新瓶的旧酒连接着来自四面八方皆为利来的熙熙人群。

（三）识别博弈中存在潜规则的实务意义

1. 偏见和歧视与自证预言循环的启动

能否意识到潜规则的存在不仅关系到律师开展工作的视野，更涉及律师和当事人之间能否建立起正常的合作关系。通常，在合同实务中，许多理论认为法律规定是既定条件，当事人应当予以遵守，律师审定合同往往也是以是否符合法律规定为标准。在一定程度上，律师追求的是一种出淤泥而不染的境地。审查合同中的法律问题，也就是从合同内在质量的方面审查合同中存在的与法律规范符合性方面的缺陷，指出其中的违法或权利未能用足

① 差序格局是由费孝通老先生提出的，旨在描述我们社会中亲疏远近的人际关系。参见费孝通：《乡土中国》，上海世纪出版集团 2013 年版，第 23 ~ 29 页。

的情况。这些缺陷可能是程序上的，也可能是实体上的。具体包括：合同主体是否合格、条款内容是否合法①。这种认识源于一些根深蒂固的观念②。然而，在合同实务中，忽视潜规则的存在而将法律规定作为既定条件，并以之为标准来识别、判断当事人拟实施的合同行为是否符合法律规定多少有些本末倒置。这正是律师将合同制作和审查视为一种“鸡肋”业务的症结所在；也是当事人无法准确定位律师的功能，或认为律师的结论不切实际而“无用”的根源③。

---

① 吴江水：《完美的合同——合同的基本原理及审查与修订》，北京大学出版社2010年版，第124～128页。

② 这些观念包括：法律规范指明了人们认为什么样的合同行为是正确，或符合正统的；法律规范由国家制定，法律的实施常伴随着各种赏罚措施，如果人们遵守法律，他们将获益；如果人们违反法律，他们将受到惩罚；法律以国家强制力为后盾，掌握法律实施的机构，具有行使赏罚功能的权力。

③ 在实务中，有些当事人之所以聘请法律顾问是为消弭因对法律专业知识的欠缺而形成的恐惧感。他们聘请律师时往往对律师功能的定位并不清晰，但这丝毫不会减弱他们对律师作用的期待，仿佛那些他们自认涉及法律的事项，只要律师一介入，就能“药到病除”。在合作过程中，当事人对律师制定和审查合同抱有期望，认为律师将所有的风险排除应是理所应当的。但基于认识和成本的考量，他们不知道，或者不愿意让律师参与全过程的合同管理，更不愿意为此支付费用。律师在评估成本与收益后，如内心将合同制作与审查的业务视为“鸡肋”型业务，就只能采取公事公办的工作方式。一般而言，公事公办的最佳方式就是心无旁骛地严格按照法律规定“打表”。这样，他们不仅理直气壮地应付了受托事项，也能有效规避自己的执业风险。然而，公事公办的结果往往给当事人以这样的感觉，即律师只会告诉自己这样不行、那样不行，或者给出的意见不切实际。事实上，即使律师针对某一事项给出否定性意见，即使律师的意见于法有据，也不能完全阻止当事人实施这样的行为，且当事人实施这些行为，也不总会是失败。一旦当事人实施了律师认为不能实施的行为，且取得期待的成功效果后，律师的作用就会被边缘化，甚至当事人会得出律师无用的结论。

W. I. 曾言：如果认定某些情形为真，结果他们就会成为真的。无论是律师，还是客户，正是因为未能理解自证预言的作用，才会长期保持着各自的偏见。然而，他们认为这些信念不是偏见，也不是武断，而是他们自己从观察中得出的必然结论。在律师心目中，当事人就是唯利是图的商人，他们为了利益常常铤而走险，不顾及法律的规定，他们即使委托了律师，也不会真正地尊重律师的意见。在当事人眼中，律师常会抱残守缺，不懂变通，他们言必称法律，但却对交易的背景、交易的重要性，甚至对交易中当事人的利益诉求漠不关心。所以，当事人在委托律师审定合同时，因对律师抱有的偏见而不会开诚布公地交代合同目的、交易背景、急迫程度、交易的重要性，以及面临的障碍和内控的注意事项等；而律师在信息不对称的情形下，只能就事论事，按部就班地比照法律规定，将更多的关注点集中于合规和常见风险的防控上。在出具法律意见时，对于可以得出的否定性结论的部分，他们会态度坚决，言之凿凿；而在提出肯定性结论时，他们常常会设定一些假设的条件或场景，态度也常变得模棱两可。当事人拿到律师的意见后会综合自己所掌握的全部信息作出选择，且这种选择有时会悖离律师的法律意见。一般而言，持有偏见的人因并不承认自己是偏见，所以他们会按有利于印证自己观点的标准去选择观察视角。

通常情况是，他们会本能地、无意识地用显微镜去寻找别人的“错误”，而对那些能证明与自己所持观点相反的事实却假装没有看见。照此逻辑，进入律师观察视野的重点“事实”是，当事人为了利益可以不顾法律规定，尤其在律师指出某种行为明显地违反了法律规定，可当事人却置之不理而义无反顾地实施时，反过来又加深了律师对当事人特性的认识，使他们深信自己掌握的是不可辩驳的真理。而当事人重点关注的事实是：律师的意见是故弄玄虚，或是无病呻吟；尤其在当事人实施了律师曾建议不应实施的行为，且取得成功时，当事人对律师的作用会更加轻视。结果，在很多律师心目中，自己最大的“敌人”并不是与自己对抗的对手，而是与自己有合作关系的委托人；而在当事人心中，律师的形象不断地被异端化。他们在需要得到律师的帮助时，又不充分信任律师，在交代与委托事项相关的事宜时，遮遮掩掩，或顾左右而言他。他们知道，律师付出劳动应获得报酬，但他们往往又对律师收费耿耿于怀，总是试图以最低的成本获得最佳的服务，甚至期望律师提供免费的服务，即使如此，也不排除有些当事人会认为律师的收费有乘人之危的嫌疑。在律师办理委托事项未取得当事人的期待时，他们往往又会产生人财两失的感觉。此时，他们不反思自己在业已发生的事件中的失误或过错，也不会考虑自己的期待是否过高，而是习惯性地将抱怨与指责一股脑地倾泻给律师。哪怕律师完成委托事项时没有失误，甚至律师已经尽力且取得了一定的效果，也不会改变他们的结论。相互持有的偏见和歧视启动了循环，在事件的发展过程中，偏见和歧视不断地被自我得到印证和强化，并深深地根植于我们的社会结构及其成员的社会心理之中。其实，这是人类事物所独具的特性，也是社会逻辑的邪恶之处[①]。中坚国民银行倒闭的社会寓言[②]早就告诉我们：对于一种情形的公共定义（或是预言，或是断言）构成了这种情形的一个不可缺少的组成部分，并且影响着情形后来的发展[③]。自证预言的模式如此普遍，以致我们每一个人都有自己熟悉的案例。律师与当事人之间的关系又何尝不是社会化进程中出现的奇葩现象？

2. 抛弃偏见是预防邪恶循环启动的前提

既然相互持有的偏见启动了自证预言的循环，那么，改变只能从最初的认定开始，即改变应从抛弃相互的偏见开始。托马斯定理的应用也提出了如何才能打破自证预言的悲剧性的、经常也是邪恶的循环情形。必须抛弃对情形的最初认定。只有对当初的假设提出疑问并且引进新的定义，后来的事件系列才能使那个初始的假设成为谎言。只有这样，这种信念才不会生成事实。但

---

① 之所以说自证预言揭示了社会逻辑的邪恶，是因为：在起初，自证预言是对一种会引起新行为的情形的虚假规定。自证预言貌似有理的效力使错误永远具有支配作用。因为预言家会引用实践的实际过程来作为他一开始就正确的证据。参见［美］罗伯特·K. 默顿：《社会理论和社会结构》，唐少杰、齐心等译，译林出版社 2015 年版，第 636 页。

② 在 1932 年，中坚国民银行正处于兴旺时期，但相信了银行破产谣言的存款人为挽救自己的存款而进行挤兑。尽管当时的银行有相当的偿付能力，但是谣言一旦被足够多的存款人相信，仍旧会使银行破产。这样，银行破产的谣言产生了倒闭的结果，即倒闭的预言导致了它自身的实现。

③ ［美］罗伯特·K. 默顿：《社会理论和社会结构》，唐少杰、齐心等译，译林出版社 2015 年版，第 636 页。

是，对那种根深蒂固的情形认定提出疑问并不是单纯凭意愿就能实现的。意愿，或此类事物，如善意，不能像水龙头那样任意开关。社会知识和善意都是独特的社会力量自身的产物。社会领域同心理学领域一样，当虚假的思想和真实的意思相遭遇时，虚假思想不会悄然地消失①。

如前所述，逐利与创新本就是企业家的特质，规则对他们有利时，他们自然会利用规则，而潜规则利于利益实现时，他们便会毫不犹豫地使用潜规则。稍纵即逝的商机和摆在面前的机会，使他们总被打上商人特有烙印。而当人们对别人进行评价时，他们都会在内心中或多或少地有以自认为完美的标准去审视他人的倾向，于是，在自己的眼中别人都不够完美。然而，以一个另外群体的眼光和情感倾向去看待、评价另外一个群体所得出的结论本身就不客观、不科学。故而，情圣以自己的标准来评价商人会得出商人重利轻别离的结论，而商人则会对情圣的缠绵示以鄙视和反感。同理，律师不能指望企业家都能严格按照法律规定行事，更不能抱怨企业家在疯狂追逐利益时对规则和潜规则的利用。因企业家不逐利就不能称为企业家。实质上，律师以自己的标准去指责或抱怨当事人，这恰恰印证了他们对当事人特质的无知，也就更谈不上为他们提供量身定制的服务了。当然，企业家也不应以自己的标准来评价律师。小心翼翼本是律师的特质，这

① ［美］罗伯特·K. 默顿：《社会理论和社会结构》，唐少杰、齐心等译，译林出版社 2015 年版，第 638 页。

源于职业的特有属性，也是律师规避风险，防止自己声誉受损的最佳选择[①]。因此，当事人不能指望律师能与自己“同流合污”，不应指责律师的保守与谨慎。

① 律师在开展工作时，不得不小心翼翼地工作，其得出的结论不得不力争全面。哪怕风险发生的概率很小甚至微乎其微，哪怕风险仅在理论上成立，只要律师意识到这种风险的存在，职业道德的要求和自我保护的意识都会促使其提醒委托人。因为，提示的风险未发生是律师工作成功的标志，即使当事人不认可，律师至少可以求得心理的自我安慰；再退一步，律师不会因此承担责任，而潜在的风险未经提示，一旦转化成现实风险，会给律师的工作和声誉造成致命的打击。

图书在版编目(CIP)数据

洞见 : 合同审查及运用的真相 / 李杰著. -- 北京 : 法律出版社, 2019
ISBN 978 -7 -5197 -3287 -5

Ⅰ. ①洞… Ⅱ. ①李… Ⅲ. ①合同法-研究 Ⅳ. ①D912.290.4

中国版本图书馆 CIP 数据核字(2019)第 050614 号

洞见:合同审查及运用的真相
DONGJIAN:HETONG SHENCHA JI YUNYONG DE ZHENXIANG

李 杰 著

责任编辑 张发靖 李 群
装帧设计 汪奇峰

出版 法律出版社
总发行 中国法律图书有限公司
经销 新华书店
印刷 中煤(北京)印务有限公司
责任印制 吕亚莉

编辑统筹 法规出版分社
开本 A5
印张 11
字数 210 千
版本 2019 年 4 月第 1 版
印次 2019 年 4 月第 1 次印刷

法律出版社/北京市丰台区莲花池西里 7 号(100073)
网址/www. lawpress. com. cn
投稿邮箱/info@ lawpress. com. cn
举报维权邮箱/jbwq@ lawpress. com. cn
销售热线/010 - 83938336
咨询电话/010 - 63939796

中国法律图书有限公司/北京市丰台区莲花池西里 7 号(100073)
全国各地中法图分、子公司销售电话:
统一销售客服/400 - 660 - 6393
第一法律书店/010 - 83938334/8335 西安分公司/029 - 85330678 重庆分公司/023 - 67453036
上海分公司/021 - 62071639/1636 深圳分公司/0755 - 83072995

书号:ISBN 978 - 7 - 5197 - 3287 - 5 **定价**:78.00 元